JN440985

자몽톡과 더덕마켓
클론 코딩으로
배우는
Sass

자몽톡과 더덕마켓 클론 코딩으로 배우는 Sass

1판 1쇄 발행 2026년 2월 5일

지은이 강윤호
펴낸이 장성두
펴낸곳 주식회사 제이펍

출판신고 2009년 11월 10일 제406-2009-000087호
주소 경기도 파주시 회동길 159 3층 / **전화** 070-8201-9010 / **팩스** 02-6280-0405
홈페이지 www.jpub.kr / **투고** submit@jpub.kr / **독자문의** help@jpub.kr / **교재문의** textbook@jpub.kr

소통기획부 이상복, 안수정, 박재인, 박새미, 송영화, 김은미, 나준섭, 권유라
소통지원부 민지환, 이승환, 김정미, 박예은 / **디자인부** 이민숙, 최병찬

진행 권유라 / **교정 · 교열** 이정화 / **내지 디자인** 이민숙 / **내지 편집** 성은경 / **표지 디자인** nu:n
용지 타라유통 / **인쇄** 한길프린테크 / **제본** 일진제책사

ISBN 979-11-24205-20-4 (93000)
책값은 뒤표지에 있습니다.

자몽톡과 더덕마켓 클론 코딩으로 배우는 Sass

기초부터 고급 스킬, 실전 프로젝트까지
만들면서 배우는 Sass, SCSS 입문서

강윤호 지음

CSS 때문에
고생하기는
싫어!!

차 례

PART II Sass를 이용한 클론 코딩 프로젝트

베타리더 후기

김동우(스타트업 개발 PM)

CSS는 단순히 화면을 예쁘게 꾸미는 언어가 아니라, 어떻게 구성하느냐에 따라 화면 처리 속도에도 영향을 미칩니다. 이 책을 통해 스타일 구조를 개선하고 웹페이지의 최적화와 로딩 속도까지 함께 고민해볼 수 있었습니다. CSS를 보다 체계적으로 다루고 싶은 분에게 의미 있는 안내서가 될 것입니다.

김진영

Sass에 흥미는 있었지만 미뤄왔던 분에게 추천합니다. 책의 전반적인 난이도가 매우 쉬워서 기본적인 CSS 지식만 있어도 부담 없이 읽을 수 있었습니다. CSS Nesting 도입으로 스타일 관리를 체계화할 수 있게 되면서 Sass의 장점이 일부 줄어든 면도 있지만, 변수 연산이나 믹스인, 함수처럼 여전히 강력한 기능들이 남아 있습니다. 테마 관리나 반복적인 스타일 패턴을 자동화하는 데 Sass가 얼마나 유용한지 다시 한번 느낄 수 있었습니다.

김호준(데이터소프트나우)

CSS 경험이 많지 않은 개발자도 막힘 없이 재미있게 읽을 수 있어서 좋았습니다. 후반부에서 다루는 두 가지 예제 프로젝트는 구조가 깔끔하고 범용적이라 개인 프로젝트에 그대로 활용해도 무리가 없을 정도입니다. 실무에 처음 발을 들인 프런트엔드 엔지니어에게 특히 도움될 내용이라고 생각합니다.

윤병조(소프트웨어 개발자)

Sass는 CSS를 보다 프로그래밍에 가까운 방식으로 사용할 수 있게 도와주는 도구입니다. 중복이 많은 CSS를 직접 작성하는 대신 Sass를 활용하면 반복 코드를 줄이고, 훨씬 가독성이 좋은 스타일 코드를 작성할 수 있습니다. 이 책은 CSS로 웹페이지 스타일을 만들어본 경험이 있는 분이라면 어렵지 않게 이해할 수 있고, Sass를 처음 적용해보기 위한 든든한 출발점이 되어줄 것입니다.

임승민(씨에스리)

CSS 확장 언어인 Sass를 다루는 이 책은 다양한 방식의 Sass 코드 활용법을 차분하게 안내합니다. 전반부에서는 Sass 문법과 작동 방식을 이해할 수 있고, 후반부에서는 Sass를 활용한 클론 코딩을 통해 컴포넌트 기반 스타일 개발 방법을 익힐 수 있습니다. 프런트엔드 개발자와 CSS 사용자, 그리고 Sass가 궁금한 모든 분에게 추천하고 싶은 책입니다.

최성욱(삼성전자 VD사업부 Security Lab)

이 책을 통해 Sass를 처음 공부해볼 수 있어 즐거웠습니다. CSS의 한계를 넘어 보다 효율적인 스타일링을 하고 싶다면 좋은 안내서가 되어줄 책입니다. Sass의 기초 문법부터 믹스인과 모듈화 같은 핵심 기능을 체계적으로 설명하고, 자몽톡과 더덕마켓 클론 코딩 프로젝트를 통해 이론을 실무에 어떻게 적용하는지도 명확히 보여줍니다. 복잡한 CSS 코드를 간결하게 관리하고 생산성을 높이고 싶은 웹 개발자분들에게 추천합니다.

시작하며

웹 개발 경험이 있는 분이라면 CSS가 단순해 보이지만 사실은 무척 까다로운 언어라는 점을 이미 몸으로 겪어 보셨을 겁니다. 문법 구조도 간단하고 작동 원리도 직관적이어서 진입 장벽은 낮은 편입니다. 그런데 문제는 규모입니다. 프로젝트가 조금만 커져도 스타일시트는 금세 복잡해지고, 관리 난이도는 급격히 치솟습니다. 어느 순간부터는 같은 색상과 값을 반복해서 수정하고, 구조를 파악하느라 파일을 오가며 시간을 보내고 있는 자신을 발견하게 됩니다. 생각만 해도 꽤 끔찍한 경험인데요, 이 책은 바로 그런 경험을 한 분들을 염두에 두고 썼습니다.

Sass는 CSS를 대체하는 새로운 언어가 아닙니다. CSS를 더 잘 쓰기 위해 등장한 도구이고, 이미 알고 있는 CSS 문법 위에 조금 더 편리한 규칙과 표현력을 덧붙인 확장 도구에 가깝습니다. 그래서 이 책은 CSS를 전혀 모르는 독자를 대상으로 하지 않습니다. 대신 CSS를 사용해본 경험이 있고, '조금 더 잘 정리된 방식으로 스타일을 관리하고 싶다'는 생각을 한 번이라도 해본 분들을 중심으로 구성했습니다. 다시 말해, CSS를 이미 써봤기 때문에 오히려 더 답답해진 분들에게 조금 더 시원한 길을 보여드리고 싶었습니다.

우리가 살고 있는 지금은 흔히 'AI 시대'라고 불립니다. 코드 자동 완성은 물론이고, 간단한 스타일 코드 정도는 몇 줄의 설명만으로도 AI가 대신 만들어주는 시대가 되었습니다. 이런 환경에서는 '굳이 Sass나 CSS 같은 기술을 깊이 공부할 필요가 있을까?'라는 질문이 자연스럽게 떠오를지도 모릅니다. 하지만 이런 시대일수록 기술에 대한 더 깊은 이해가 중요하다고 생각합니다.

AI는 결과를 만들어줄 수는 있지만, 그것이 만들어지는 과정을 이해시켜주지는 않습니다. 그리고 잘못된 결과에 대해 책임져주지도 않습니다. 스타일이 깨졌을 때, 의도와 다른 결과가 나왔을 때, 혹은 프로젝트에 맞게 구조를 조정해야 할 때 결국 판단을 내리는 것은 사람의 몫입니다. CSS와

Sass에 대한 기본적인 이해가 없다면, AI가 만들어준 코드는 그저 '엎질러진 퍼즐'처럼 느껴질 것입니다. 이 책이 Sass 문법을 나열하는 데 그치지 않고, CSS와의 관계 속에서 Sass를 이해할 수 있도록 구성된 이유도 여기에 있습니다.

또 하나 강조하고 싶은 것은 '직접 만들어보는 경험'의 가치입니다. 요즘은 결과만 빠르게 확인하는 것이 쉬워진 만큼, 천천히 손으로 코드를 작성하며 구조를 이해하는 경험은 점점 귀해지고 있습니다. 하지만 스타일시트는 직접 써보지 않으면 결코 몸에 익지 않습니다. 중첩 규칙이 왜 필요한지, 변수가 어느 순간부터 힘을 발휘하는지, 모듈화가 실제 프로젝트에서 어떤 차이를 만들어내는지는 코드를 눈으로만 읽어서는 체감하기 어렵습니다. 직접 작성해보고, 수정해보고, 다시 정리해보는 과정 속에서 비로소 이해가 쌓입니다. 그리고 그 경험은 생각보다 오래 남습니다.

이 책에서는 Sass의 다양한 기능을 소개하면서도, 가능하다면 '이 기능이 왜 필요한가', 'CSS만으로는 어디까지 가능한가'를 함께 고민하도록 구성했습니다. Sass를 맹목적으로 사용하는 것이 아니라, CSS를 기본기로 삼고 그 위에 Sass를 도구로 얹는 관점을 전달하고 싶었습니다. Sass는 목적이 아니라 수단이며, 더 나은 스타일시트 작성을 돕기 위한 하나의 선택지입니다.

이 책을 끝까지 읽고 난 뒤 모든 독자분이 Sass의 모든 기능을 완벽히 암기하길 기대하지는 않습니다. 대신 스타일 코드를 바라보는 시선이 조금 달라지고, 이전보다 구조를 고민하며 CSS를 작성하게 된다면 그것으로 충분합니다. 그리고 언젠가 새로운 프로젝트를 시작할 때, '이 부분은 Sass를 쓰면 더 깔끔하겠구나'하고 자연스럽게 떠올릴 수 있다면 이 책은 제 역할을 다한 셈일 것입니다. CSS를 더 깊이 이해하고, Sass를 도구로 삼아 자신만의 방식으로 화면을 만들어 가는 여정에 이 책이 함께할 수 있기를 기대합니다.

강윤호

이 책에 대하여

대상 독자

이 책은 CSS를 사용해본 경험이 있고, 스타일시트를 작성하며 '관리의 어려움'을 느껴본 독자를 대상으로 합니다. 간단한 화면을 넘어 여러 컴포넌트와 페이지를 다루다 보면 중복되는 코드가 늘어나고, 구조를 파악하기 어려워지는 순간이 오기 마련입니다. 이 책은 그런 경험을 출발점으로 삼아, CSS를 보다 체계적이고 효율적으로 다루기 위한 방법으로 Sass를 소개합니다. 한마디로, CSS가 익숙해졌는데도 일이 편해지지 않는 분들을 위한 책입니다.

또한 이 책은 프런트엔드 개발이나 웹 퍼블리싱을 공부하며 한 단계 더 성장하고자 하는 독자, 그리고 자동화 도구에만 의존하기보다 스타일시트의 구조와 작동 원리를 직접 이해하고 싶은 독자를 염두에 두고 있습니다. CSS를 기본기로 삼아 유지보수성과 재사용성을 고려한 스타일 작성 방식을 익히고자 한다면, Sass는 CSS에 대한 이해를 넓히는 데 좋은 도구가 되어줄 것입니다. 물론 처음부터 거창한 목표를 세우지 않으셔도 괜찮습니다. '반복을 줄여보고 싶다'는 작은 동기만으로도 충분히 시작할 수 있습니다.

책의 구성

1장과 2장에서는 Sass에 대한 전반적인 이해를 다룹니다. 먼저 Sass가 무엇인지, CSS와 어떤 관계를 맺고 있는지, 그리고 Sass를 사용했을 때 어떤 이점을 기대할 수 있는지를 살펴봅니다. 이어서 Sass의 작동 원리를 설명하고, 실제로 Sass를 사용하기 위해 필요한 컴파일러와 코드 에디터를 설치하는 방법을 안내합니다. 이 과정에서 독자가 바로 실습을 시작할 수 있도록 코드 에디터 설정과 기본적인 사용 방법도 함께 소개합니다.

3장에서는 Sass의 기초 문법을 본격적으로 다룹니다. 주석과 중첩 규칙을 시작으로, 중첩을 활용한 단축 속성 표현과 상위 선택자 참조 방법을 살펴봅니다. 이어서 변수와 믹스인을 통해 스타일 코드의 재사용성과 관리 효율을 높이는 방법을 익히고, `@content`를 활용해 보다 유연한 스타일 구조를 구성하는 방식도 다룹니다. 또한 기존 CSS 사용자들에게는 익숙하지 않을 사용자 정의 함수 개념과, 기존 스타일을 재사용하는 데 활용되는 `@extend`까지 함께 소개합니다.

4장에서는 기초 문법을 바탕으로 한 단계 더 나아간 내용을 다룹니다. 조건문을 통해 상황에 따라 다른 스타일을 적용하는 방법을 살펴보고, 미디어 쿼리를 활용해 반응형 스타일을 구성하는 방법을 정리합니다. 이를 통해 Sass를 사용했을 때 스타일 코드가 어떻게 더 유연해질 수 있는지, 그리고 실제 화면 환경에 맞춰 스타일을 제어하는 방식이 어떻게 확장되는지를 이해할 수 있도록 구성했습니다.

5장에서는 메신저 앱을 클론 코딩하는 실습을 통해 Sass를 활용해 여러 페이지로 구성된 웹 애플리케이션을 만들어봅니다. 이 과정에서 공통 스타일을 어떻게 분리하고 관리할 수 있는지, 페이지별 스타일을 어떤 기준으로 나누는 것이 좋은지를 직접 경험하게 됩니다. 또한 반응형 웹에 대한 기본적인 이해를 바탕으로 화면 크기에 따라 레이아웃이 어떻게 변화하는지를 확인하고, 사용자와 상호 작용하는 웹 애플리케이션의 구조를 간접적으로 체험할 수 있도록 구성했습니다.

6장에서는 중고 장터 사이트를 클론 코딩하며 Sass를 활용한 컴포넌트 기반 디자인을 실습합니다. 여러 개의 UI 컴포넌트로 이루어진 단일 페이지를 구성하면서 스타일을 기능 단위로 나누고 재사용하는 방법을 익히게 됩니다. 이를 통해 규모가 있는 프로젝트에서도 스타일시트를 효율적으로 관리하는 방법을 이해하고, 실제 서비스에 가까운 구조를 갖춘 화면을 완성하는 경험을 할 수 있을 것입니다.

예제 코드

이 책에서 설명하는 모든 예제 코드는 깃허브에 공유되어 있습니다.

https://github.com/beansdrawer/sass-book

PART

I

Sass 시작하기

웹페이지의 스타일을 정의하기 위해 사용하는 언어인 CSS는 그 자체만으로도 충분히 재미있고, 훌륭한 언어입니다. CSS는 웹 개발 초창기부터 큰 장애물이나 경쟁자 없이 오랜 기간 사랑받아 왔고, 앞으로도 많은 사랑을 받을 것입니다. 그러나 CSS에도 분명히 단점은 존재하고, 사람들은 줄곧 CSS가 가진 단점을 보완하기 위해 많은 노력을 해왔습니다. 1부에서는 그러한 노력의 산물 중 하나인 CSS 전처리기 Sass에 대해 소개하고, Sass 사용자로서의 첫걸음을 안내할 것입니다.

CHAPTER 1

Sass를 소개합니다

이 장은 다음과 같은 내용을 다룹니다.

- Sass란 무엇인지 알아봅니다.
- Sass의 작동 원리를 이해합니다.
- Sass 문법의 종류와 특징을 알아봅니다.

웹페이지가 많아지고, 각 페이지를 구성하는 콘텐츠가 다양해질수록 스타일시트는 길고 복잡해집니다. 길고 복잡한 스타일시트를 가능한 한 짧고 간결하게 관리하기 위해 등장한 CSS 전처리기인 Sass에 대해 알아봅시다.

1.1 CSS 전처리기

웹페이지에 구현된 콘텐츠를 조회할 때는 일반적으로 웹브라우저를 사용합니다. 웹브라우저는 웹페이지의 내용을 해석하여 화면에 콘텐츠를 표현해내는 '렌더링' 과정을 수행하는 소프트웨어입니다. 웹브라우저의 렌더링 엔진은 `.html` 형식의 웹 문서와 `.css` 형식의 스타일시트 문서를 따로 해석한 다음 각각의 결과를 토대로 하나의 화면을 만들어냅니다. 이때 `.css` 형식의 스타일시트 문서는 스타일 언어인 CSS_{Cascading Stylesheets}를 기반으로 만들어집니다.

CSS는 1996년에 처음 공식적으로 등장한 이후로 현재까지도 웹 문서를 스타일링하기 위해 사용되는 거의 유일한 언어로서, 꾸준하게 업데이트를 거듭하면서 굳건하게 제자리를 지켜왔습니다. 그러나 오랜 시간 동안 자리를 지켜온 것에 비해 CSS는 뚜렷한 문법적 한계를 가지고 있는 언어이기도 합니다. CSS는 파이썬Python, 자바Java와 같은 대중적인 프로그래밍 언어에서 사용하는 조건문, 반복문, 함수 표현식과 같은 유용한 기능을 지원하지 않습니다. 흔히 바람직한 코드 작성 습관에 대해 이야기할 때 가장 먼저 거론되는 것으로 '반복되는 코드 작성하기 않기'를 들 수 있는데, CSS는 언어의 문법적 특성 때문에 코드 규모가 커질수록 선택자와 스타일 속성이 계속해서 반복될 수밖에 없습니다. 이 때문에 CSS는 코드의 복잡성으로 인해 유지 보수하기가 까다로운 언어라는 이미지를 가지고 있습니다.

SassSyntactically Awesome Stylesheets 공식 홈페이지[1]에서는 Sass를 '세계에서 가장 성숙하고 안정적이며 강력한 전문가 레벨의 CSS 확장 언어'라고 소개합니다. 설명에서 알 수 있듯이 Sass는 CSS의 대체 언어가 아닌 CSS를 포함하고 있는 언어입니다.

Sass라는 이름은 상황에 따라 다음 두 가지 중 한 가지 의미로 사용됩니다.

- CSS의 단점을 보완하여 더 빠르고 효율적으로 스타일을 구성할 수 있는 문법 체계
- CSS 전처리기preprocessor

Sass는 CSS를 확장해 만든 스타일 언어를 칭하는 이름인 동시에, CSS 전처리기 역할을 수행하는 소프트웨어의 이름이기도 합니다. 문법 체계와 컴파일러를 함께 일컫는 C 언어나 자바 같은 프로그래밍 언어와 유사한 개념이라고 생각하면 이해하기 쉽습니다.

웹 개발자가 작성한 CSS 스타일시트 문서는 웹브라우저에 로드되어 화면에 스타일을 반영합니다. 웹브라우저가 스타일 객체를 만들 수 있는 언어는 CSS뿐입니다. 따라서 Sass로 작성된 스타일 문서를 웹브라우저가 로드하여 스타일 객체를 만들 수 있으려면 Sass 스타일 문서를 CSS 스타일 문서로 변환하는 '컴파일compile' 과정이 필요합니다. Sass는 CSS 전처리기로서, Sass 문서와 웹브라우저 사이에서 Sass 문서를 CSS 문서로 컴파일하는 기능을 지원합니다. 따라서 프로젝트를 위해 Sass를 사용하고자 하는 개발자라면 Sass 문법에 대한 이해와 함께 CSS 전처리와 관련해 제공되는 기능에 대한 이해를 갖추어야 합니다.

1 https://sass-lang.com/

1.2 Sass를 사용해야 하는 이유

Sass는 결국 CSS 문서를 생산해내기 위해 사용하는 일종의 소프트웨어 도구인 셈입니다. 아마 이런 단순한 사실은 CSS만 사용해본 개발자들로 하여금 Sass 학습에 대한 거부감을 느끼게 만들지도 모릅니다. 새로운 기술을 학습하는 일은 언제나 부담스럽게 느껴지기 때문입니다(필자도 Sass를 사용해보기 전에는 그런 부담감을 느꼈었습니다). 그러나 Sass를 받아들이고, 이를 능숙하게 작성하고 사용할 수 있게 된 개발자라면 누구나 Sass 사용을 선호할 수밖에 없을 것입니다.

1.2.1 낮은 진입 장벽

Sass 스타일 문서는 CSS로 선언할 수 있는 모든 스타일을 포함할 수 있습니다. 심지어 Sass가 지원하는 추가 문법을 전혀 사용하지 않고, 오로지 기존 CSS 코드만으로 Sass 문서를 작성한다고 해도 전혀 문제가 되지 않습니다(물론 그렇게까지 할 이유는 없습니다). Sass만을 위해서 만들어진 새로운 스타일 속성이나 속성값은 없습니다. Sass는 단지 CSS의 선택자, 스타일 속성, 속성값을 다양하고 편리한 문법적 요소를 이용해 작성할 수 있도록 도와줄 뿐입니다. 따라서 CSS에 어느 정도 익숙한 개발자라면, 능숙하게 Sass를 사용할 수 있게 되기까지 그리 오랜 시간이 걸리지 않을 것입니다.

1.2.2 유용한 기능과 안정성

순수한 CSS에서는 재사용 가능한 코드 블록을 만들 수 없기 때문에 CSS 문서 작성 시에는 동일한 코드의 반복이 빈번하게 발생합니다. 또한 CSS에서는 조건 분기나 반복과 같은 복잡한 연산이 지원되지 않고, `calc()` 함수를 이용해 아주 단순한 연산을 할 수 있는 정도가 고작입니다. 초창기부터 지속적으로 업데이트되어왔음에도 불구하고, CSS에는 조건문, 표현식과 같은 기능들이 추가되지 않고 있습니다. 그러나 Sass에서는 재사용 가능한 코드 블록을 만들 수 있고, 변수나 중첩 규칙을 비롯해 다양한 내장 모듈 등 유용한 기능을 많이 지원합니다. 이러한 기능들은 Sass가 오랜 기간 동안 지원해온 기능이므로 그 안정성 또한 충분히 신뢰할 만합니다.

1.2.3 Sass 라이브러리와 확장

Sass가 제공하는 문법을 이용하면 스타일을 CSS에 비해 좀 더 짧고 명시적인 형태로 작성할 수 있습니다. 그러나 여기에서 그치지 않고, Sass 문법을 기반으로 유용한 기능을 만들어 배포한 다양한 라이브러리도 다수 존재합니다. 대표적으로 Compass[2]나 Bourbon,[3] CssOwl[4] 같은 것을 예로 들 수 있습니다. 오픈소스 라이브러리의 사용 여부는 어디까지나 개발자의 판단에 달려 있지만, 선택지가 많다는 것은 그만큼 다양한 가능성이 열려 있다는 것을 의미합니다.

1.3 Sass 작동 원리

앞서 Sass는 CSS 전처리기로서, Sass 문서와 웹브라우저 사이에서 Sass 문서를 CSS 문서로 컴파일하는 기능을 지원한다고 설명했습니다. 이를 그림으로 표현하면 그림 1.1과 같습니다.

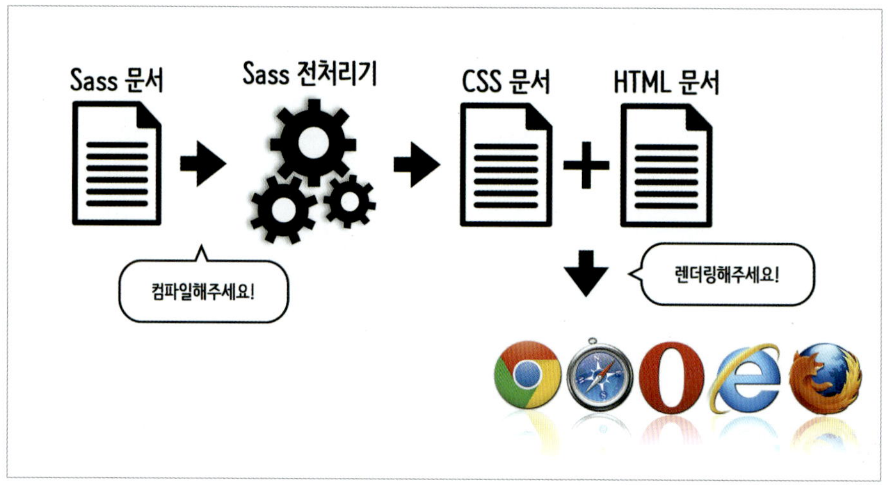

그림 1.1 Sass 작동 원리

Sass 문법으로 작성한 스타일 문서는 `.sass` 또는 `.scss` 형식으로 저장해야 합니다. 문법 오류 없이 작성한 Sass 스타일 문서는 Sass 전처리기에 의해 컴파일 과정을 거쳐 CSS 코드로 변환되고, 그 결과를 토대로 새로운 CSS 파일이 생성됩니다. 생성된 CSS 파일은 HTML 문서와 결합되어 웹페이지를 구성합니다. 웹브라우저는 Sass 구문을 해석할 수 있는 엔진을 가지고 있지 않기 때문에, 컴파일 과정 없이 Sass 문서를 브라우저에 로드하여 웹페이지를 렌더링하는 것은 불가능합니다.

2 http://beta.compass-style.org/
3 https://www.bourbon.io/
4 https://cssowl.owl-stars.com/

NOTE

Sass 스타일 문서의 형식이 두 가지인 이유는 Sass가 서로 다른 두 가지 문법을 동시에 지원하기 때문입니다. 여기에 대해서는 뒤에서 자세히 설명합니다.

1.3.1 명령행 인터페이스

사용자는 Sass를 CSS로 컴파일하기 위해 어떤 식으로든 Sass 전처리기에게 'style.sass를 style.css로 컴파일해줘!'라는 명령을 전달해야 합니다. 그 방법은 버튼을 누르는 방법일 수도 있고, 컴퓨터 마이크에 대고 이야기를 하는 방식일 수도 있습니다. 그러나 Sass 전처리기가 지원하는 기능을 사용하는 가장 일반적인 방식은 명령행 인터페이스command-line interface, CLI를 사용하는 방식입니다. 마우스 커서를 이용해 손쉽게 문서를 선택하고, 버튼을 클릭해 문서를 컴파일할 수 있는 그래픽 유저 인터페이스graphic user interface, GUI 애플리케이션 코드킷CodeKit이나 프리프로스Prepros 같은 프로그램도 존재하지만, 대개 유료 프로그램인 데다 애플리케이션에 따라서 지원되는 플랫폼이 제한적이라는 단점도 있습니다.

명령행 인터페이스 방식은 일반적인 PC 사용자들에게는 다소 낯선 방식일 수 있지만, 명령 프롬프트나 파워셸, 터미널과 같은 명령행 프로그램에서 텍스트 기반 명령어를 입력하기만 하면 되는 빠르고 간편한 방식으로, 많은 개발자가 선호하는 방식입니다. 예를 들어 우리가 style.sass라는 이름의 Sass 문서를 만들었고, 이를 변환하여 style.css라는 스타일 문서를 만들고 싶다면 다음과 같이 명령어를 입력하면 됩니다.

```
> sass style.sass style.css
```

정말 간단하죠? 만일 여러분에게 명령행 인터페이스에 대한 경험이 전혀 없다고 할지라도, Sass 전처리기를 위해 알아야 할 명령어에 익숙해지는 데에는 그리 오랜 시간이 걸리지 않을 것입니다. 책의 뒷부분에서 여러분이 사용할 만한 명령행 프로그램의 종류와 운영체제별 기초 명령어, 그리고 Sass 명령어를 진행 흐름에 맞게 차근차근 설명할 것입니다.

1.3.2 프로젝트에 Sass 도입 시 주의할 점

웹 개발 프로젝트에 Sass를 도입하기로 결정했다면, 여러분은 `.css` 형식의 문서를 직접 수정하지 않도록 주의해야 합니다. Sass 스타일 문서를 컴파일하여 만든 CSS 문서가 이미 존재하는 상황에 Sass 스타일 문서를 수정하고 다시 컴파일을 하면 기존 CSS 문서는 새롭게 컴파일된 내용으로 덮어씌워집니다. 따라서 Sass 스타일 문서 수정 작업을 진행하는 중에 대상 파일인 `.css` 형식의 문서를 직접 수정하는 것은 아무런 의미가 없는 작업입니다. Sass를 이용해 스타일 문서를 제작하는 프로젝트에서 여러분이 수정해야 할 스타일 문서는 `.sass` 또는 `.scss` 형식의 문서뿐입니다.

1.4 Sass의 두 가지 문법

Sass는 서로 다른 두 가지 문법을 동시에 지원합니다. 그중 먼저 출시된 것은 Sass입니다. 이름에서 예측할 수 있듯이 Sass 문법은 Sass 서비스 초창기부터 지원되는 문법입니다. 이 문법의 가장 큰 특징은 기존 CSS 문법과 달리 중괄호와 세미콜론(;)이 아닌 들여쓰기와 개행으로 스타일 선언문의 포함 관계 및 스타일 속성의 구분을 나타낸다는 점인데, 이는 프로그래밍 언어 파이썬의 문법 구조를 연상시키기도 합니다. Sass 문법으로 작성한 스타일 문서의 기본 형식은 `.sass`입니다.

예제 1.1 Sass 문법 사용 예

```
body
  font: 100% sans-serif
  color: #333
```

이 방식은 익숙해지기만 하면 코드를 빨리 작성할 수 있고, 들여쓰기와 개행으로 인해 코드의 형태가 깔끔하게 유지된다는 장점이 있습니다. 그러나 상대적으로 자유도가 높은 기존 CSS의 문법에 익숙해져 있는 개발자가 적응하기에는 힘든 문법일 수 있습니다.

Sass 문법에 비해 상대적으로 늦게 출시된 또 다른 문법의 이름은 SCSS입니다. SCSS는 Sassy CSS를 뜻하는 이름으로, Sass에 비해 훨씬 더 많이 CSS 문법을 기반으로 작성하되, Sass의 특징을 추가할 수 있는 형태입니다. 여기에서 Sass의 특징이란 변수, 믹스인, 표현식과 같은 문법적 요소들을 의미합니다.

예제 1.2 SCSS 문법 사용 예

```
body{
  font: sans-serif;
  color: #333;

  p{
    color: #F00;
  }
}
```

마찬가지로, `.scss` 문서도 컴파일 과정을 거쳐 `.css` 형식의 문서를 생성해야만 웹브라우저가 이를 렌더링할 수 있습니다.

대부분의 Sass 사용자들은 Sass 문법보다는 비교적 최신 문법이면서 배우기 쉬운 SCSS를 선호합니다. 이 책에서는 두 문법을 모두 사용해가며 학습을 진행하되, 프로젝트 실습이 진행되는 2부에서는 SCSS 위주로 실습을 진행할 것입니다. 하지만 둘 중 어떤 구문을 사용한다고 할지라도, 여러분은 Sass를 사용하고 있는 것이라는 점을 잊지 말아주세요.

> **NOTE**
> Sass 문법은 첫 글자만 대문자로, SCSS 문법은 전체 글자를 대문자로 표기하는 것이 공식적인 표기법입니다.

요약

- Sass는 CSS를 확장한 스타일시트 언어이자, 이를 처리하는 CSS 전처리기의 이름입니다.
- Sass에서는 변수, 중첩 규칙, 재사용 가능한 코드 블록, 내장 모듈 등 다양한 기능을 제공합니다.
- Sass 전처리기를 활용하는 가장 일반적인 방법은 명령행 인터페이스CLI를 사용하는 것입니다.
- Sass 문법으로 작성한 스타일 문서는 컴파일을 거쳐 CSS로 변환된 뒤 웹 문서에 적용됩니다.

CHAPTER 2

Sass 설치하기

이 장은 다음과 같은 내용을 다룹니다.

- Sass를 사용하기 위해 필요한 것에 대해 알아보고, 실습을 준비합니다.
- Sass 스타일 문서를 CSS 스타일 문서로 컴파일하는 방법을 이해합니다.

프로그램 개발 환경을 준비하는 일은 대개 번거로운 작업으로 받아들여지곤 합니다. 그러나 만일 여러분이 코드 에디터를 이용해서 HTML 및 CSS 문서를 작성해본 경험이 있다면, Sass 도입을 위해 준비해야 할 것들이 그리 부담스럽게 느껴지지 않을 겁니다.

2.1 웹브라우저와 코드 에디터

Sass는 웹페이지를 만들기 위해 사용하는 언어입니다. 따라서 Sass 실습 시에는 코드 에디터를 이용한 문서 작성과 웹브라우저를 이용한 결과 조회 과정이 반드시 필요합니다.

2.1.1 웹브라우저 설치

이 책의 예제를 실습할 때에는 구글에서 만든 크롬 브라우저를 사용할 것을 권장합니다. 오늘날 사람들이 사용하는 모든 웹브라우저는 HTML, CSS 문서를 해석하고 그 결과를 화면에 표시하는 기능을 수행하는 '렌더링 엔진'을 갖추고 있습니다. 그러나 웹브라우저들 간에 렌더링 엔진 성능이나 화면 인터페이스 차이가 존재하므로 실습 결과 면에서도 크고 작은 차이를 보일 수 있습니다. 따라서 책에서 소개하는 예제를 직접 실습할 때는 구글의 크롬 브라우저를 사용할 것을 권장합니다. 크롬 브라우저는 여러 웹브라우저 중에서도 최신 웹 표준 기술을 가장 잘 지원하고 있으며, 개발자를 위한 인터페이스 또한 잘 갖추어져 있습니다. 크롬 브라우저가 이미 설치되어 있다면, 곧장 '코드 에디터 설치'로 넘어가도 좋습니다.

크롬 브라우저를 새로 설치하기 위해 기존에 사용 중이던 웹브라우저를 열고, 주소창에 https://www.google.com/intl/ko/chrome/을 입력해 웹사이트에 접속합니다. 여기에서 홈 화면 중간에 있는 파란색 [Chrome 다운로드] 버튼을 클릭하면 설치 파일이 다운로드됩니다. 다운로드가 끝나면 설치 파일을 실행시켜 곧바로 설치를 완료해주세요.

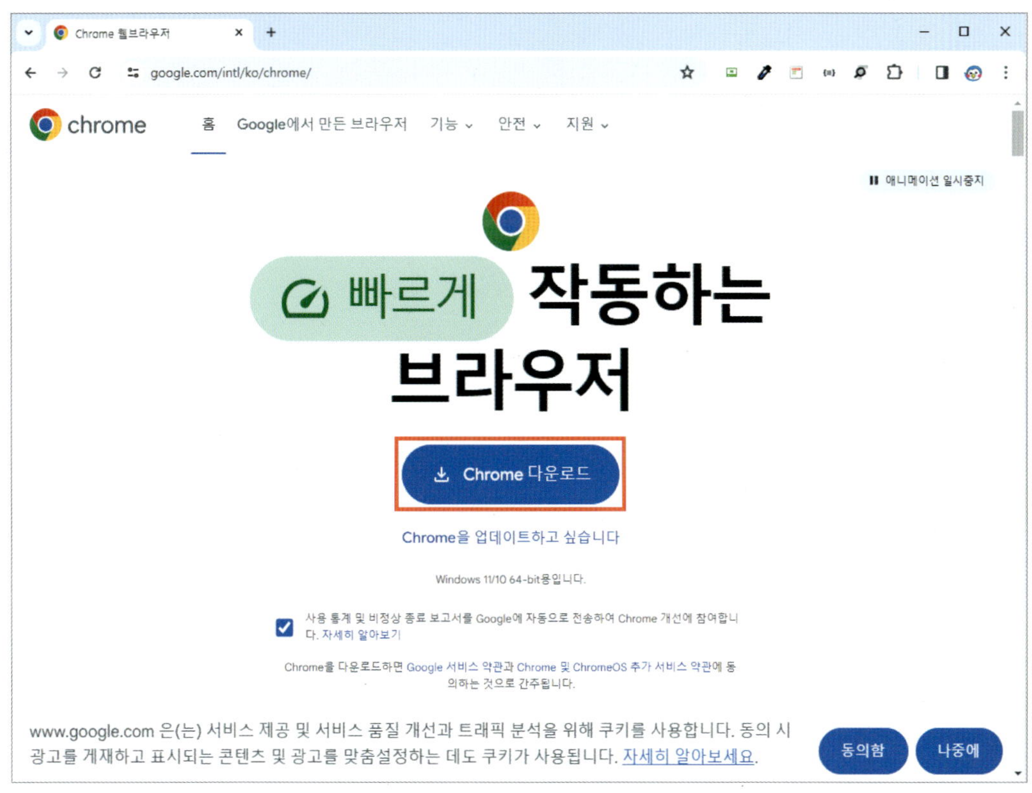

그림 2.1 크롬 메인 페이지

크롬 브라우저를 최초로 실행하면 크롬 브라우저를 기본 웹브라우저로 설정할 것인지 묻는 대화창이 나타납니다. 이때 기본 브라우저로 설정할 것을 권장합니다. 만약 대화창이 뜨지 않았거나 실수로 기본 브라우저 설정을 하지 못했다면 운영체제가 제공하는 기본 브라우저 설정 기능을 이용해 크롬을 기본 웹브라우저로 변경해주세요.

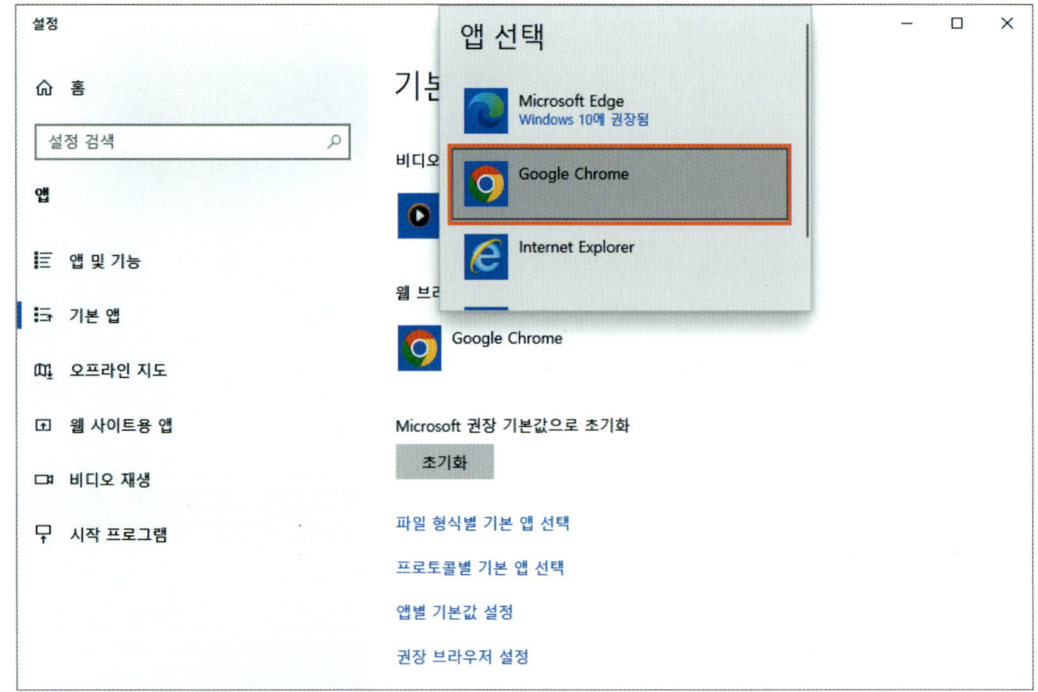

그림 2.2 기본 웹브라우저 설정

2.1.2 코드 에디터 설치

텍스트 문서를 작성하기 위해서는 메모장을 사용하고 그림을 그리기 위해서는 그림판을 사용하는 것처럼, 웹 문서를 작성하기 위해서는 일반적으로 '코드 에디터' 프로그램을 사용합니다. 코드 에디터의 종류는 무척 다양한데, 이 책에서는 다양한 코드 에디터 중에서도 가장 인지도가 높고 좋은 성능과 다양한 확장을 자랑하는 비주얼 스튜디오 코드Visual Studio Code를 이용해 코드를 작성할 것입니다. 비주얼 스튜디오 코드의 사용을 권장하는 이유는 다음과 같습니다.

- 무료로 사용할 수 있다(중요!).
- 사용자가 많아 정보 공유가 활발하다.
- 대부분의 운영체제에서 사용할 수 있다.
- 코드 자동 완성 및 하이라이팅 기능을 지원해 코드 작성 시 편리하다.
- 다양한 확장 기능을 추가할 수 있다.

비주얼 스튜디오 코드 설치를 위해 웹브라우저를 열고 주소창에 https://code.visualstudio.com/를 입력하여 웹사이트에 접속합니다. 홈 화면의 왼편에 보이는 파란색 [Download for Windows] 버튼을 클릭하면 설치 파일 다운로드가 시작되고, 웹페이지가 비주얼 스튜디오 코드 공식 문서로 전환됩니다.

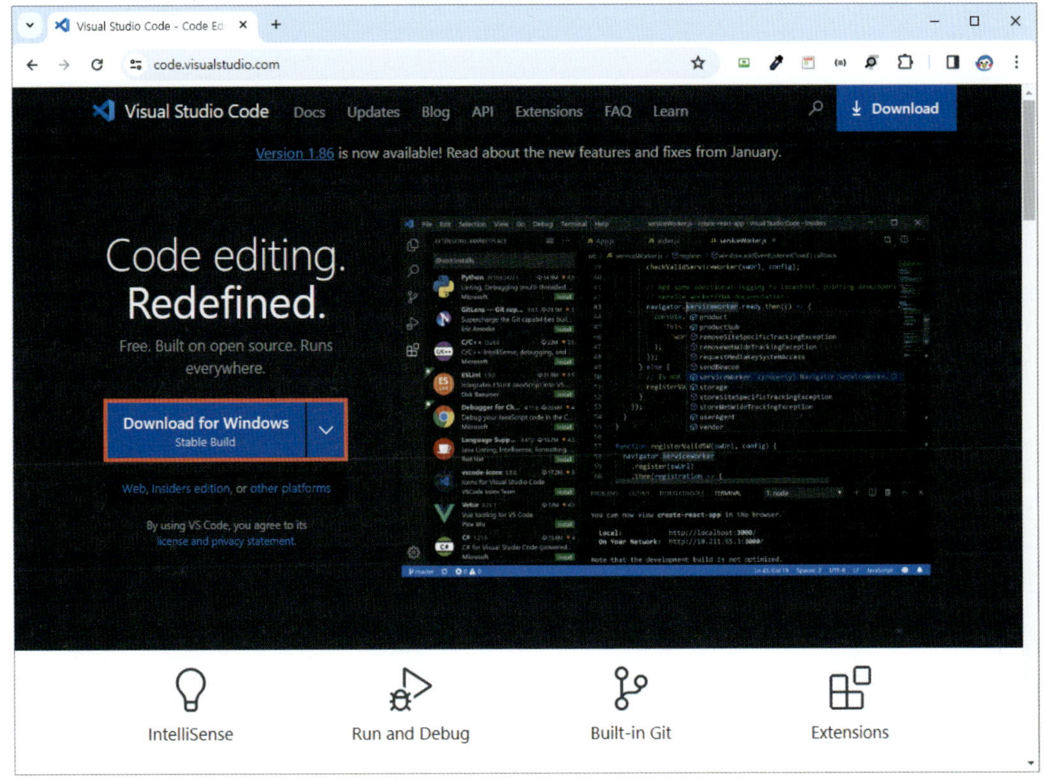

그림 2.3 비주얼 스튜디오 코드 메인 페이지

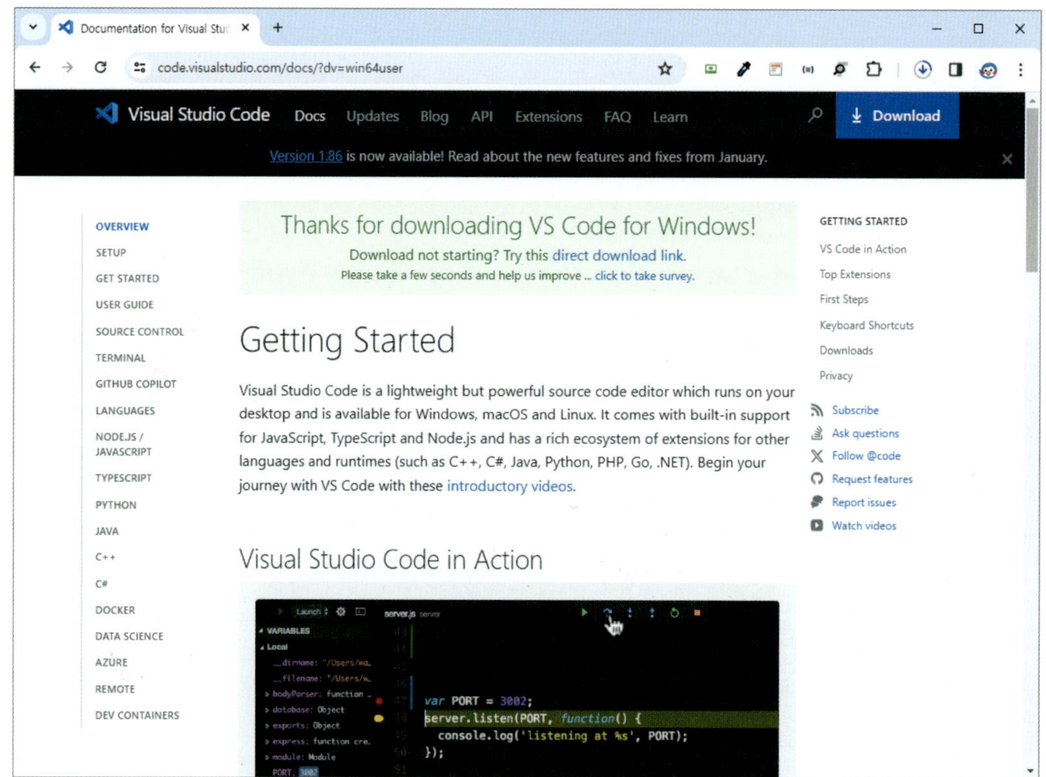

그림 2.4 비주얼 스튜디오 코드 설치 파일 다운로드 중 화면

설치 파일 다운로드가 완료되면 파일을 실행하여 설치를 진행해주세요.

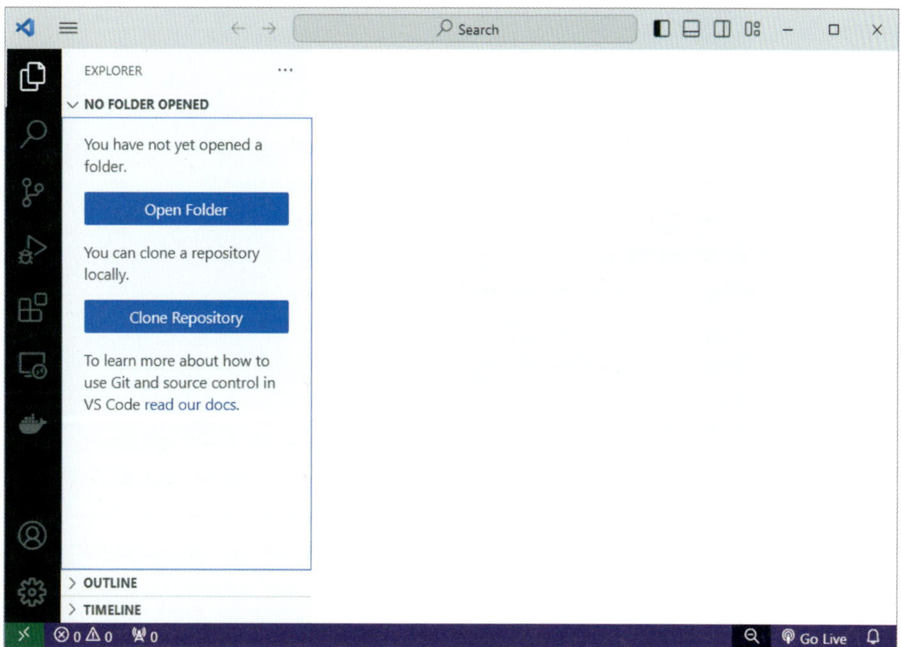

그림 2.5 비주얼 스튜디오 코드

2.2 비주얼 스튜디오 코드 확장 기능 Live Sass Compiler

비주얼 스튜디오 코드 확장 기능 Live Sass Compiler는 Sass 또는 SCSS 문법으로 작성된 문서를 실시간으로 모니터링하여 CSS 문서 빌드를 자동 수행하는 기능을 지원합니다. 설치 방법 및 사용법을 차례대로 확인해보겠습니다.

2.2.1 Live Sass Compiler 설치하기

비주얼 스튜디오 코드 왼편 사이드바에는 아이콘 형태의 메뉴가 배치되어 있습니다. 이 중 위에서 다섯 번째에 해당하는 [Extensions] 메뉴를 선택한 다음, 검색창에 'Live Sass Compiler'를 입력합니다.

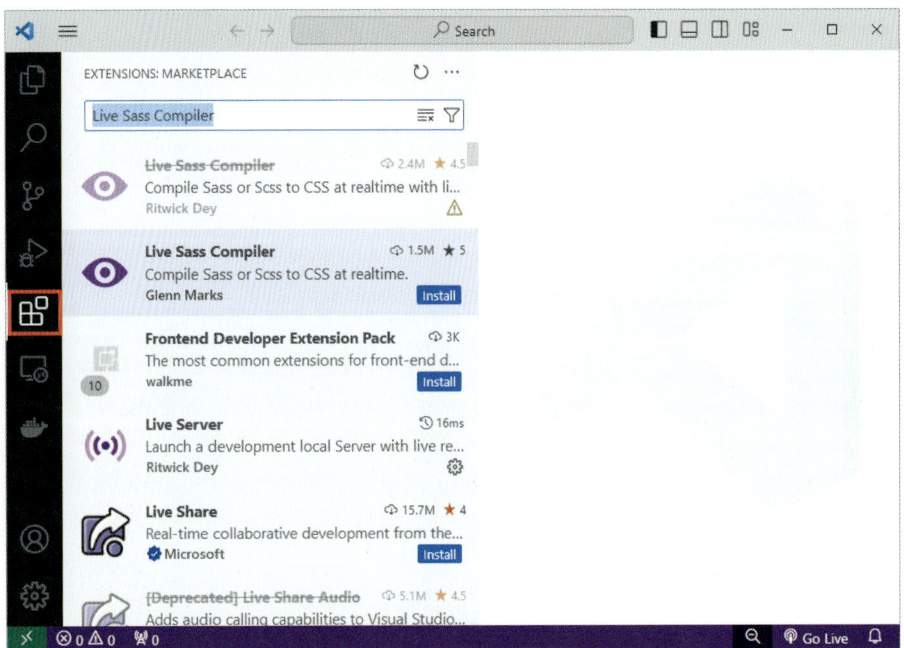

그림 2.6 Live Sass Compiler 검색

이 책을 쓰고 있는 시점에 Live Sass Compiler를 검색하면 일치하는 검색 결과가 두 개 나타나는데, 이 중 하나에는 '앞으로 사라질 예정(This extension is deprecated)'이라는 경고 메시지가 표시되어 있습니다. 경고 메시지가 표시되지 않는 것을 선택해주세요.

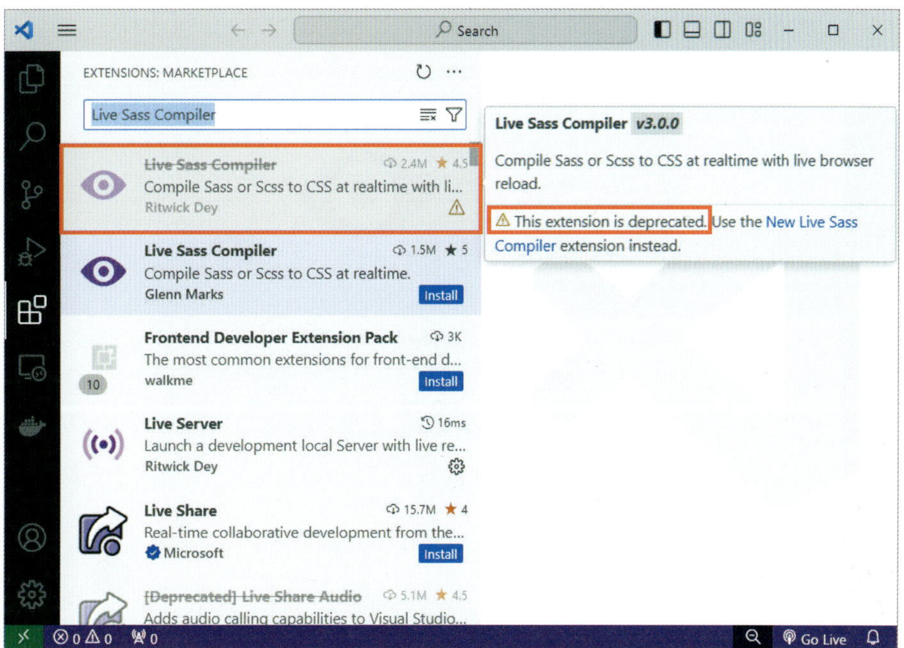

그림 2.7 Live Sass Compiler 버전 확인

확장 프로그램을 선택한 다음 파란색 [Install] 버튼을 클릭하면 설치가 진행됩니다. 시간이 지나 버튼이 있던 자리에 [Disable] 버튼과 [Uninstall] 버튼이 나타나면 설치가 완료되었다는 의미입니다. 설치 완료 후에는 [Extensions] 메뉴를 닫아도 좋습니다.

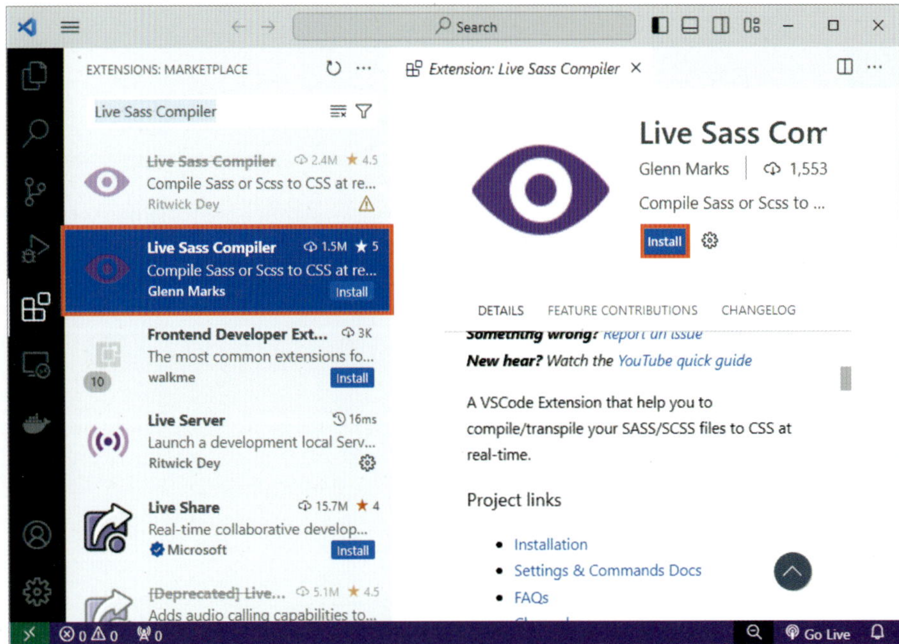

그림 2.8 Live Sass Compiler 설치

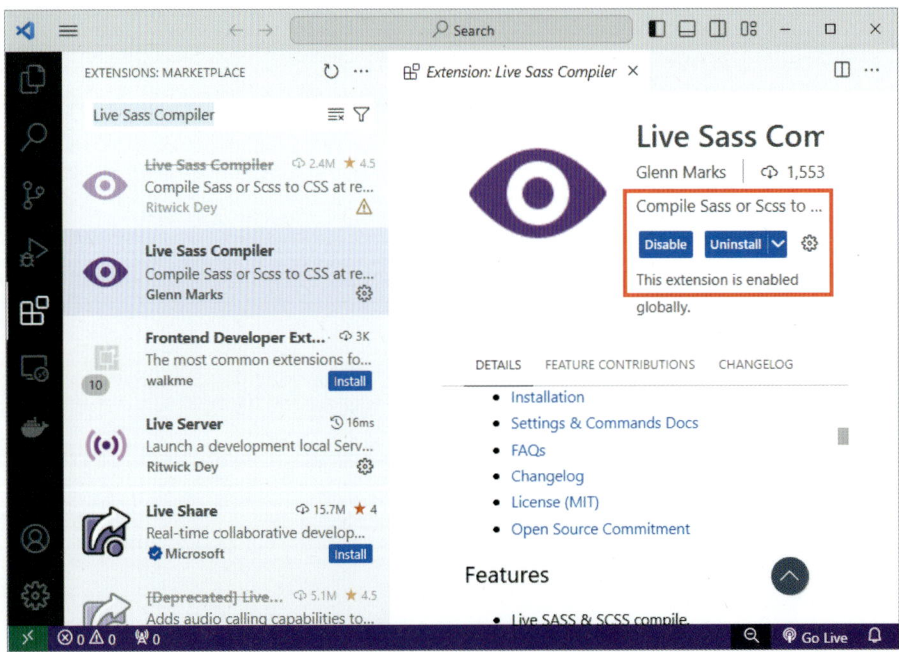

그림 2.9 Live Sass Compiler 설치 완료

2.2.2 Live Sass Compiler 사용하기

Live Sass Compiler를 통해 CSS 문서를 빌드하는 과정을 살펴보겠습니다. 앞으로의 실습을 위해, PC 내 원하는 위치에 새 폴더를 만들고 폴더명은 sass-workspace로 정해주세요.

그림 2.10 **새 폴더 만들기**

비주얼 스튜디오 코드 왼쪽 상단 메뉴의 [File] -> [Open Folder]를 이용해 [sass-workspace] 폴더를 열어주세요. 폴더가 열린 후에는 [Explorer] 메뉴를 통해 폴더 현황을 확인할 수 있습니다.

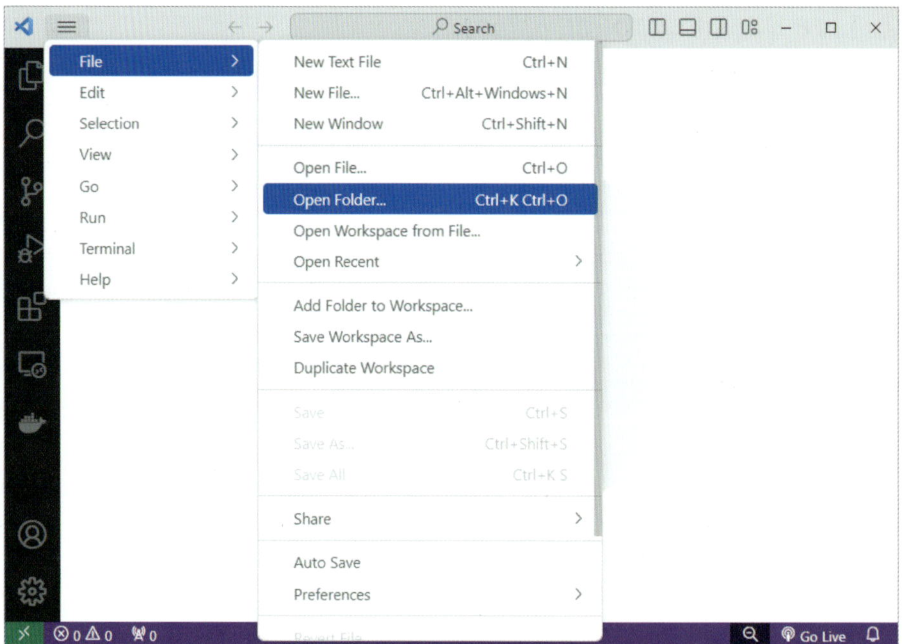

그림 2.11 비주얼 스튜디오 코드 폴더 열기

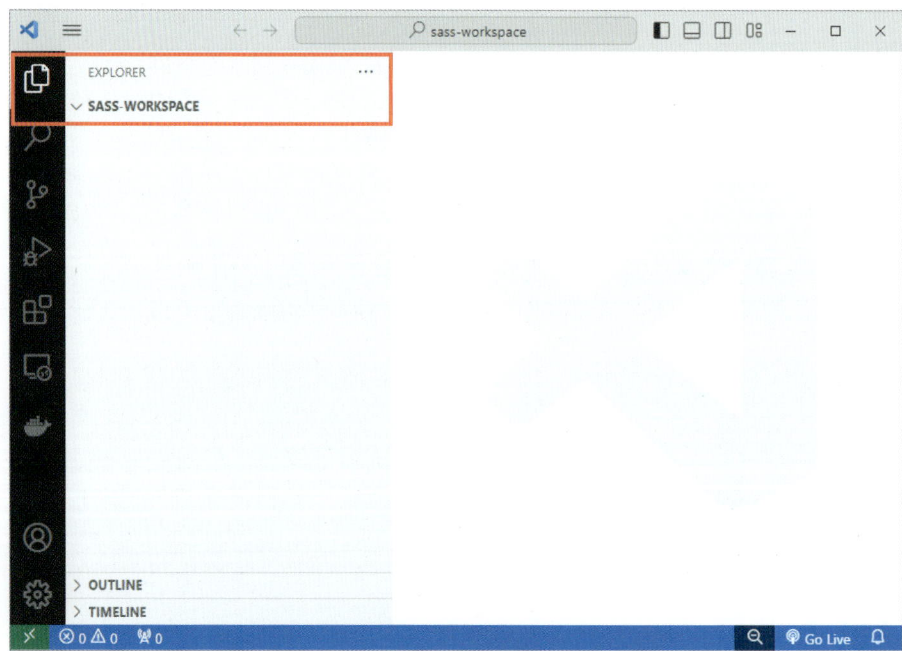

그림 2.12 폴더 열림

Explorer 창에서 마우스 오른쪽 버튼을 클릭해 나타난 화면에서 [New File] 항목을 선택하여 새 파일을 생성합니다. 파일 이름은 `sample.sass`로 정해주세요.

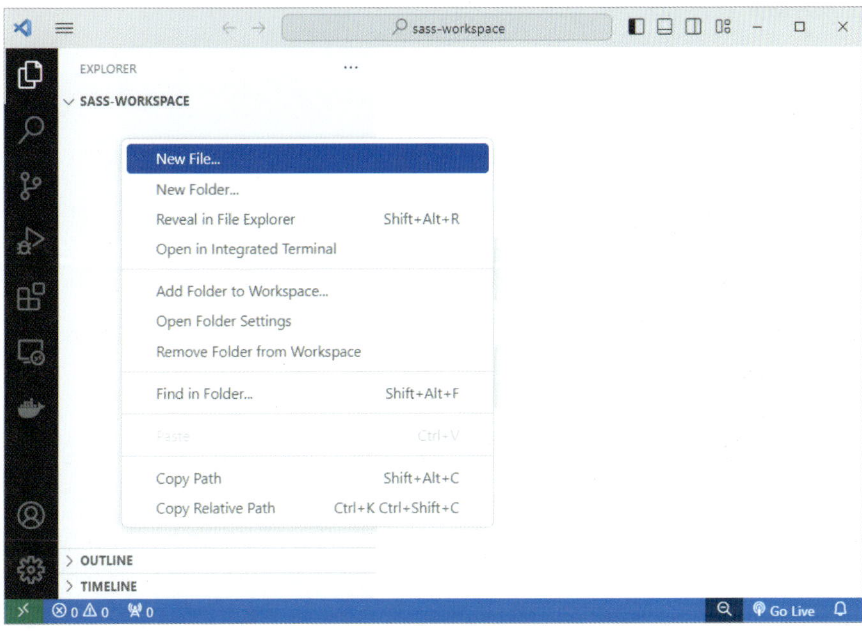

그림 2.13 새 파일 만들기

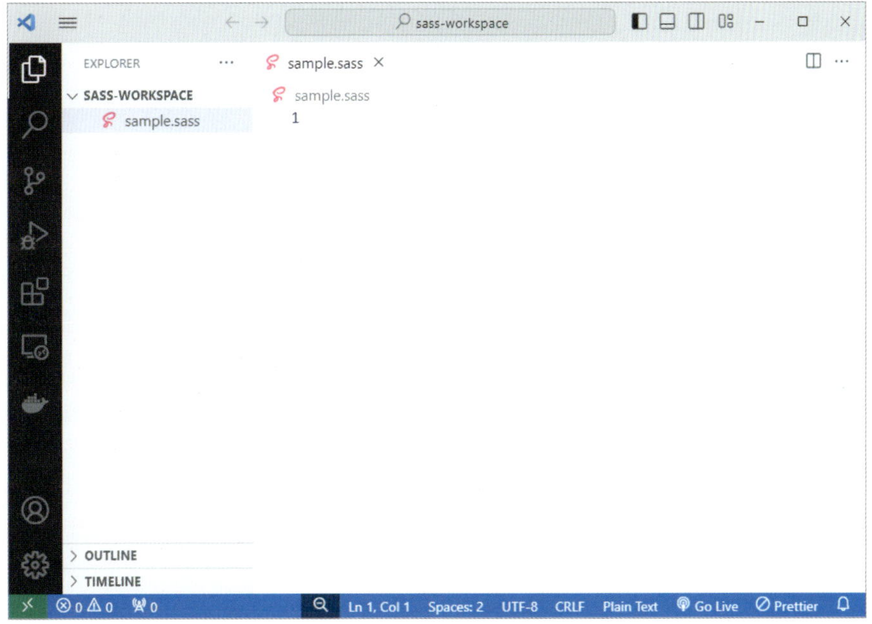

그림 2.14 Sass 문서 생성

코드 에디터에서 코드를 작성합니다. 아직 Sass 문법을 모르지만, Sass 전처리기의 작동을 확인하는 데 의의를 두고 작성해주세요. 들여쓰기는 두 칸입니다.

예제 2.1 sample.sass

```
nav
  ul
    margin: 0
    padding: 0
    list-style: none

  li
    display: inline-block

  a
    color: #000
    display: block
    padding: 4px 8px
    text-decoration: none
```

코드 작성을 마쳤다면 비주얼 스튜디오 코드 하단 메뉴바에서 [Watch Sass] 항목을 찾아 클릭합니다.[5] 클릭 후에는 항목이 [Watching...]으로 변경되는데, 이 상태에서 Live Sass Compiler는 실시간으로 Sass 문서를 모니터링하여 컴파일하고, 그 결과를 반영해 CSS 파일을 자동 생성합니다.

CSS 파일은 Sass 파일과 같은 이름으로 같은 디렉터리 내에 만들어지고, Sass 파일이 새롭게 저장될 때마다 Live Sass Compiler는 컴파일 및 파일 생성을 자동 수행합니다. 이때 기존에 빌드된 CSS 파일이 있을 경우 새로운 컴파일 결과를 기존 파일에 덮어쓰기 합니다.

NOTE

`*.css.map` 형식의 파일은 소스 맵(source map)입니다. 소스 맵이란 원본 파일과 원본을 토대로 빌드된 파일을 서로 연결시켜주기 위한 일종의 정보입니다. Sass 전처리기를 통해 만들어진 소스 맵에는 원본 파일의 이름과 빌드된 파일의 이름을 비롯한 몇 가지 정보가 입력되어 있습니다.

5 만약 [Watch Sass] 항목이 표시되지 않을 경우 비주얼 스튜디오 코드를 재실행해보고, 그래도 안 보인다면 언어 모드가 SCSS로 표시되고 있는지 확인해봅니다.

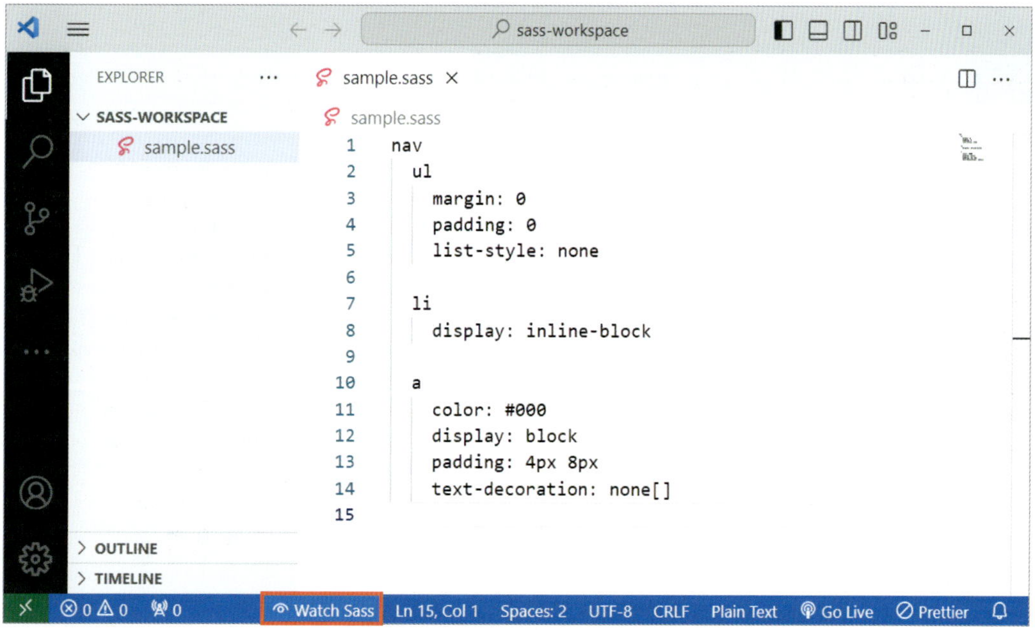

```
nav
  ul
    margin: 0
    padding: 0
    list-style: none

  li
    display: inline-block

  a
    color: #000
    display: block
    padding: 4px 8px
    text-decoration: none
```

그림 2.15 Live Sass Compiler 실행

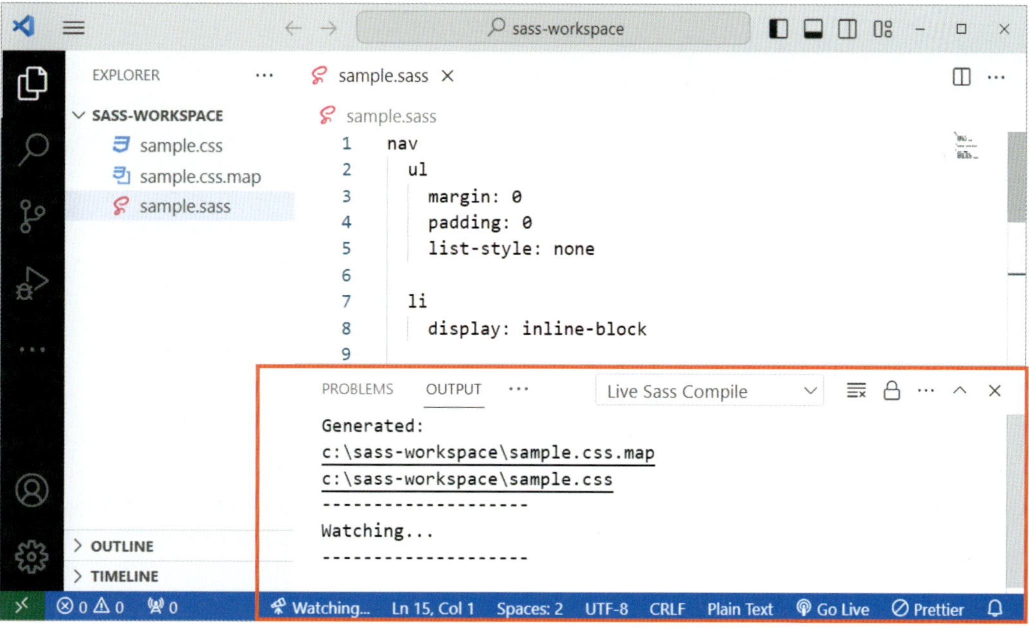

그림 2.16 Watch Sass 작업 중

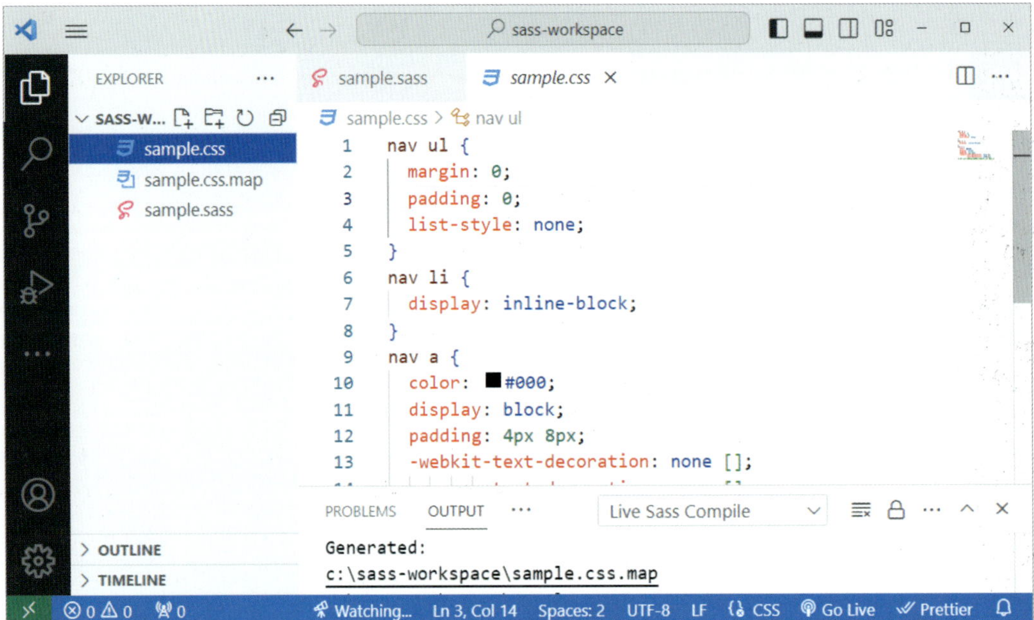

그림 2.17 컴파일 결과

하단 메뉴바에서 [Watching...]을 클릭하면 메뉴는 다시 [Watch Sass] 상태로 돌아가고, Live Sass Compiler의 실시간 컴파일은 종료됩니다.

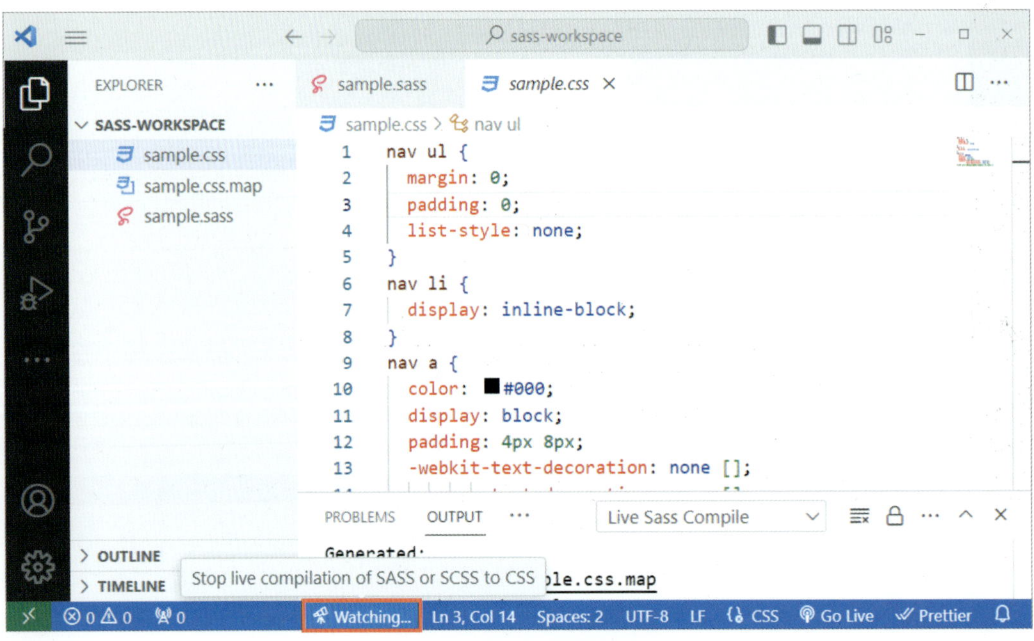

그림 2.18 라이브 컴파일 진행 중

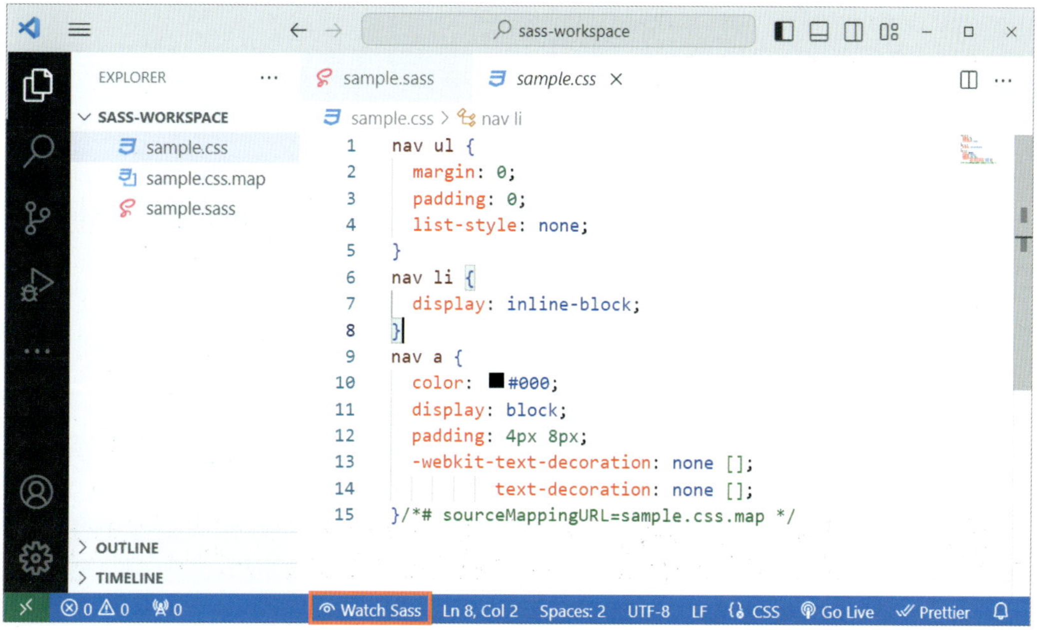

그림 2.19 라이브 컴파일 종료

2.3 Sass 설치하기

Live Sass Compiler를 이용하면 쉽고 빠르게 Sass 문서를 빌드할 수 있습니다. 그러나 Live Sass Compiler는 비주얼 스튜디오 코드 확장이기 때문에 비주얼 스튜디오 코드 외 다른 에디터를 사용할 경우에는 사용할 수 없습니다. 또한 Live Sass Compiler만 사용할 경우 Sass가 제공하는 다양한 명령어를 실행할 수도 없습니다. 이 절에서는 여러분의 PC에 Sass를 설치하고, 명령행 기반으로 Sass를 사용하는 방법을 살펴보겠습니다.

> **NOTE**
>
> Sass 설치 과정은 사용자가 가장 많은 윈도우 운영체제를 기준으로 설명합니다.

2.3.1 Sass 설치하기

윈도우나 맥, 또는 리눅스 운영체제에 Sass를 설치하려면 각 운영체제에 맞는 패키지를 다운로드하고 이를 환경 변수로 추가하기만 하면 됩니다. Sass 패키지 다운로드를 위해 웹브라우저를 열고

https://github.com/sass/dart-sass/releases에 접속해주세요.

> **NOTE**
>
> 페이지에 나타난 'Dart Sass'라는 이름이 낯설어 당황하셨나요? 우리가 사용할 Sass는 프로그래밍 언어 다트(Dart)로 구현된 소프트웨어입니다. 최초의 Sass는 루비(Ruby)로 구현되었으나, 이후 문법과 작동 방식이 발전하는 과정에서 C++와 다트로 구현된 LibSass와 Dart Sass가 등장했고, 현재는 다트로 구현된 Dart Sass가 유일한 정식 배포판으로 인정되고 있습니다. 원한다면 누구나 Ruby Sass와 LibSass를 사용할 수도 있지만, Sass 측에서는 이들에 대한 지원을 중단한 상태입니다.

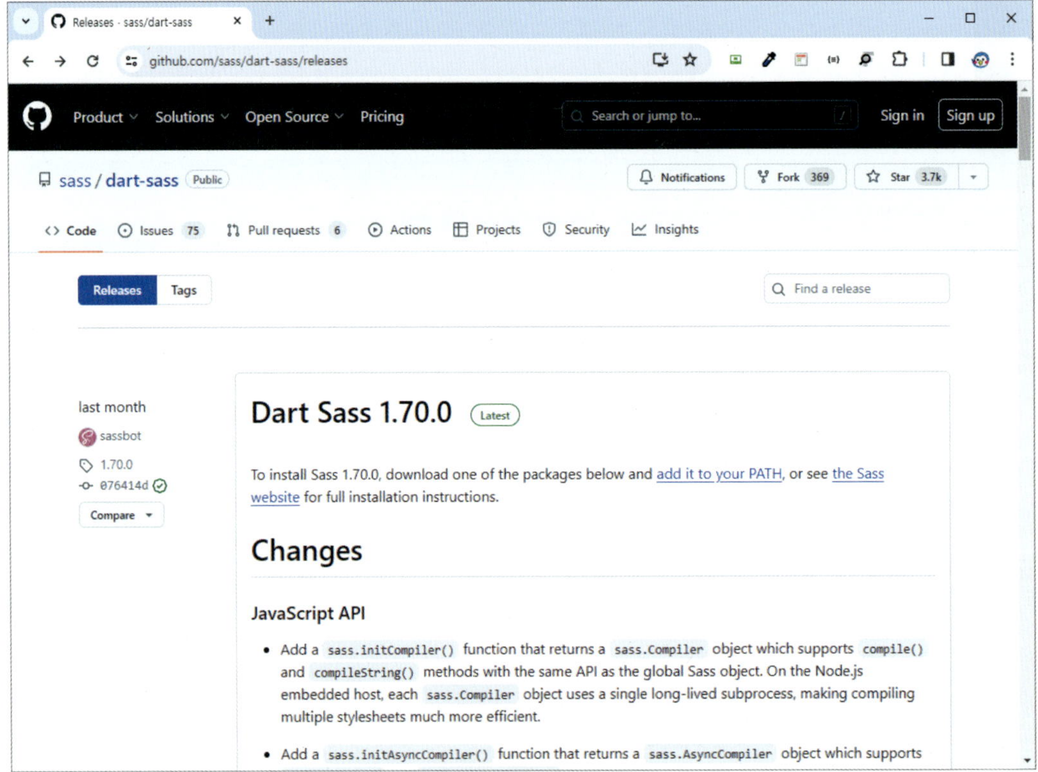

그림 2.20 Sass 패키지 릴리스 페이지

이 책을 쓰는 시점의 최신 버전은 1.70.0입니다(책의 편집이 완료된 시점의 버전은 1.95.0이지만 큰 골격 차이는 없습니다). 접속한 페이지에서 스크롤을 내리면 운영체제에 맞는 패키지를 선택해 다운로드할 수 있습니다. 자신의 운영체제에 맞는 패키지가 보이지 않으면 [Show all 18 assets]를 클릭하여 숨겨진 패키지를 열어보세요. 필자의 환경은 64비트 윈도우 운영체제입니다.

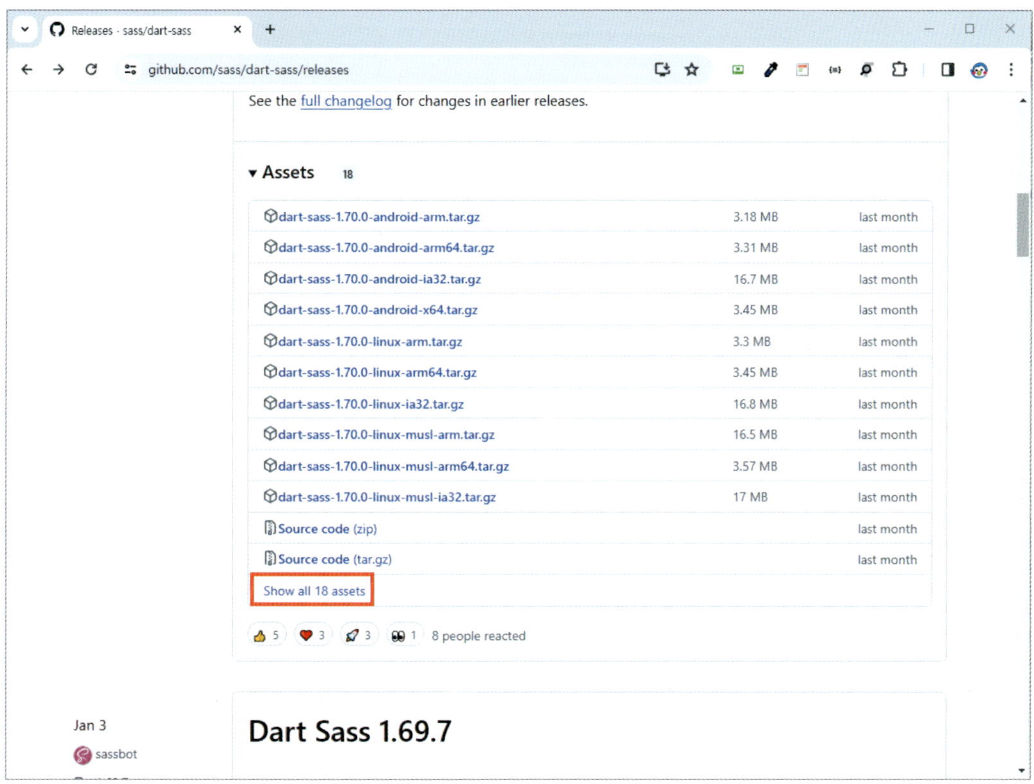

그림 2.21 Sass 압축 파일 명단

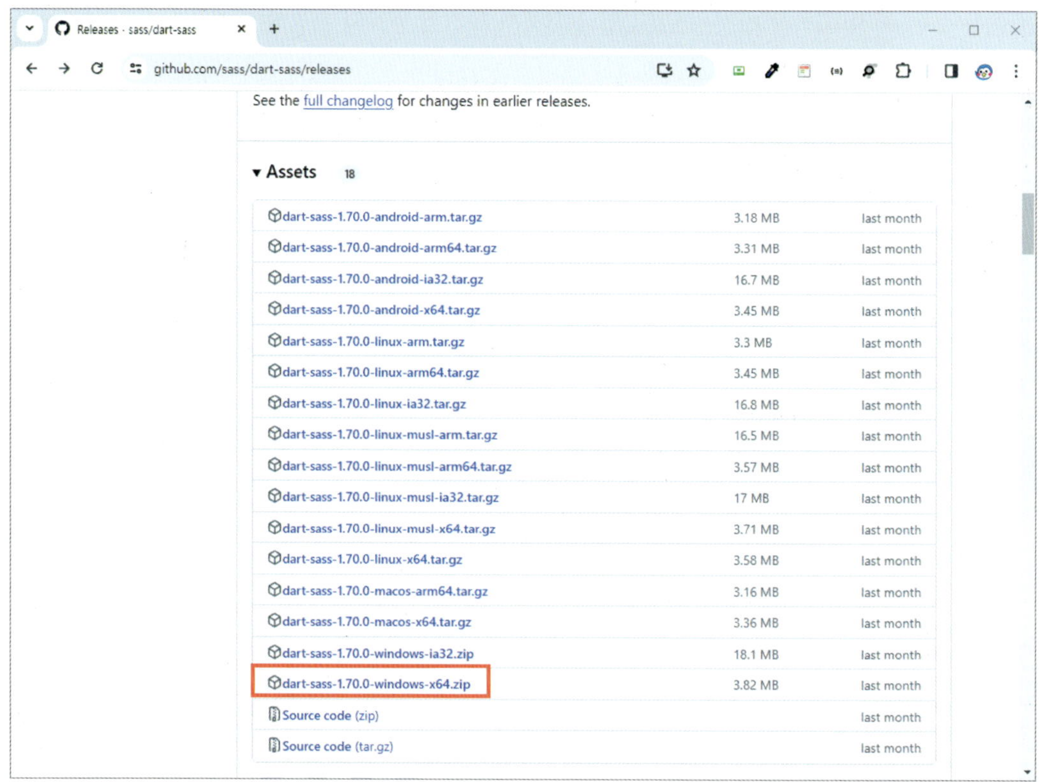

그림 2.22 Sass 압축 파일 명단 전체 보기

다운로드한 패키지의 압축을 풀면, 그 안에 'dart-sass' 폴더가 있는 것을 볼 수 있습니다. 해당 폴더를 로컬 디스크의 사용자 폴더로 옮겨주세요.

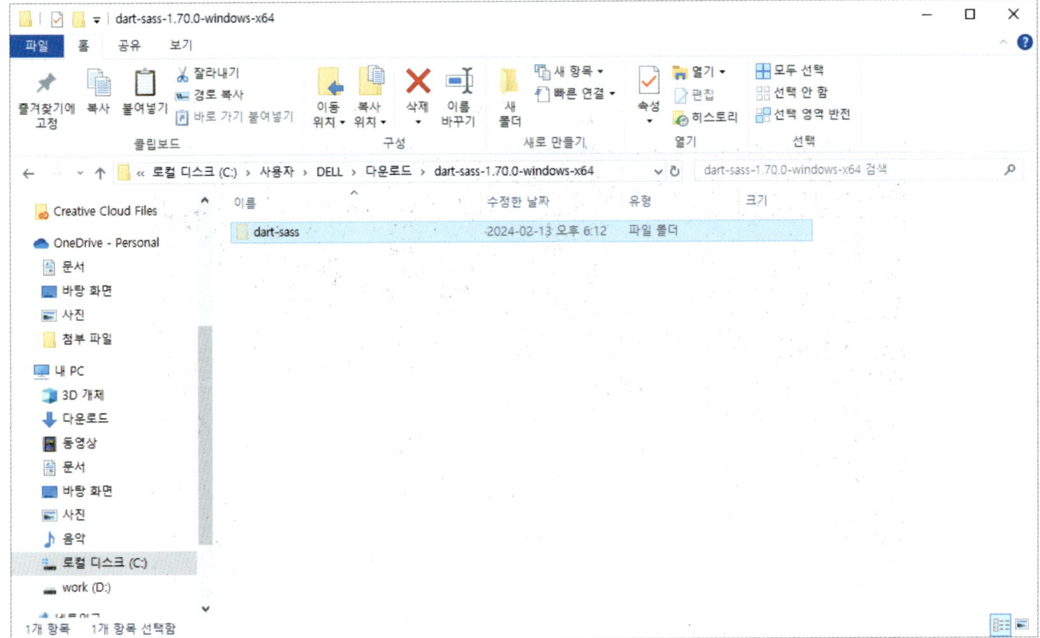

그림 2.23 dart-sass 폴더 확인

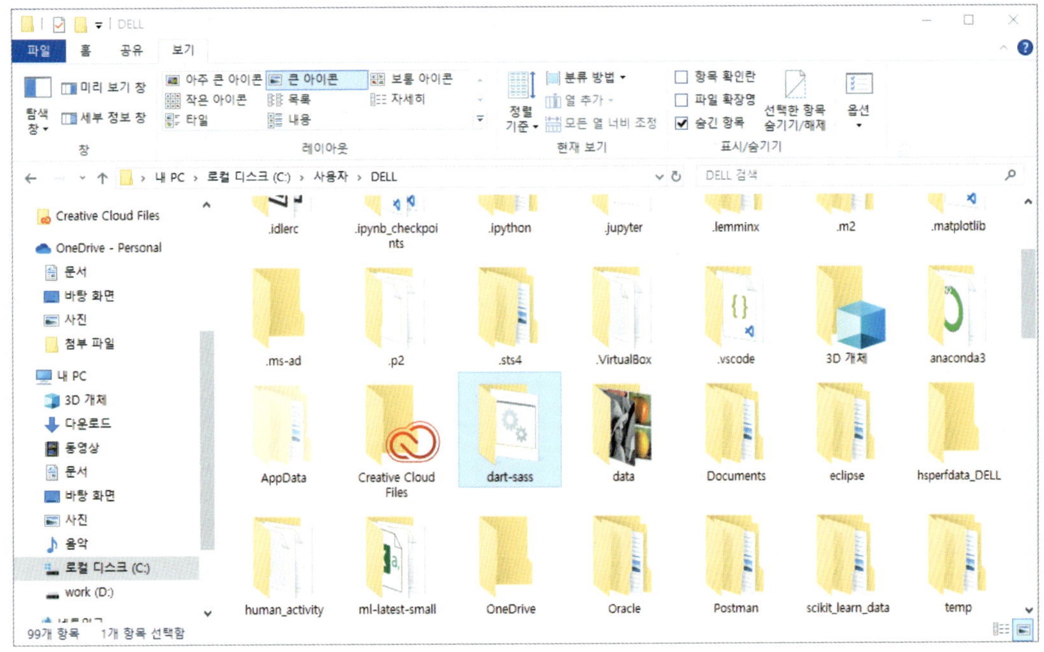

그림 2.24 dart-sass 폴더 이동

이제 dart-sass의 경로를 환경 변수에 추가할 차례입니다. 윈도우 키 또는 시작 메뉴에서 '시스템 환경 변수 편집'을 검색하고 이동합니다.

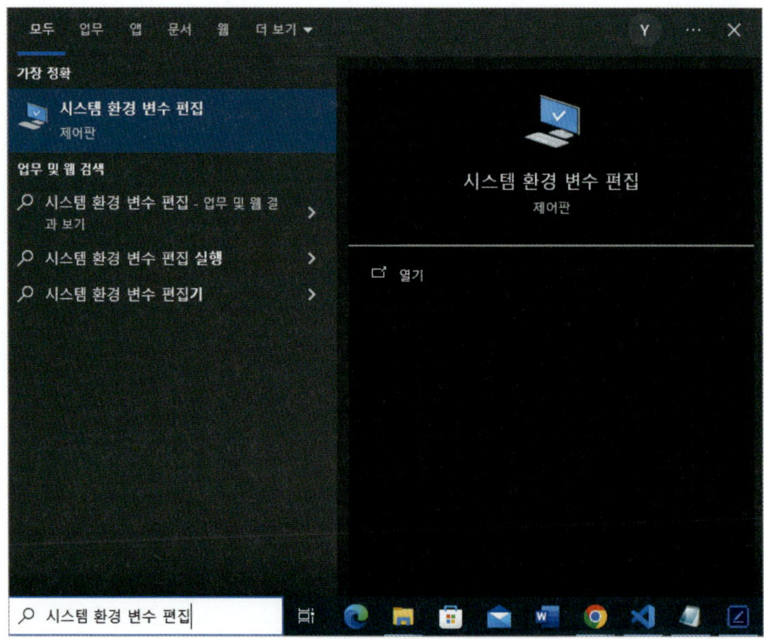

그림 2.25 시스템 환경 변수 편집 창 검색

[시스템 속성] 창이 나타나면 [환경 변수] 버튼을 클릭합니다.

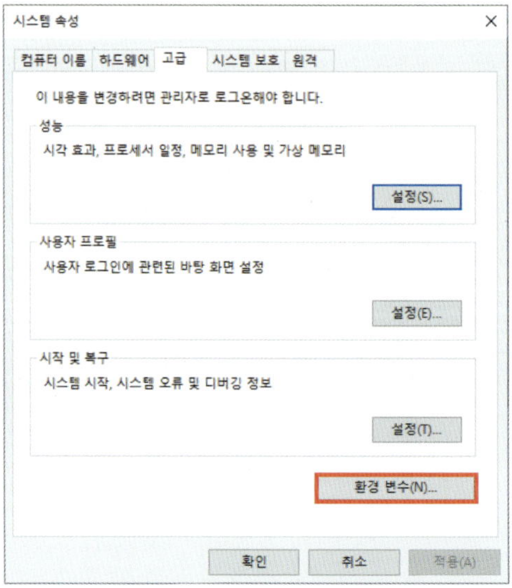

그림 2.26 시스템 속성 환경 변수

시스템 변수 리스트에서 [Path]를 선택하고 [편집] 버튼을 클릭합니다. [환경 변수 편집] 창이 나타나면 [새로 만들기]를 통해 리스트에 [dart-sass] 폴더의 경로를 추가한 다음 [확인]을 눌러 편집을 완료합니다.

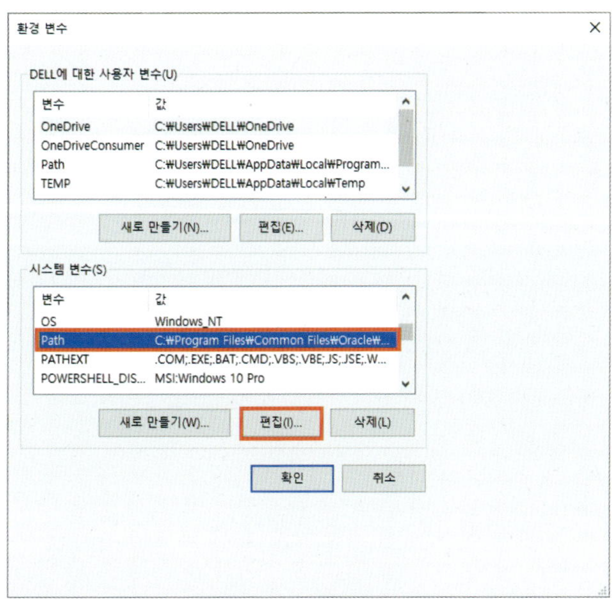

그림 2.27 Path 편집하기

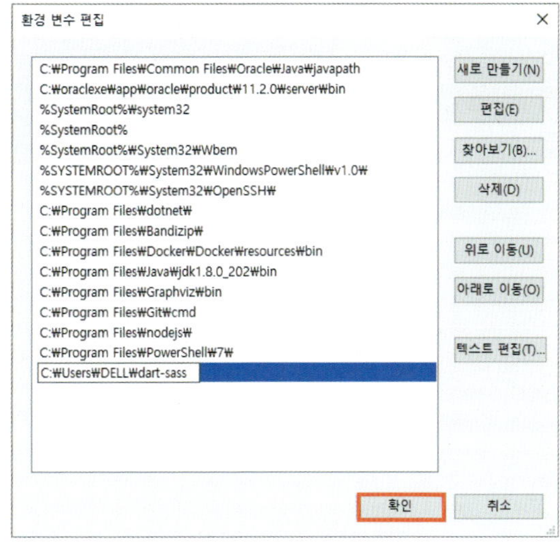

그림 2.28 dart-sass 추가하기

환경 변수 편집이 완료되었으니, 명령행 프로그램을 열고 Sass 명령어가 실행되는지 확인할 차례입니다. 윈도우 키 또는 시작 메뉴에서 '명령 프롬프트'를 검색해 실행해주세요. 명령 프롬프트는 윈도우에 기본 설치되어 있는 명령행 프로그램입니다.

> **NOTE**
>
> 만약 다른 작업을 위해 미리 열어둔 명령행 프로그램이 있다면 그것을 끄고 명령행 프로그램을 새롭게 열어주세요. 열려 있던 명령행 프로그램에는 환경 변수가 반영되지 않을 수 있습니다.

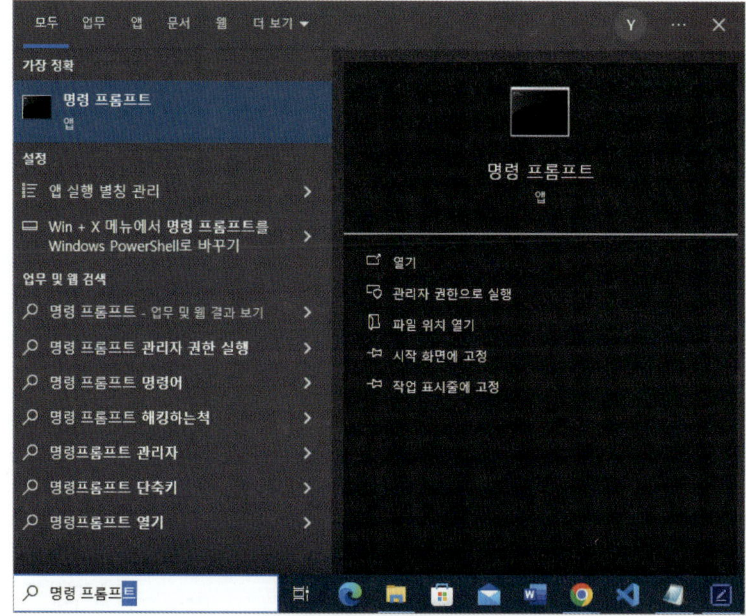

그림 2.29 **명령 프롬프트 검색**

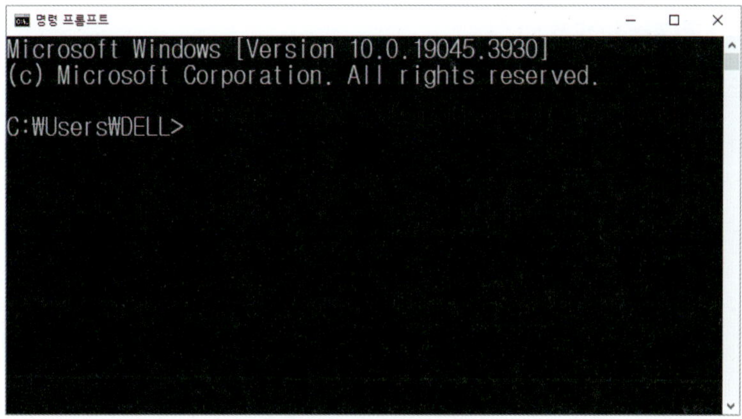

그림 2.30 명령 프롬프트

명령행에 다음 명령어를 입력해 Sass의 설치 여부를 확인합니다. 설치되어 있는 Sass의 버전을 확인할 수 있는 명령어입니다.

```
> sass --version
```

설치가 성공적으로 완료되었다면 버전 정보가 표시되고, 설치가 완료되지 않았다면 오류가 발생합니다.

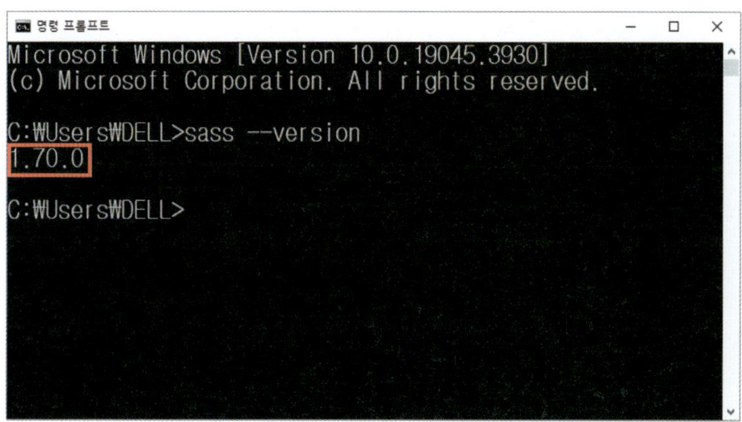

그림 2.31 Sass 버전 확인

2.3.2 Sass 명령어 사용하기

간단한 실습을 통해 기본적인 Sass 명령어를 사용해보면서 Sass와 친해지는 시간을 가져봅시다. 비주얼 스튜디오 코드를 열고 [sass-workspace] 폴더에 새 파일을 만든 다음 파일 이름을 `sample.scss`로 정해주세요. Sass 명령어를 이용한 컴파일을 통해 새로운 CSS 파일을 만들 것이므로 기존에 만들어졌던 `*.css` 형식과 `*.css.map` 형식의 파일은 삭제해주세요.

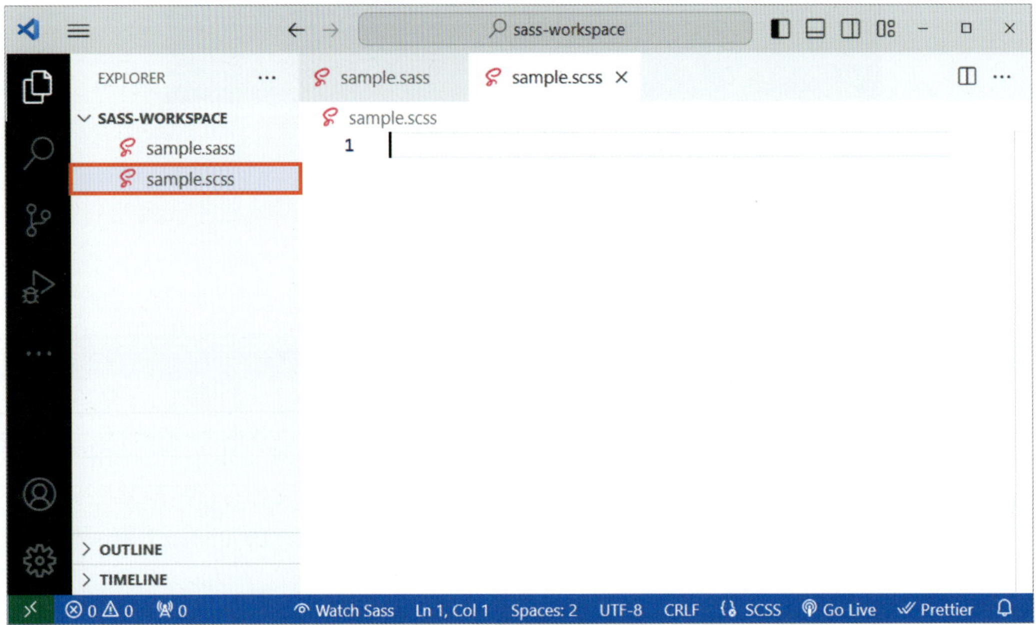

그림 2.32 SCSS 문서 생성

앞서 설명했듯이 SCSS는 Sass 전처리기가 지원하는 두 가지 문법 중 하나입니다. `sample.scss`에 예제 2.2와 같이 코드를 입력합니다. 이번에도 역시 문법을 이해하기보다는 전처리기의 작동을 확인하기 위한 실습임을 인지해주세요.

예제 2.2 sample.scss

```
nav {
  ul {
    margin: 0;
    padding: 0;
    list-style: none;
  }

  li { display: inline-block; }
```

```
  a {
    color: #000;
    display: block;
    padding: 4px 8px;
    text-decoration: none;
  }
}
```

코드 작성을 마쳤다면, 비주얼 스튜디오 코드 왼쪽 상단 메뉴의 [Terminal] -> [New Terminal]을 이용해 새로운 터미널을 열어주세요.

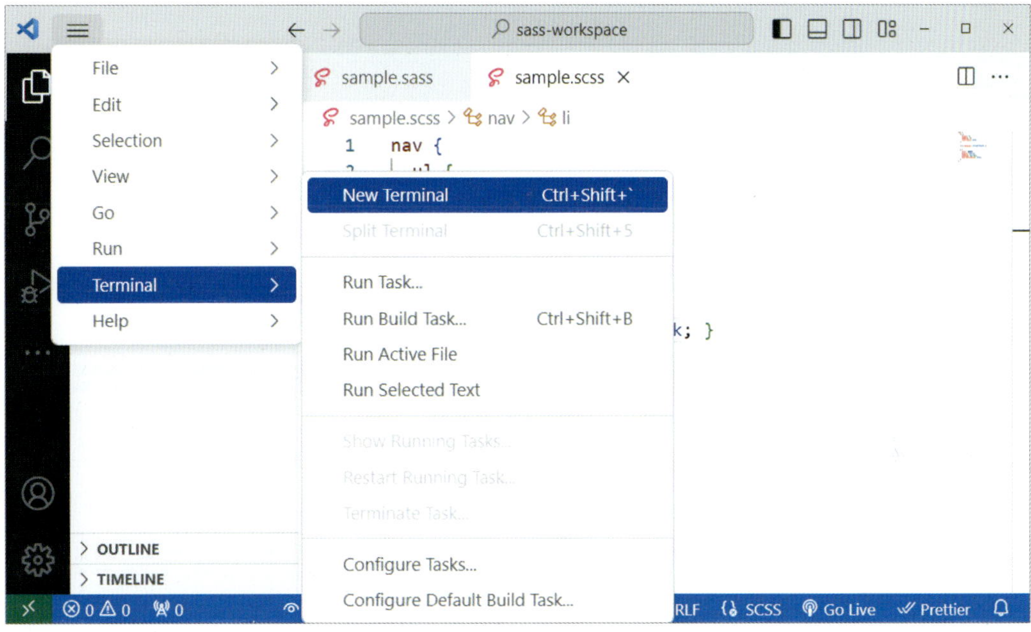

그림 2.33 비주얼 스튜디오 코드 터미널 열기

터미널은 비주얼 스튜디오 코드 내에서 운영체제에 설치된 명령행 프로그램을 사용할 수 있게 해주는 일종의 창구 역할을 하는 기능입니다. 비주얼 스튜디오 코드의 터미널을 열면 명령행이 현재 코드를 작성 중인 디렉터리에 곧장 연결되어 편리합니다. 필자의 PC에는 파워셸이 설치되어 있어 터미널 상단에 pwsh이라고 표시되어 있는 것을 볼 수 있습니다. 여러분의 터미널에 다른 것이 표시되고 있더라도 Sass 사용에 전혀 문제가 되지 않으니 안심하세요.

> **NOTE**
>
> 명령 프롬프트, 파워셸, 배시 셸 등 명령행 프로그램은 그 종류가 무척 다양한데, 혼란을 줄이기 위해 이 책에서는 앞으로 명령행 프로그램을 통틀어 '터미널'이라 부르겠습니다.

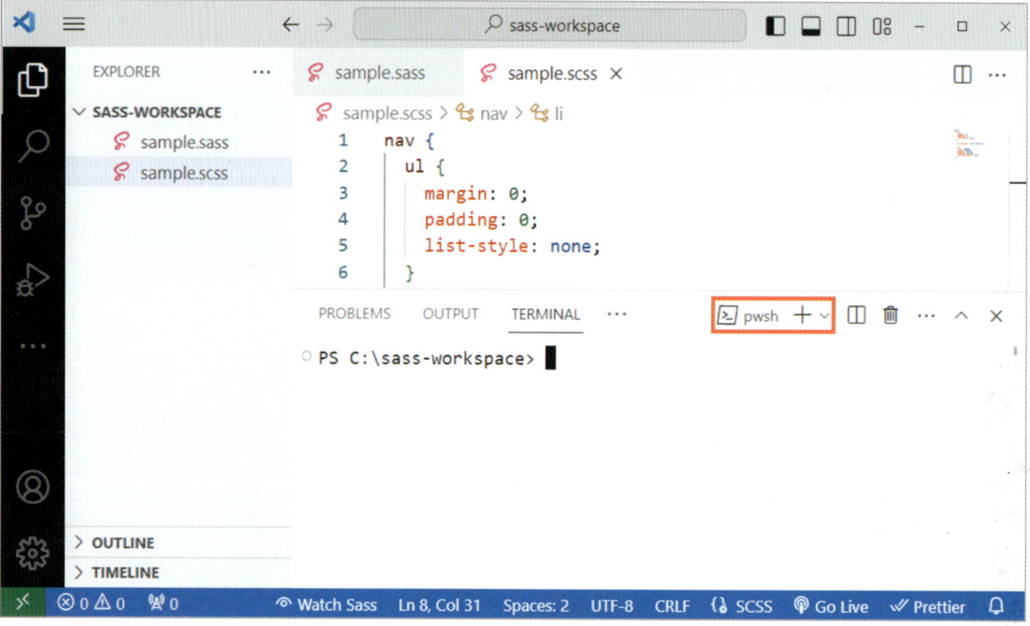

그림 2.34 비주얼 스튜디오 코드 터미널

터미널 명령행에 다음 명령어를 입력해 실행해주세요. 이는 가장 기본적인 Sass 명령어로, `*.sass` 또는 `*.scss` 형식의 Sass 문서를 원하는 이름의 `*.css` 형식 문서로 빌드하는 명령어입니다.

```
> sass sample.scss sample.css
```

명령어를 실행하면 `sample.scss` 문서의 내용을 토대로 `sample.css`가 생성되는 것을 확인할 수 있습니다.

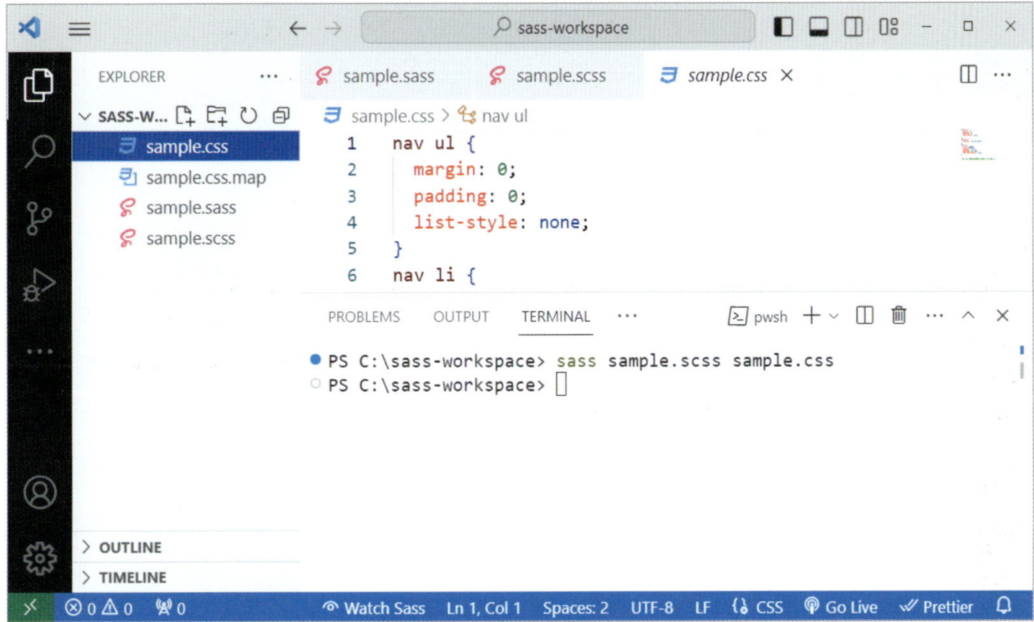

그림 2.35 **Sass 컴파일 명령 실행**

기본적인 Sass 명령어를 통해 CSS 문서를 빌드하면, CSS 문서에는 가장 일반적인 CSS 작성 규칙에 따라 작성된 코드가 채워집니다. 그런데 만일 중괄호 위치에 맞게 스타일 선언문을 들여쓰기 하는 방식이나 가독성을 위해 중간중간 여백을 추가하는 방식이 불필요하게 느껴질 경우, Sass 명령어에 `--style` 옵션을 추가하여 CSS 문서의 코드 스타일을 변경할 수 있습니다.

`--style` 옵션은 CSS 코드 스타일을 제어하는 옵션으로, `--style` 옵션에 뒤이어 입력한 `expanded`나 `compressed` 옵션에 따라 코드 스타일을 결정합니다. `expanded`는 기본값으로, 일반적인 CSS 작성 규칙을 따릅니다. 반면 `compressed`는 공백과 들여쓰기 등 불필요한 문자를 모두 제거한 스타일 규칙을 따릅니다. 확인을 위해 다음 명령어의 실행 결과를 확인해보겠습니다.

```
> sass --style compressed sample.scss sample.css
```

실행 결과, 여러 개의 스타일 선언이 포함되어 있는 Sass 문서가 단 한 줄의 CSS 문서로 압축된 것을 확인할 수 있습니다.[6]

6 `compressed` 옵션을 통해 불필요한 문자를 제거하면 전송량 감소로 인한 속도 향상 효과를 기대할 수 있습니다.

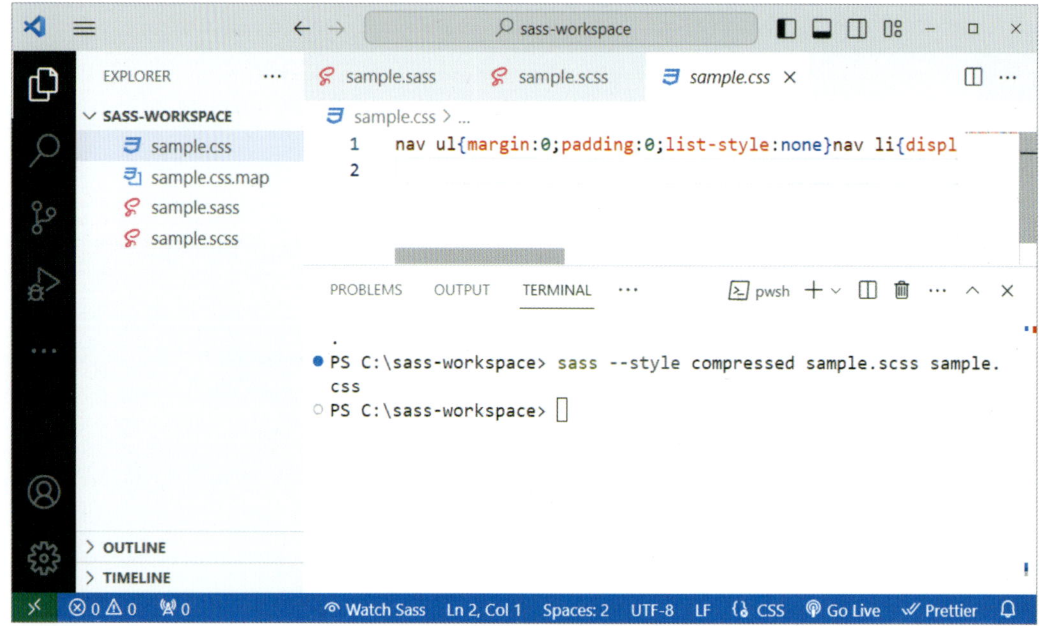

그림 2.36 **컴파일 옵션 추가하기**

2.3.3 Sass 설치 및 테스트를 마치며

Sass가 제공하는 다양한 명령어와 옵션을 사용하면 CSS 문서 스타일을 정의할 수 있을 뿐만 아니라 여러 개의 문서를 한꺼번에 빌드하거나 실시간 모니터링을 수행하는 등 다양한 기능을 이용해 편리하게 스타일 문서를 만들어낼 수 있습니다.

Sass 명령어를 하나하나 익히는 일은 Sass를 처음 접하는 입문자에게는 다소 부담스러운 일이 될 수도 있는 만큼, 이 책에서는 명령어를 외워야 한다는 압박감 없이 자연스럽게 명령어를 습득할 수 있도록 추후 Sass 문법을 소개하는 과정에서 필요 시마다 새로운 명령어를 하나씩 추가로 소개해 가며 학습을 진행할 예정입니다.

요약

- 웹 개발에서는 코드 에디터 사용이 일반적이며, 그중 비주얼 스튜디오 코드는 전 세계적으로 가장 널리 사용되는 에디터입니다.
- 비주얼 스튜디오 코드 확장 프로그램인 Live Sass Compiler는 Sass 문법으로 작성된 파일을 실시간으로 감지하여 자동으로 CSS 파일을 생성합니다.

- Sass 명령어와 옵션을 활용하면 CSS 스타일 정의뿐만 아니라 여러 파일을 동시에 빌드하거나 실시간 모니터링을 수행하는 등 다양한 기능을 통해 스타일시트를 효율적으로 관리할 수 있습니다.

CHAPTER 3

Sass 기초

이 장은 다음과 같은 내용을 다룹니다.

- Sass의 주요 기능과 그 사용법을 이해합니다.
- Sass의 문법 요소들이 생산성에 미치는 영향을 이해합니다.
- Sass 코드 작성에 익숙해질 수 있도록 다양한 예제를 실습해봅니다.

진부한 표현이지만, 프로그램 개발 분야에는 '백문이 불여일견, 백견이 불여일타'라는 격언이 있습니다. 백 번 듣는 것보다 한 번 보는 것이 낫고, 백 번 보는 것보다 한 번 타자를 직접 쳐보는 것이 낫다는 말로, 코딩 작업의 숙련도를 기르기 위해서는 실습이 중요하다는 사실을 강조하기 위해 널리 쓰이는 말입니다. 예제와 함께 Sass의 주요 문법을 익혀봅시다.

3.1 주석과 중첩

주석과 중첩은 C, 자바, 자바스크립트 등과 같은 프로그래밍 언어 사용 경험이 조금이라도 있는 사람이라면 누구나 익숙하게 느낄 법한 간단한 문법 요소입니다.

3.1.1 Sass 주석

주석은 코드 내에서 코드와 관련된 사항을 메모해둘 목적으로 사용하는 구문을 뜻합니다. 코드 내에 아무리 긴 내용의 주석이 쓰여 있어도, 컴파일러나 인터프리터는 이를 무시하기 때문에 프로그램의 기능에는 아무런 영향을 끼치지 않습니다. 쉽게 말해 주석이란 '사람에게는 보이지만 컴파일러에게는 보이지 않는 코드'인 셈입니다. Sass에서는 기본적으로 CSS의 주석을 그대로 사용할 수 있습니다. CSS의 주석은 다음과 같이 입력합니다.

예제 3.1 CSS의 주석

```
/* 주석의 내용 */
```

기존 CSS의 주석은 주석의 시작 지점(`/*`)과 끝 지점(`*/`) 사이에 원하는 만큼의 텍스트를 포함하는 형태입니다. Sass에서는 기존 CSS의 주석에 더해 다음처럼 한 줄의 텍스트만 포함하는 형태의 주석도 함께 제공합니다.

예제 3.2 Sass의 주석

```
// Sass에서는 이렇게 한 줄로 된 주석을 입력할 수 있다.
// 한 줄밖에 되지 않으므로
// 새로운 주석을 입력할 때마다 새로이 '//' 기호를 붙여주어야 한다.
```

슬래시(`//`) 기호를 사용해 만든 한 줄 주석은 CSS 문서에서 사용할 수 없기 때문에, 컴파일 과정을 거쳐 만들어진 최종 CSS 파일에는 해당 주석이 반영되지 않습니다. 즉 한 줄 주석은 Sass 코드를 작성하는 단계에서만 유효한 주석인 셈입니다.

확인을 위해 다음과 같이 Sass 코드[1]를 입력하고, 컴파일해보겠습니다.

예제 3.3 basic-grammar/01-comment.scss

```
/*
  기존 CSS 주석은
  이처럼 여러 줄의 내용을
  한 번에 입력할 수 있어요.
*/

// Sass에서는 이와 같이
// 한 줄 주석을 허용하므로
// 원하는 형태로 주석을 입력할 수 있어요.
```

1 3장의 예제는 모두 [sass-workspace] 폴더의 하위 폴더인 [basic-grammar]에 저장한다고 가정하겠습니다.

컴파일 명령어는 다음과 같습니다. Sass 또는 SCSS 문서가 저장된 폴더에 같은 이름의 CSS 문서를 빌드하는 명령어입니다.

```
> sass basic-grammar\01-comment.scss basic-grammar\01-comment.css
```

명령어 실행 후 생성된 CSS 문서의 내용은 다음과 같습니다. 여기에는 한 줄 주석이 반영되지 않은 것을 확인할 수 있습니다.

예제 3.4 basic-grammar/01-comment.css

```
@charset "UTF-8";
/*
  기존 CSS 주석은
  이처럼 여러 줄의 내용을
  한 번에 입력할 수 있어요.
*/

/*# sourceMappingURL=01-comment.css.map */
```

3.1.2 Sass 중첩 규칙

HTML 코드를 작성해본 경험이 있는 사람이라면 `<body>` 태그 아래에 `<h1>`이라든지 `<p>` 같은 태그들이 여러 층으로 겹치는 형태의 코드를 작성했던 경험을 가지고 있을 것입니다. HTML 코드의 형태에서 알 수 있듯이 웹 콘텐츠들은 어떤 요소가 그 아래에(그 안에) 다른 요소를 포함하고, 포함된 요소는 그 아래에 또 다른 요소를 포함하는 일종의 '계층 구조'를 지니게 됩니다.

CSS 코드를 작성하다 보면 다음 예제와 같이 동일한 선택자가 중복 입력되는 사례가 빈번하게 발생합니다. 이는 웹 콘텐츠의 계층 구조와 밀접한 관계가 있는 현상입니다. 코드의 중복은 개발자들이 가장 기피하는 것 중 하나이지만, CSS는 이를 해결할 만한 마땅한 해결책을 제시하지 못합니다.[2]

예제 3.5 basic-grammar/02-general-code.html

```
<!DOCTYPE html>
<html lang="ko">
```

2 과거에는 그랬었지만, 2021년에 CSS 중첩 규칙이 발표되어 2023년 상반기부터는 브라우저들이 이를 지원하기 시작했습니다. 그러나 브라우저 간 호환성 문제 등이 있을 수 있어 Sass를 사용하는 것이 좀 더 편리하고 안정적입니다.

```
<head>
  <meta charset="UTF-8">
  <meta name="viewport" content="width=device-width, initial-scale=1.0">
  <title>HTML/CSS EXAMPLE</title>
  <link href="general-code.css" rel="stylesheet">
</head>
<body>
  <div>
    <p>재미있는 <span>웹 개발</span> 공부</p>
  </div>
</body>
</html>
```

예제 3.6 basic-grammar/general-code.css

```
div{
  width: 100px;
  height: 100px;
}
div p{
  color: red;
}
div p span{
  color: blue;
}
```

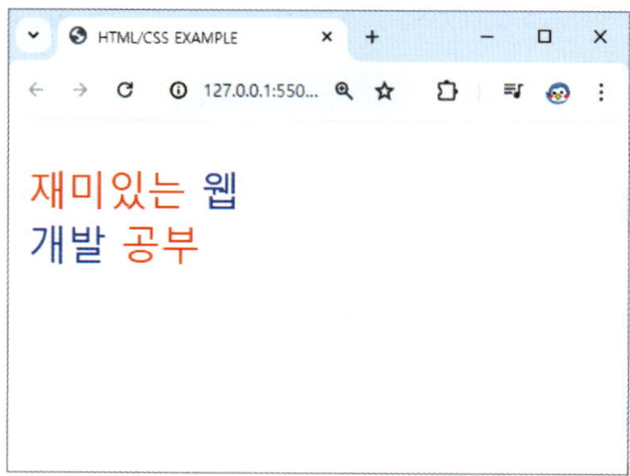

그림 3.1 예제 3.5 결과 화면

div 요소에 너비와 높이를 지정하고, 그 아래에 포함된 p 요소에 글자색을 지정한 다음, 마지막으로 그 아래에 포함된 span 요소에 또 다른 글자색을 지정하였습니다. 웹브라우저 화면에 렌더링될 때는 아무런 문제가 없지만, 중복된 코드는 어쩐지 숨기고 싶은 느낌이 듭니다.

Sass는 예제와 같은 구조의 웹 콘텐츠에 대한 선택자 중복 사용을 최소화할 수 있는 '중첩 규칙 nesting'을 제공합니다. 중첩 규칙은 이름 그대로 선택자를 서로 다른 선언문에서 계속 반복해 쓰지 않고 서로 중첩해 쓸 수 있도록 한 것입니다. CSS에서는 스타일 중첩이 불가하므로, 컴파일 후 빌드된 파일에는 선택자가 각자 따로 생성됩니다. 예제 3.7은 예제 3.6의 CSS 코드를 Sass 방식으로 다시 작성한 것입니다.

예제 3.7 basic-grammar/03-nesting.scss

```
div{
  width: 100px;
  height: 100px;

  p{
    color: red;

    span{
      color: blue;
    }
  }
}
```

컴파일 명령어 형식은 예제 3.3과 동일합니다.

```
> sass basic-grammar\03-nesting.scss basic-grammar\03-nesting.css
```

예제 3.8 basic-grammar/03-nesting.css

```
div {
  width: 100px;
  height: 100px;
}
div p {
  color: red;
}
div p span {
  color: blue;
}

/*# sourceMappingURL=03-nesting.css.map */
```

중첩 규칙 사용 시에는 부모 요소 선택자가 자식 요소 선택자를 포함하는 방식으로 스타일 선언문을 작성할 수 있습니다. 즉 중첩은 곧 포함 관계를 나타내는 역할을 합니다. 예제 3.7의 SCSS 코드와 같이 선택자 안에 새로운 선택자를 포함시키는 것은 '이 요소의 하위 요소를 선택하겠다'라는 의미입니다. 이는 HTML 태그의 중첩이 몇 번 반복되어 있는지 여부와는 무관하게 적용되는데, 만약 어떤 요소의 한 단계 아래 요소, 즉 자식 요소를 특정하여 선택하겠다는 의미로 중첩 규칙을 적용하려면 부등호(>)를 추가하여 다음과 같이 코드를 작성해야 합니다.

예제 3.9 basic-grammar/04-nesting-child.scss

```
div{
  width: 100px;
  height: 100px;

  > p{
    color: red;

    > span{
      color: blue;
    }
  }
}
```

예제 3.9의 컴파일 결과는 예제 3.10과 같습니다.

예제 3.10 basic-grammar/04-nesting-child.css

```
div {
  width: 100px;
  height: 100px;
}
div > p {
  color: red;
}
div > p > span {
  color: blue;
}

/*# sourceMappingURL=04-nesting-child.css.map */
```

3.2 상위 선택자 참조와 단축 속성 중첩

CSS의 선택자는 여러 개의 선택자가 결합되는 형태로 만들어지는 경우가 많습니다. Sass에서는 이러한 선택자 결합을 간편하게 처리할 수 있도록 선택된 요소 간의 관계를 기반으로 작동하는 중첩 규칙을 지원합니다. 이 절에서는 단순히 상위 요소와 하위 요소의 관계를 이용한 중첩 규칙 외에 더 다양한 중첩 규칙 사용법을 소개합니다.

3.2.1 상위 선택자 참조

앞 절에서 확인한 것처럼, Sass에서는 중첩 규칙 구문으로 선택자를 만들 수 있습니다. 그리고 이때 기호 '&(앰퍼샌드)'는 상위 선택자를 참조하는 일종의 참조자 역할을 수행할 수 있습니다. 다음 예제는 &를 적용한 SCSS 문서와 그 컴파일 결과입니다.

예제 3.11 basic-grammar/05-base-selector.scss

```
h1{
  & + p{
    color: red;
  }
}
```

예제 3.12 basic-grammar/05-base-selector.css

```
h1 + p {
  color: red;
}
```

Sass 코드에서는 `h1` 선택자가 사용되었지만, 해당 요소에 대한 스타일은 정의되지 않았기 때문에 컴파일 결과 스타일이 정의된 선택자만 작성된 것을 볼 수 있습니다. 컴파일 결과 '`h1` 태그의 다음 형제 요소인 `p` 요소에 글자색을 지정하는' 선언문이 만들어졌습니다.

이처럼 Sass에서 `&`는 상위 선택자로 치환되기 때문에 중첩 규칙 사용 시 코드를 간결하게 만드는 데 도움이 됩니다. 이러한 방식을 가리켜 '상위 선택자를 참조한다'라고 표현합니다. 상위 선택자 참조는 특히 의사 클래스나 의사 요소를 정의할 때 많이 사용합니다.

웹사이트 이용 시 흔히 볼 수 있는 버튼 요소는 클릭 이벤트를 통해 사용자와 상호작용하는 요소로서, 사용자의 행동에 대응하는 다양한 스타일을 적용할수록 사용자 경험user experience의 질이 향상됩니다. 다음 코드는 Sass의 상위 선택자 참조를 이용해 버튼에 다양한 의사 클래스 스타일을 적용한 예로, Sass 코드와 그 컴파일 결과까지 함께 보여주고 있습니다.

예제 3.13 basic-grammar/06-button-pseudo.html

```
<!DOCTYPE html>
<html lang="ko">
<head>
  <meta charset="UTF-8">
  <meta name="viewport" content="width=device-width, initial-scale=1.0">
  <title>HTML/CSS EXAMPLE</title>
  <link href="06-button-pseudo.css" rel="stylesheet">
</head>
<body>
  <button>First Button</button>
  <button>Second Button</button>
</body>
</html>
```

예제 3.14 basic-grammar/06-button-pseudo.scss

```
button{
  border: none;
  background: gray;
  text-transform: uppercase;

  &:nth-child(1){
    &:hover{
      background: red;
    }
  }

  &:nth-child(2){
    &:hover{
      background: blue;
    }
  }
}
```

예제 3.15 basic-grammar/06-button-pseudo.css

```
button {
  border: none;
  background: gray;
  text-transform: uppercase;
```

```
}
button:nth-child(1):hover {
  background: red;
}
button:nth-child(2):hover {
  background: blue;
}

/*# sourceMappingURL=06-button-pseudo.css.map */
```

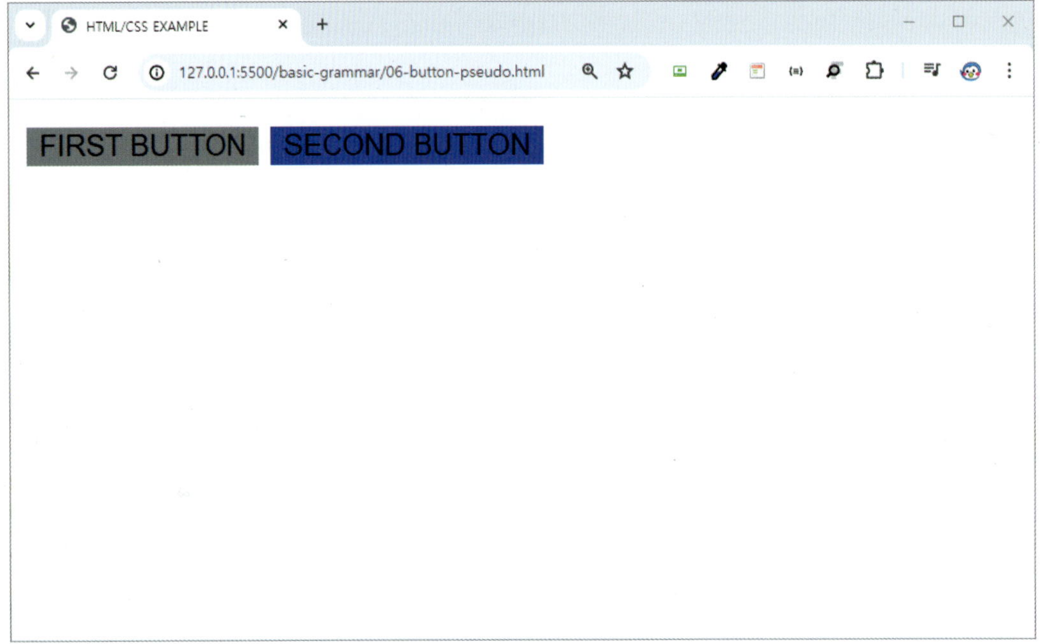

그림 3.2 예제 3.15 결과 화면

두 개의 버튼을 만들고, 테두리를 제거함과 동시에 배경색을 회색으로 지정했습니다. 그다음 첫 번째 버튼과 두 번째 버튼 각각에 대하여 의사 클래스 `hover`를 정의했습니다. 이는 마우스 커서가 올려져 있을 때의 스타일을 추가 정의한 것으로, 앞 예제에서는 첫 번째 버튼과 두 번째 버튼의 배경색이 각자 다르게 변화되도록 했습니다.

3.2.2 상위 선택자와 결합하지 않고 치환만 하는 경우

상위 선택자 참조를 이용해 상위 선택자와 하위 선택자를 결합하는 경우가 아닌, 상위 선택자 참조를 말 그대로 '치환하기만'하는 용도로 사용하는 경우도 있습니다. 이러한 사용 방식은 구조화

된 클래스 이름을 사용하는 BEM과 같은 방법론을 사용할 때 특히 유용합니다. 다음은 그에 대한 예제로, Sass 공식 홈페이지의 예제 중 하나를 발췌한 것입니다.

예제 3.16 basic-grammar/07-ref-bem.scss

```
.accordion {
  max-width: 600px;
  margin: 4rem auto;
  width: 90%;
  font-family: "Raleway", sans-serif;
  background: #f4f4f4;

  &__copy {
    display: none;
    padding: 1rem 1.5rem 2rem 1.5rem;
    color: gray;
    line-height: 1.6;
    font-size: 14px;
    font-weight: 500;

    &--open {
      display: block;
    }
  }
}
```

예제 3.17 basic-grammar/07-ref-bem.css

```
.accordion {
  max-width: 600px;
  margin: 4rem auto;
  width: 90%;
  font-family: "Raleway", sans-serif;
  background: #f4f4f4;
}
.accordion__copy {
  display: none;
  padding: 1rem 1.5rem 2rem 1.5rem;
  color: gray;
  line-height: 1.6;
  font-size: 14px;
  font-weight: 500;
}
.accordion__copy--open {
  display: block;
}
```

```
/*# sourceMappingURL=07-ref-bem.css.map */
```

NOTE

BEM이란 block, element, modifier의 줄임말로 CSS 클래스 이름 정의 시 참고할 수 있는 명명 규칙입니다. 이름 그대로 HTML 태그(요소)들을 각각 block, element, modifier 세 가지로 분류해서 작명을 하는 규칙으로, BEM 기반으로 클래스 이름을 지을 경우 선택자의 중복 사용이 빈번하게 일어납니다.

3.2.3 네임스페이스 중첩

CSS 속성 중 일부는 같은 접두사를 사용합니다. 예를 들면 위쪽 여백을 정의하는 `margin-top`과 아래쪽 여백을 정의하는 `margin-bottom`은 접두사 `margin-`을 함께 사용합니다. 같은 접두사를 공유하는 속성들을 가리켜 '네임스페이스가 동일하다'라고 표현하기도 합니다.

CSS에서는 여러 가지 스타일을 한 번에 지정할 수 있는 여러 가지 단축 속성shorthand property을 지원하기 때문에 네임스페이스가 동일한 속성 또한 다수 존재합니다. 네임스페이스가 동일한 다수의 속성을 정의하는 것은 복잡하고 시간이 오래 걸리는 작업인데, Sass에서는 이러한 속성들에 대한 중첩 규칙도 지원하고 있습니다.

예제 3.18 basic-grammar/08-namespace.scss

```scss
.info-page {
  margin: auto {
    bottom: 10px;
    top: 2px;
  }
}
```

예제 3.18에서는 단축 속성 `margin`을 auto로 정의한 다음, 중첩 규칙을 이용해 그 하위 속성인 `margin-top`과 `margin-bottom`에 각각 다른 여백을 정의하고 있습니다. 컴파일 결과, 중첩된 속성은 각자 독립적인 속성으로 입력됩니다.

예제 3.19 basic-grammar/08-namespace.css

```css
.info-page {
  margin: auto;
  margin-bottom: 10px;
```

```
  margin-top: 2px;
}

/*# sourceMappingURL=08-namespace.css.map */
```

NOTE

Sass 전처리기가 실행되고 나면 CSS 문서와 함께 소스 맵 파일이 생성되고, 빌드된 CSS 문서에는 소스 맵에 대한 정보가 코드와 함께 출력됩니다. 소스 맵은 개발 흐름상 무척 중요한 의미를 지니는 파일이지만, 이를 전혀 참조하지 않는 경우가 많을 뿐더러 개발 폴더 내에 많은 소스 맵이 생성되면서 폴더 관리에 악영향을 주기도 합니다.

만약 소스 맵의 생성이 불필요하게 느껴진다면, Sass 실행 명령어에 다음과 같이 `--no-source-map` 옵션을 추가하여 소스 맵의 생성을 제한할 수 있습니다. 가장 최근 예제인 '08-namespace.scss'를 컴파일하는 상황을 예로 들었습니다.

```
> sass --no-source-map basic-grammar\08-namespace.scss basic-grammar\08-namespace.css
```

소스 맵의 생성을 제한하지는 않되, 소스 맵 내에 입력된 CSS 문서에 대한 정보가 출력되는 타입을 변경하는 옵션도 있습니다. 소스 맵 내 정보 중 가장 핵심적인 정보는 CSS 문서의 URL입니다. Sass 명령어에 `--source-map-urls` 옵션을 추가하면 URL을 절대 경로로 출력할지, 상대 경로로 출력할지를 결정할 수 있습니다. 절대 경로로 출력하고자 때는 absolute, 상대 경로로 출력하고자 때는 relative를 각각 입력해야 합니다. 다음 예는 절대 경로로 출력했을 때의 소스 맵 예입니다.

```
> sass --source-map-urls=absolute basic-grammar\08-namespace.scss basic-grammar\08-
namespace.css
```

예제 3.20 소스 맵 생성 시 절대 경로로 URL을 출력한 경우

```
{"version":3,"sourceRoot":"","sources":["file:///C:/sass-workspace/basic-grammar/08-
namespace.css"],"names":[],"mappings":"AAAA;EACE;EACA;EACA;;;AAKF","file":"
08-namespace.css"}
```

결과에서 강조한 부분이 바로 CSS 문서의 URL인데, 여기에서는 절대 경로로 출력되는 것을 확인할 수 있습니다.

3.3 변수

규모가 큰 웹사이트는 많은 양의 CSS 코드를 사용합니다. CSS 코드가 많아지면 많아질수록 중복되는 스타일 속성값 또한 많아지기 마련인데, 이는 코드 수정 시에 큰 불편을 초래할 수 있습니다. CSS는 중복되는 임의의 값에 개발자가 직접 이름을 붙이고 필요할 때마다 그 이름을 통해 값을 참조할 수 있는 '변수(사용자 지정 속성)' 기능 및 문법을 지원합니다. 그리고 Sass는 CSS의 변수보다 사용법이 훨씬 간편한 변수 문법을 지원합니다.

3.3.1 CSS 변수와 Sass 변수 비교

CSS의 변수는 두 개의 하이픈(-) 기호로 시작하는 속성의 이름과 유효한 CSS 속성값을 매핑하는 형태로 선언합니다. 선언을 마친 변수에는 `var()` 함수를 사용해 접근할 수 있습니다. CSS의 변수는 스타일 선언문 내에 포함되며 하위 요소가 상위 요소로부터 상속받는다는 특징을 가지고 있습니다. 다음은 CSS 변수의 사용 예입니다.

예제 3.21 basic-grammar/09-css-variables.html

```
<!DOCTYPE html>
<html lang="ko">
<head>
  <meta charset="UTF-8">
  <meta name="viewport" content="width=device-width, initial-scale=1.0">
  <title>HTML/CSS EXAMPLE</title>
  <style>
    :root{
      --color: brown;
    }
    p{
      color: var(--color);
    }
  </style>
</head>
<body>
  <h1>컴퓨터 앞에 앉기만 하면</h1>
  <p>옆에 와서 야옹야옹 우는 우리집 고양이</p>
</body>
</html>
```

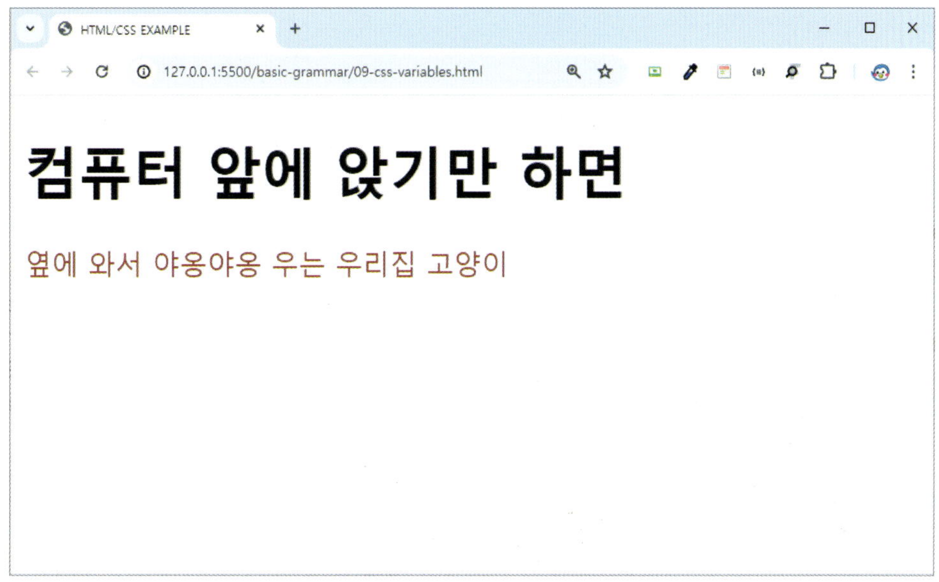

그림 3.3 예제 3.21 결과 화면

Sass 변수는 앰퍼샌드(&) 기호로 시작하는 속성의 이름과 유효한 CSS 속성값을 매핑하는 형태로 선언합니다. CSS의 변수와 달리 Sass 변수는 스타일 선언문 내에 포함될 필요도, `var()` 함수를 사용해 접근할 필요도 없습니다. 일반 프로그래밍 언어의 전역 변수처럼 문서 상단이나 스타일 선언문 사이사이에 선언한 다음 원하는 위치에서 이름만 사용해서 속성값을 참조할 수 있습니다. 다음 예제 코드를 컴파일한 결과를 예제 3.21의 HTML 문서에 추가해보겠습니다. HTML 문서에서 `<style>` 태그 내용을 모두 삭제하고 같은 자리에 `<link href="./09-css-variables.css" rel="stylesheet">`를 추가했습니다.

예제 3.22 basic-grammar/09-css-variables.scss

```
$color: green;

h1{
  color: $color;
}

$bg-color: yellow;

p{
  background: $bg-color;
}
```

예제 3.23 basic-grammar/09-css-variables.css

```
h1 {
  color: green;
}

p {
  background: yellow;
}
```

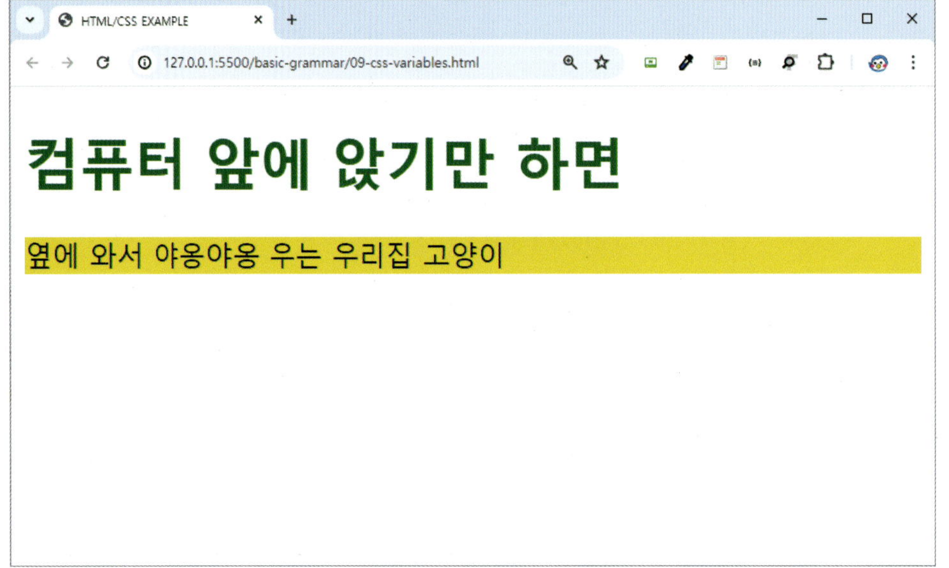

그림 3.4 예제 3.23 결과 화면

3.3.2 Sass 변수는 언제 어떻게 사용할까?

변수는 현존하는 대부분(사실은 모든)의 프로그래밍 언어에 존재하는 문법 도구입니다. 변수는 복사 및 붙여넣기 작업을 반복하지 않고도 값을 재사용할 수 있게 해주고, 적절하게 사용하기만 하면 코드 수정 과정을 매우 쉽게 만들어주기도 하는 유용한 도구입니다.

그러나 변수가 좋은 도구라고 해서 무조건 많이 사용하는 것은 오히려 코드를 지저분하게 만들 수 있습니다. 예를 들어 단 한 번만 사용할 속성값에 대한 변수를 선언하고 스타일 선언문에서 이를 참조할 경우, 이는 스타일 선언문에 속성값을 직접 쓴 것보다 더 복잡하게 보일 수 있습니다. 따라서 변수를 선언하기 전에 먼저 해당 속성값이 어느 정도 반복될 속성값인지 미리 파악하고 있을 필요가 있습니다.

앞서 Sass의 변수는 일반 프로그래밍 언어의 전역 변수처럼 문서 상단이나 스타일 선언문 사이사이에 선언할 수 있다고 설명했고, 예제를 통해 이 부분을 확인하기도 했습니다. 그러나 실제로 Sass 변수를 선언할 때는 변수에 할당된 값을 손쉽게 파악하고 수정할 수 있도록 문서 상단에 변수를 선언하는 것이 바람직합니다. 문서 내에서 변수가 여기저기 흩어져 있는 경우에는 코드 수정 시에 어려움이 있을 수도 있으며 가독성 또한 떨어질 수 있습니다.

변수는 사용자가 직접 속성값에 이름을 지정하여 사용하는 도구이므로 그 이름을 짓는 작업 또한 신경 써서 처리해야 합니다. 개발 언어를 막론하고 변수의 이름을 지을 때 가장 중요한 것은 무엇보다도 의미 있는 이름을 지어야 한다는 사실입니다. 가령 `<div>`를 이용해 만든 너비 100px, 높이 100px인 컨테이너의 배경색을 위한 속성값을 변수로 선언한다면 `$bg-color`나 `$background-color` 같은 이름이 `$hello`보다는 훨씬 나은 선택이 될 것입니다. 또한 CSS에서는 모든 속성 및 속성값의 이름을 하이픈(-)으로 구분된 소문자[3]로 표기하므로, CSS 또는 Sass에서 변수를 선언할 때도 가능하면 그러한 형식으로 이름을 짓는 것이 일관성을 유지할 수 있다는 면에서 바람직합니다.

3.4 믹스인

변수는 개발자의 개발 속도를 향상시켜주고, 코드를 간결하게 하며, 무엇보다 사용하기 쉽기 때문에 변수를 이해하고 있는 Sass 개발자라면 변수를 사용하지 않을 이유가 없습니다.

사용법이 변수만큼 쉬운 것은 아니지만, Sass는 변수 못지않게 개발 속도와 코드 가독성을 향상시켜주는 도구로 믹스인mixin을 지원합니다. 변수가 속성값의 참조를 위해 사용하는 것이라면, 믹스인은 여러 개의 스타일 속성이 정의된 스타일 블록을 참조하기 위해 사용하는 것입니다.

3.4.1 믹스인 사용법

스타일 문서를 작성하다 보면, 비슷하거나 동일한 스타일을 반복해서 정의하는 경우가 자주 발생합니다. 예를 들어 어떤 스타일 문서에 다음과 같이 스타일 선언문들이 정의되어 있다고 가정해보겠습니다. 각 선언문에 정의된 속성 중 세 가지(`color, background-color, border`)는 그 속성값이 모두 같습니다. 이런 경우 생산성을 위해 변수를 사용한다고 해도 속성값을 여러 번 복사해야 한다는 사실은 막을 수가 없습니다.

3 문법 규칙에 따라 변수 이름에는 영문자, 숫자, 하이픈(-), 언더스코어(_)만 포함할 수 있습니다.

예제 3.24 스타일 정의가 반복되는 상황의 예

```
h1{
  text-align: left;
  color: white;
  background-color: teal;
  border: 1px solid red;
}

h2{
  text-align: center;
  color: white;
  background-color: teal;
  border: 1px solid red;
}

p{
  text-align: right;
  color: white;
  background-color: teal;
  border: 1px solid red;
}
```

믹스인은 이와 같은 상황에 사용하기 좋은 기능으로, 스타일 블록을 만들어 저장하는 방식으로 작동합니다. 예제 3.25는 예제 3.24 CSS 코드에 믹스인을 적용해 새롭게 만든 Sass 코드입니다. 컴파일 결과[4]는 예제 3.24와 같습니다.

예제 3.25 basic-grammar/10-mixin-basic.scss

```
@mixin colored-box-1px {
  color: white;
  background-color: teal;
  border: 1px solid red;
}

h1{
  text-align: left;
  @include colored-box-1px;
}

h2{
  text-align: center;
  @include colored-box-1px;
```

4 믹스인 정의는 최종 빌드 파일에는 포함되지 않습니다.

```
}

p{
  text-align: right;
  @include colored-box-1px;
}
```

믹스인 정의 시에는 `@mixin` 지시자를 사용합니다. 지시자 뒤에는 만들고자 하는 믹스인의 이름을 써야 하는데, 이름은 변수처럼 사용자가 직접 정의해야 합니다. 이름 뒤에는 중괄호를 이용해 스타일 블록을 만들고, 그 안에 원하는 만큼 스타일을 정의하여 믹스인 정의를 완료합니다.

믹스인에 정의된 스타일을 재사용할 때는 `@include` 지시자를 사용합니다. 스타일 블록을 붙여넣으려는 자리에 `@include` 지시자와 믹스인의 이름을 입력하면 Sass 전처리기 실행 시에 해당 위치에서 믹스인 호출이 이루어져 스타일 블록에 정의된 스타일로 치환됩니다.

믹스인 정의 및 사용 방법

```
// 믹스인 정의하기
@mixin 믹스인-이름 {
  스타일 정의
}

// 실제 요소에 믹스인 스타일 정의 적용하기
선택자{
  @include 믹스인-이름;
}
```

3.4.2 믹스인 호출 시 인수 전달하기

믹스인 정의 시 매개변수를 포함하면 해당 믹스인을 호출할 때 인수를 전달할 수 있습니다. 믹스인에 매개변수를 추가하는 방법과 믹스인 호출 시 매개변수에 인수를 전달하는 방법은 다음과 같습니다.

믹스인 호출 시 인수 전달하기

```
// 믹스인 매개변수 정의하기
@mixin 믹스인-이름($매개변수) {
  스타일 정의
}

// 믹스인 호출 시 인수 전달하기
```

```
선택자{
  @include 믹스인-이름(인수);
}
```

매개변수는 변수의 일종이므로, 매개변수의 이름 또한 사용자가 직접 정의해야 합니다. 매개변수가 포함된 믹스인을 호출할 때는 마치 일반 프로그래밍 언어의 함수를 호출하듯 믹스인의 이름 옆에 괄호를 붙이고 괄호 안에 인수를 전달합니다. 이때 인수로는 유효한 CSS 속성값 또는 속성값을 참조하는 변수를 입력해야 합니다. 매개변수의 개수는 자유롭게 설정할 수 있으며, 매개변수가 여러 개인 경우 구분자로 쉼표(`,`)를 입력해야 합니다.

다음 예제를 통해 믹스인의 작동을 직접 확인해보겠습니다. 믹스인 매개변수를 두 개 정의하여 `<div>` 영역으로 구현한 각각의 박스가 서로 다른 글자색과 배경색을 가질 수 있도록 한 예제입니다.

예제 3.26 basic-grammar/11-mixin-box.html

```
<!DOCTYPE html>
<html lang="ko">
<head>
  <meta charset="UTF-8">
  <meta name="viewport" content="width=device-width, initial-scale=1.0">
  <title>HTML/CSS EXAMPLE</title>
  <link href="./11-mixin-box.css" rel="stylesheet">
</head>
<body>
  <div class="one">ONE</div>
  <div class="two">TWO</div>
</body>
</html>
```

예제 3.27 basic-grammar/11-mixin-box.scss

```
@mixin box-style($bg-color, $text-color) {
  width: 100px;
  height: 100px;
  display: flex;
  justify-content: center;
  align-items: center;
  background-color: $bg-color;
  color: $text-color;
}
```

```
div.one {
  @include box-style(red, white);
}

div.two {
  @include box-style(purple, yellow);
}
```

예제 3.28 basic-grammar/11-mixin-box.css

```
div.one {
  width: 100px;
  height: 100px;
  display: flex;
  justify-content: center;
  align-items: center;
  background-color: red;
  color: white;
}

div.two {
  width: 100px;
  height: 100px;
  display: flex;
  justify-content: center;
  align-items: center;
  background-color: purple;
  color: yellow;
}
/*# sourceMappingURL=11-mixin-box.css.map */
```

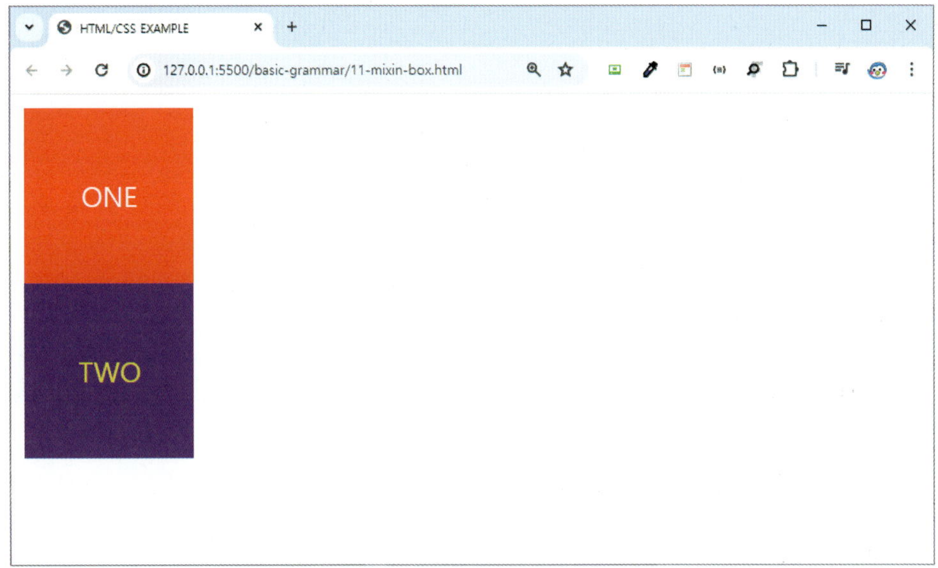

그림 3.5 예제 3.28 결과 화면

믹스인에 매개변수를 정의해둔 상태에서 인수를 전달하지 않으면 컴파일 시 에러가 발생합니다. 따라서 매개변수에는 반드시 어떤 값이든 전달되어야 한다는 점을 잊지 말아주세요.

3.4.3 믹스인 기본 인수 설정하기

Sass 사용자는 믹스인 정의 시 매개변수에 기본 인수를 설정함으로써 인수를 전달할 수도, 또 그러지 않을 수도 있는 융통성 있는 믹스인을 만들 수 있습니다. 기본 인수는 매개변수의 기본값이 되므로 해당 믹스인 호출 시에는 인수 전달 여부에 따라 선택적으로 스타일이 결정됩니다. 기본 인수는 믹스인 매개변수 옆에 콜론(:)을 붙이고, 바로 이어서 속성값을 써서 정의합니다.

믹스인 기본 인수 사용법

```
// 믹스인 기본 인수 정의하기
@mixin 믹스인-이름($매개변수:기본-속성값) {
  스타일 정의
}

// 믹스인 호출 시 기본 인수 사용하기
선택자{
  @include 믹스인-이름;
}

// 믹스인 호출 시 인수 전달하여 기본값에 덮어쓰기
```

```
선택자{
  @include 믹스인-이름(인수);
}
```

믹스인 기본 인수의 작동 확인을 위해 예제 3.27 코드를 일부 수정해보겠습니다.

예제 3.29 basic-grammar/11-mixin-box-default-value.scss

```
@mixin box-style($bg-color:black, $text-color:white) {
  width: 100px;
  height: 100px;
  display: flex;
  justify-content: center;
  align-items: center;
  background-color: $bg-color;
  color: $text-color;
}

div.one {
  @include box-style;
}

div.two {
  @include box-style(purple, yellow);
}
```

다음 명령어를 실행해 예제 3.29의 코드를 빌드한 다음 `11-mixin-box.html`의 결과 화면을 확인해보세요. 첫 번째 박스에는 검은색 배경과 흰색 글자가, 두 번째 박스에는 보라색 배경과 노란색 글자가 나타나는 것을 확인할 수 있습니다.

```
> sass basic-grammar\11-mixin-box-default-value.scss basic-grammar\11-mixin-box.css
```

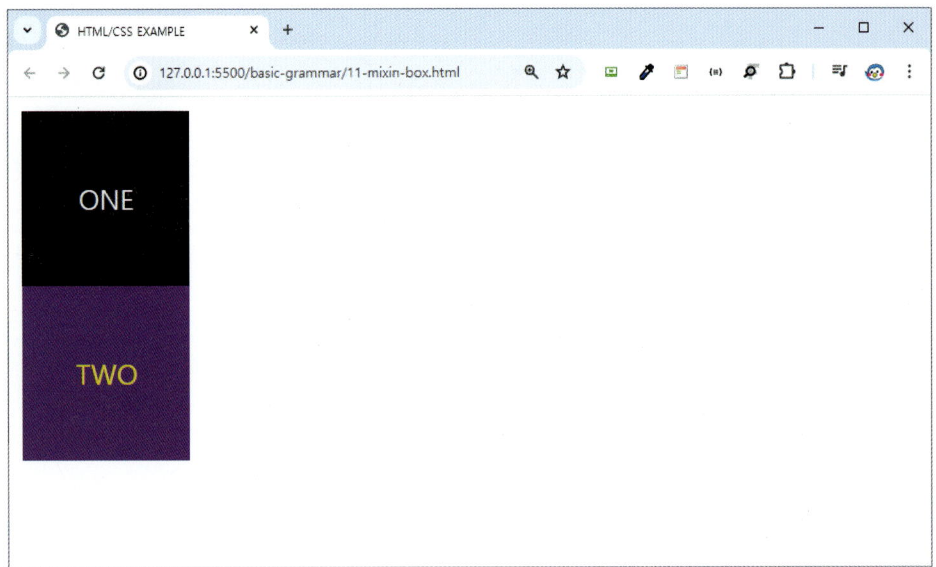

그림 3.6 예제 3.29 결과 화면

3.4.4 믹스인 콘텐츠 블록

믹스인은 매개변수를 통해 스타일 속성값을 인수로 전달받아 선언문에 적용합니다. 이와 비슷한 맥락으로, 믹스인은 여러 개의 스타일이 정의된 스타일 블록을 전달받아 선언문에 적용할 수 있는 기능을 제공합니다. 믹스인 정의 시 믹스인 내부에 `@content` 지시자를 포함하면, 믹스인 호출 시에 스타일 블록을 전달받아 적용할 수 있습니다. `@content` 지시자를 이용해 스타일 블록을 전달받는 기능을 가리켜 믹스인 콘텐츠 블록이라고 합니다.

믹스인 콘텐츠 블록 사용법

```
// 믹스인 기본 인수 정의하기
@mixin 믹스인-이름 {
  @content; // 스타일 블록을 전달받을 수 있는 믹스인
  스타일 정의
}

// 믹스인 호출 시 스타일 블록 전달하기
선택자{
  @include 믹스인-이름 {
    믹스인에 전달할 스타일 정의
  }
}
```

다음 예제는 평소에는 검은색이었다가, 클릭 상태일 때는 회색으로 변하는 버튼을 만들기 위해 정의한 Sass 코드입니다. 여기에 정의된 하나의 믹스인에는 믹스인 인수와 콘텐츠 블록이 모두 사용되었습니다.

예제 3.30 basic-grammar/12-mixin-content-block.scss

```
@mixin set-color($bg-color, $text-color){
  @content;

  background-color: $bg-color;
  color: $text-color;
  border: none;
}

button{
  @include set-color(black, white) {
    width: 100px;
    height: 25px;
    border-radius: 16px;
  }

  &:active{
    background-color: gray;
  }
}
```

예제 3.30의 컴파일 결과는 예제 3.31과 같습니다.

예제 3.31 basic-grammar/12-mixin-content-block.css

```
button {
  width: 100px;
  height: 25px;
  border-radius: 16px;
  background-color: black;
  color: white;
  border: none;
}
button:active {
  background-color: gray;
}
```

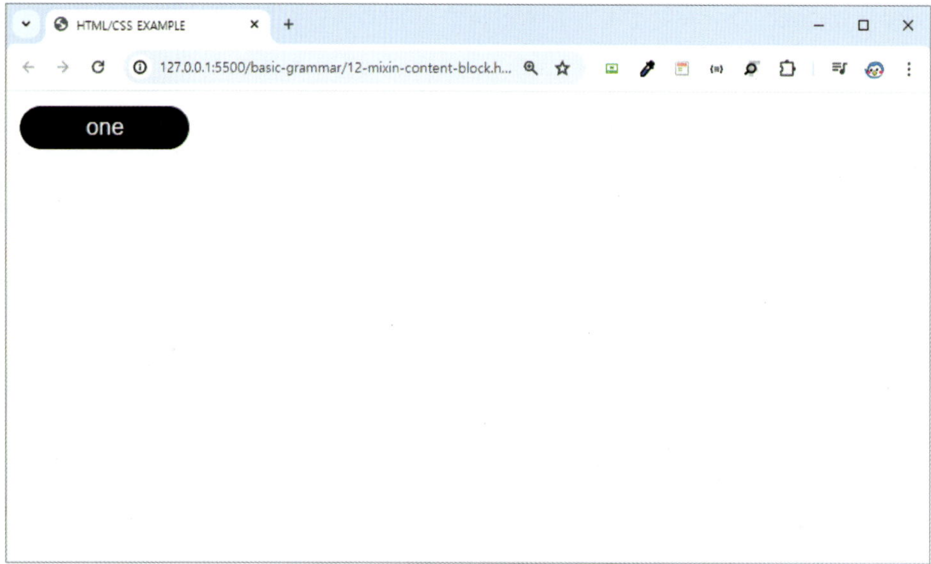

그림 3.7 예제 3.31 결과 화면

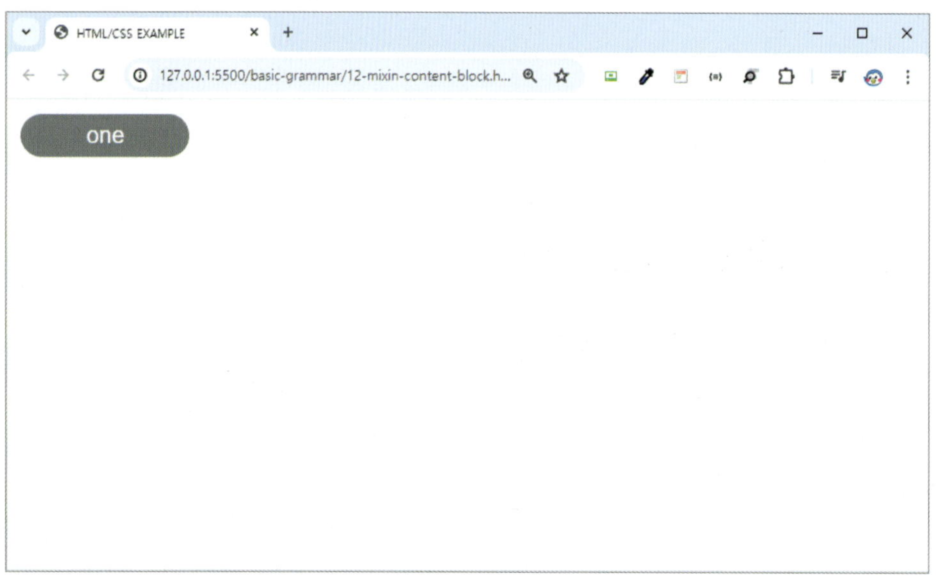

그림 3.8 예제 3.31 버튼 클릭 시

앞서 믹스인에 매개변수를 정의해둔 상태에서 인수를 전달하지 않으면 컴파일 시 에러가 발생한다고 설명[5]한 바 있습니다. 이때의 에러는 매개변수가 마련해둔 공간이 비어 있기 때문에 발생하는

5 기본 인수가 설정된 경우에는 컴파일 에러가 발생하지 않습니다.

것입니다. 반면 `@content` 지시자를 믹스인에 포함한 경우에는 믹스인 호출 시 스타일 블록을 전달하지 않아도 에러가 발생하지 않습니다. 믹스인 콘텐츠 블록은 아무 스타일도 전달되지 않았을 때 아무런 작업도 하지 않는다는 특징을 가지고 있습니다.

콘텐츠 블록은 스타일이 전달되지 않아도 에러가 발생하지 않는다.

```
@mixin set-color($bg-color, $text-color){
  @content; // 콘텐츠 블록을 사용했지만

  background-color: $bg-color;
  color: $text-color;
  border: none;
}

button{
  @include set-color(black, white); // 스타일 블록을 전달하지 않아도 문제없음!

  &:active{
    background-color: gray;
  }
}
```

3.5 Sass 함수

프로그래밍 언어를 하나라도 다루어본 경험이 있다면 Sass의 믹스인을 보고 '믹스인은 마치 함수 같네'라는 느낌을 받았을 것입니다. 재미있는 사실은, Sass가 믹스인과 구분되는 별개의 기능으로서 함수function를 지원하고 있는 것입니다. `@function` 지시자를 이용해 정의할 수 있는 Sass의 함수는 믹스인과 어떻게 다른 걸까요?

3.5.1 함수 사용법

함수를 정의하기 위해서는 `@function` 지시자와 함수의 이름, 그리고 함수의 기능이 필요합니다. 언뜻 보기에 함수의 정의 형태는 믹스인의 정의 형태와 크게 다르지 않아 보입니다. 그러나 둘 사이에는 믹스인이 스타일 블록을 반환하는 것과 달리, 함수는 `@return` 지시자를 통해 속성값을 반환한다는 결정적인 차이가 존재합니다.

Sass 함수 정의 및 호출 방법

```
// 함수 정의하기
@function 함수이름(매개변수){
  함수의 기능
  @return 반환값;
}

// 함수 호출하기
선택자 {
  스타일-속성: 함수이름(인수);
}
```

함수는 인수를 전달받아 해당 인수를 토대로 특정한 목적을 지닌 연산을 수행하고, 그 결괏값을 반환할 목적으로 사용합니다. 따라서 함수 정의 및 호출 시에는 반드시 함수 이름 옆에 소괄호가 함께 입력되어야 하며, 이는 매개변수가 정의되지 않은 경우에도 마찬가지입니다. 또한 함수 정의 시에는 반드시 `@return` 지시자를 포함해야 합니다. 이러한 사항들을 지키지 않으면 컴파일 에러가 발생합니다.

```
---------------------
Compilation Error
Error: Function finished without @return.
```

그림 3.9 함수 정의 시 @return 지시자를 포함하지 않았을 때 발생하는 에러

다음 코드는 주어진 너비에 따라 테두리 부분의 반경 크기를 구하여 적용하는 함수를 정의한 예제입니다. `get-radius()` 함수는 길이를 나타내는 속성값을 전달받아 이를 12로 나눈 값을 반환하는 함수입니다.

예제 3.32 basic-grammar/13-basic-function.scss

```
@use 'sass:math';

@function get-radius($box-width){
  @return math.div($box-width, 12);
}

button {
  width: 100px;
  height: 25px;
  background-color: black;
  color: white;
```

```
  border: none;
  border-radius: get-radius(100px);
}
```

예제 3.33 basic-grammar/13-basic-function.css

```
button {
  width: 100px;
  height: 25px;
  background-color: black;
  color: white;
  border: none;
  border-radius: 8.3333333333px;
}
```

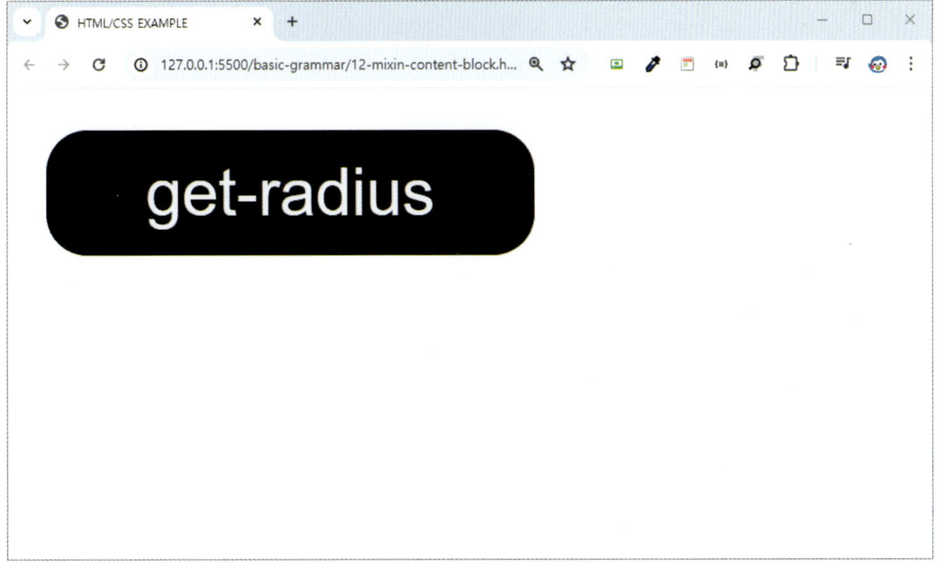

그림 3.10 예제 3.33 결과 화면

NOTE

Sass는 CSS와 마찬가지로 더하기, 빼기, 곱하기, 나누기 등의 기본적인 연산을 지원합니다. 다만 CSS에서는 기본 함수인 `calc()`를 호출하면서 표현식(계산식)을 인수로 전달해야만 연산 결과를 얻을 수 있는 반면, Sass에서는 표현식을 곧장 스타일 속성값으로 적용할 수 있다는 차이가 있습니다.

CSS에서 더하기, 빼기, 곱하기, 나누기를 위해 사용하는 기호는 각각 +, -, *, /입니다. 이는 일반적인 프로그래밍 언어에서의 연산 기호와 동일하며, Sass 또한 같은 기호를 모두 사용할 수 있습니다. 그러나 염두에 두면 좋을 한 가지 사항은 Sass에서는 나누기 연산을 처리할 때 / 기호를 사용하는 것보다 Sass 빌트인 모듈[6] math에 포함되어 있는 `math.div()` 함수를 사용하는 것을 권장한다는 것입니다. Sass는 / 기호를 이용한 나누기 연산의 처리를 추후 버전에서는 지원하지 않을 것이라고 발표했는데, 스타일 문서에서 / 스타일 속성 간의 구분자로 사용되는 경우도 있다는 것이 그 이유입니다.

Sass의 빌트인 모듈은 문서 상단에 `@use` 지시자와 모듈의 이름을 입력해야 사용할 수 있습니다.

```
/ 기호가 속성 간의 구분자로 쓰인 예
background: no-repeat center/80% url("../img/image.png");
```

3.5.2 매개변수 사용법에 따른 함수의 형태

함수 정의 시 매개변수는 개수 제한 없이 사용자의 필요에 의해 그 개수가 결정됩니다. 사용자가 매개변수가 필요하지 않다고 판단하면 매개변수가 없는 함수를 만들 수도 있습니다. 또한 믹스인과 마찬가지로 함수의 매개변수는 기본값을 가질 수 있습니다. 다음은 매개변수 사용법에 따른 Sass 함수의 세 가지 형태를 비교하기 위해 작성한 예제입니다.

예제 3.34 basic-grammar/14-functions.scss

```
@mixin make-square {
  width: 100px;
  height: 100px;
}

@function get-color() {

  @return rgb(255, 100, 0);
}

@function get-color-with-argu($red-value, $green-value, $blue-value) {

  @return rgb($red-value, $green-value, $blue-value);
```

6 빌트인 모듈에 대해서는 책의 뒷부분에서 좀 더 자세히 설명합니다.

```
}

@function get-color-with-default($red-value: 255, $green-value: 100, $blue-value: 0) {

  @return rgb($red-value, $green-value, $blue-value);
}

div.no-argu {
  @include make-square;
  background-color: get-color();
}

div.with-argu {
  @include make-square;
  background-color: get-color-with-argu(100, 0, 255);
}

div.with-default {
  @include make-square;
  background-color: get-color-with-default(200, 150, 0);
}
```

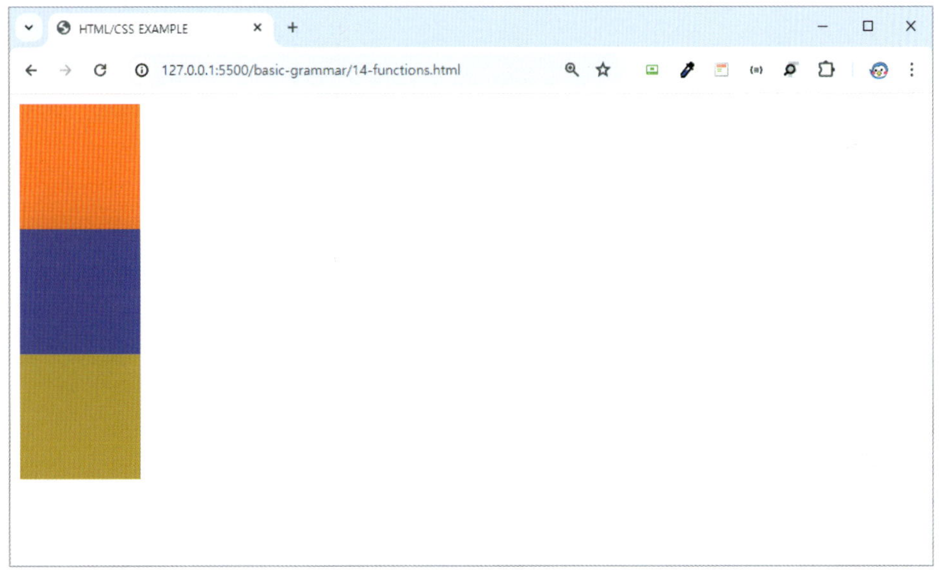

그림 3.11 예제 3.34 결과 화면

예제에서는 믹스인을 이용해 모든 `<div>` 요소의 크기를 동일하게 적용하고, 세 가지 다른 형태의 함수를 각각 호출하여 박스 영역의 배경색을 서로 다르게 지정했습니다. 기본값을 가진 매개변수는 호출 시에 인수를 받을 수도 있고 받지 않을 수도 있기 때문에 그 호출 형태 또한 상황에 따라 달라질 수 있습니다.

3.5.3 가변 인수

매개변수의 존재 여부에 따라 결정되는 기본적인 형태 외에도, Sass에서는 매개변수에 간단한 기호를 추가하여 임의의 개수만큼 인수를 받도록 하는 가변 인수 형태를 지원합니다. 함수 정의 시 괄호 안에 정의하는 매개변수 중 마지막 매개변수(또는 유일한 매개변수)에 `...` 기호를 추가하면 그 함수에 대한 모든 추가 인수는 목록 형태로 함수에 전달됩니다. 이렇게 전달된 목록을 가리켜 인수 목록이라고 부릅니다. 다음 코드는 가변 인수를 이용해 인수 목록을 전달받아 처리하는 함수를 정의한 예입니다.

예제 3.35 basic-grammar/15-arbitrary-arguments.scss

```
@use 'sass:list';

@function combine-color($values...) {

  @return rgb(list.nth($values, 1), list.nth($values, 2), list.nth($values, 3));
}

div {
  width: 100px;
  height: 100px;
  background-color: combine-color(255, 100, 0);
}
```

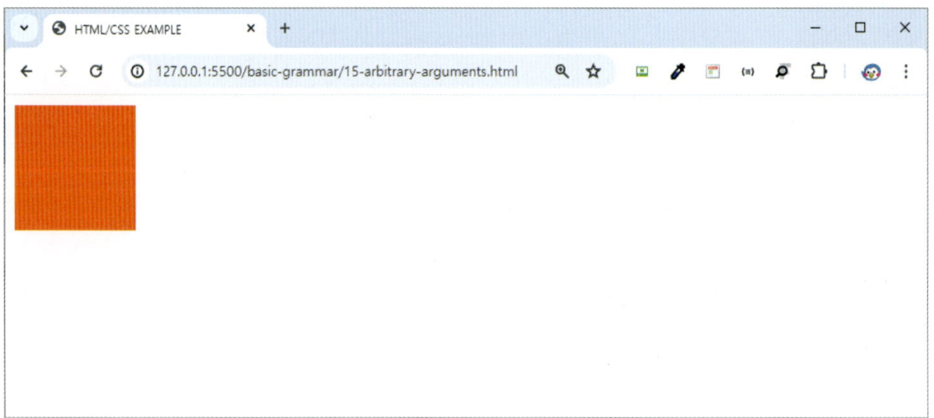

그림 3.12 예제 3.35 결과 화면

인수 목록은 목록 형태의 값을 함수에 전달하기 때문에, 목록 처리와 관련 있는 Sass의 별도 기능을 추가로 사용해야 처리할 수 있습니다. 이 기능들은 'sass:list' 모듈에 정의되어 있습니다. 예제에서는 함수의 매개변수 $values에 목록 형태로 전달된 세 개의 값에 접근하기 위해서 list.nth() 함수를 사용했습니다.

지금까지는 산술 연산이나 색상 조합 등 지극히 단순한 형태의 연산만을 처리하여 반환하는 함수를 만들었습니다. 그러나 책의 뒷부분에서 다룰 Sass 제어문이나 다양한 빌트인 모듈 등을 응용하면 좀 더 복잡한 연산을 처리하는 함수를 정의할 수 있습니다.

3.6 @extend 지시자

CSS는 여러 개의 선택자를 쉼표로 구분하여 나열하는 형태의 '그룹 선택자'를 지원합니다. 그룹 선택자를 이용하면 여러 개의 요소에 같은 스타일을 적용할 수 있어 무척 편리한데, Sass의 @extend 지시자를 이용하면 그룹 선택자를 좀 더 손쉽게 작성할 수 있습니다.

3.6.1 @extend 사용법

<div class="square"> 요소를 꾸미기 위한 스타일 블록과 <span class="square__tomato"> 요소를 꾸미기 위한 스타일 블록이 각각 다음과 같이 작성되어 있다고 가정하겠습니다.

대부분의 스타일이 겹치는 스타일 블록

```
.square {
  position: relative;
  width: 100px;
  height: 100px;
  border: 1px solid black;
}

.square__tomato {
  display: block;
  position: relative;
  width: 100px;
  height: 100px;
  border: 1px solid black;
  background-color: tomato;
}
```

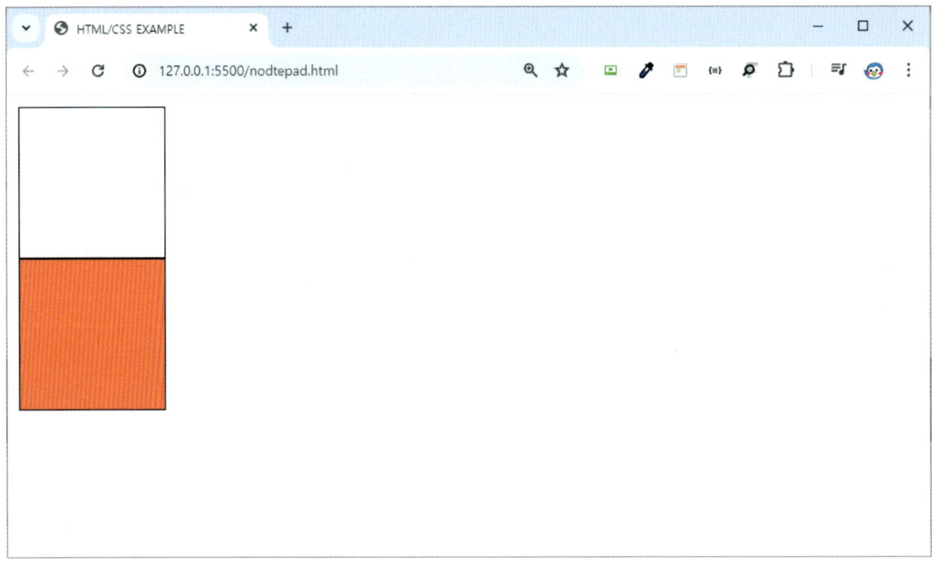

그림 3.13 대부분의 스타일이 같은 두 개의 요소

앞 예제에서는 .square__tomato에 대한 스타일 블록에는 .square에 대한 스타일 블록의 내용이 그대로 포함되어 있습니다. .square__tomato 스타일 블록에는 display와 background-color만 추가 정의된 상태인데, 이는 누가 봐도 효율적인 코드라고 할 수 없습니다. 이 경우 숙련된 CSS 사용자라면 코드를 다음과 같이 수정할 것입니다.

대부분의 스타일이 겹치는 스타일 블록 개선 사례

```
.square, .square__tomato {
  position: relative;
  width: 100px;
  height: 100px;
  border: 1px solid black;
}

.square__tomato {
  display: block;
  background-color: tomato;
}
```

CSS가 지원하는 그룹 선택자를 활용하여 코드를 간결하게 수정했습니다. 이처럼 그룹 선택자는 여러 요소에 공통적으로 제공해야 하는 스타일을 정의할 때 유용하게 쓰이곤 하는데, Sass 사용 시에는 @extend 지시자를 통해서 이와 같은 코드를 빌드할 수 있습니다. 예제 3.36은 앞선 예제와 동일한 CSS 스타일을 빌드하는 Sass 코드입니다.

예제 3.36 basic-grammar/16-extend-block.scss

```scss
.square{
  position: relative;
  width: 100px;
  height: 100px;
  border: 1px solid black;
}

.square__tomato {
  @extend .square;

  display: block;
  background-color: tomato;
}
```

스타일 블록에 포함되는 `@extend` 지시자 뒤에는 이미 존재하는 스타일 블록의 선택자와 콜론(;)이 뒤따라 옵니다. `@extend`는 Sass 전처리기로 하여금 다른 선택자의 스타일을 이어받는 작동을 처리하게 만듭니다. 그 결과로 생성되는 CSS 문서에는 기존 선택자로부터 이어받아서 중복되는 스타일에 대한 그룹 선택자와 중복되지 않고 독립적으로 갖는 스타일에 대한 선택자가 각각 생성됩니다.

@extend 지시자 사용법

```
선택자 {
  @extend 기존-선택자;
  // 이 선택자만을 위한 독립적인 스타일 추가 정의
}
```

3.6.2 유령 스타일 블록 만들기

`@extend` 지시자 활용 방안 중에는 특정 요소를 꾸미기 위한 스타일 블록이 아닌 다른 스타일 블록에서 확장시킬 목적으로만 사용되는 유령 스타일 블록[7]을 만드는 방안도 존재합니다. 유령 스타일 블록은 % 기호를 사용해 만들 수 있습니다.

유령 스타일 블록 사용법

```
%유령스타일블록-이름 {
  // 기초 스타일 정의
```

7 유령 스타일 블록은 필자가 이해를 돕기 위해 사용한 표현이며, 공식 명칭이 아닙니다. 이 기능의 공식 명칭은 'Placeholder Selector'입니다.

```
}

선택자 {
  @extend %유령스타일블록-이름;
  // 유령 스타일 블록에서 정의한 기초 스타일에 추가할 스타일 정의
}
```

% 기호로 시작하는 이름을 가지는 유령 스타일 블록은 컴파일 이후 빌드되는 최종 CSS 문서에는 반영되지 않고, 오직 Sass 문서 내에서 `@extend`로 호출된 영역에만 스타일을 반영합니다. 다음 예제는 유령 스타일 블록을 사용해 예제 3.36과 동일한 빌드 결과를 나타냅니다.

예제 3.37 basic-grammar/17-placeholder-selector.scss

```
%square-base {
  position: relative;
  width: 100px;
  height: 100px;
  border: 1px solid black;
}

.square {
  @extend %square-base;
}

.square__tomato {
  @extend %square-base;

  display: block;
  background-color: tomato;
}
```

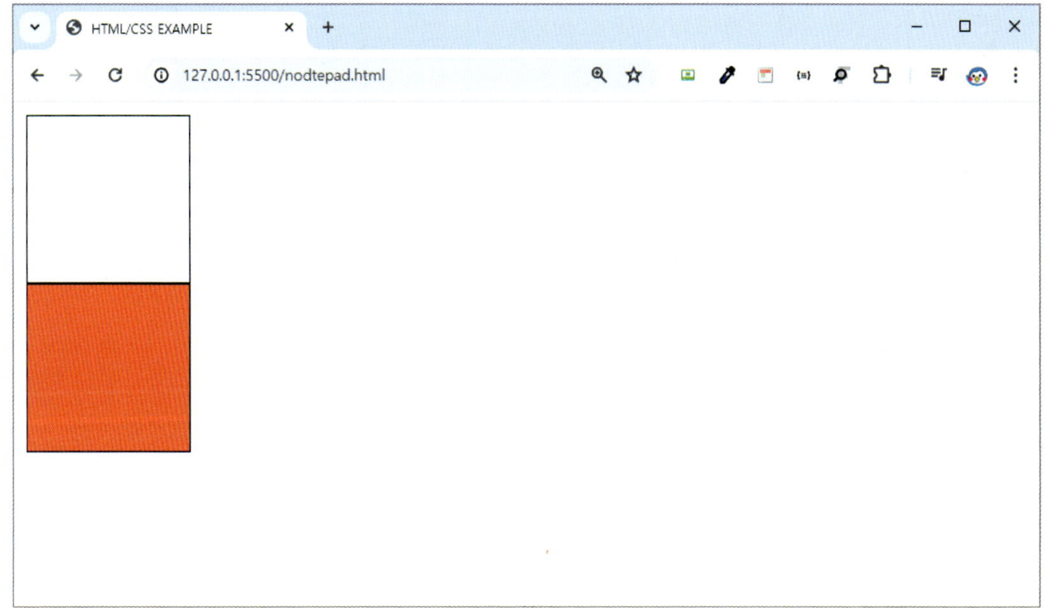

그림 3.14 예제 3.37 결과 화면

3.6.3 믹스인과의 비교

`@extend`의 사용법을 이해하고 나니 '믹스인과 상당히 유사하다. 심지어 거의 같은 것처럼 느껴진다!'라는 생각이 드는 독자들도 있을 듯합니다. 미리 정의되어 있는 스타일을 다른 곳에서 재사용할 수 있게 해주는 기능이자 문법이라는 점만 놓고 보면 두 기능은 다를 바 없어 보이는 것도 사실입니다. 그러나 믹스인이 호출될 때마다 스타일 블록에 같은 내용을 찍어내는 방식인 반면, `@extend`는 호출될 때마다 그룹 선택자의 선택자가 확장되는 방식이므로 컴파일 결과 면에서는 큰 차이를 보입니다. 따라서 코드의 양이 적을 때는 큰 차이가 느껴지지 않더라도, 코드의 양이 많아지면 많아질수록 그 차이는 뚜렷하게 드러납니다. 예제를 통해 둘 사이의 차이를 비교해 보겠습니다.

예제 3.38 basic-grammar/18-message-cases.html

```
<!DOCTYPE html>
<html lang="ko">
<head>
  <meta charset="UTF-8">
  <meta name="viewport" content="width=device-width, initial-scale=1.0">
  <title>HTML/CSS EXAMPLE</title>
  <link href="./18-message-mixin-case.css" rel="stylesheet">
  <!-- <link href="./18-message-extend-case.css" rel="stylesheet"> -->
```

```
</head>
<body>
  <h2 class="good-message">you are good</h2>
  <h2 class="bad-message">you are bad</h2>
</body>
</html>
```

그림 3.15는 스타일 문서를 통해 만들고자 하는 결과 화면입니다. 다음과 같은 스타일을 각각 믹스인과 `@extend`로 한 번씩 만들어보겠습니다.

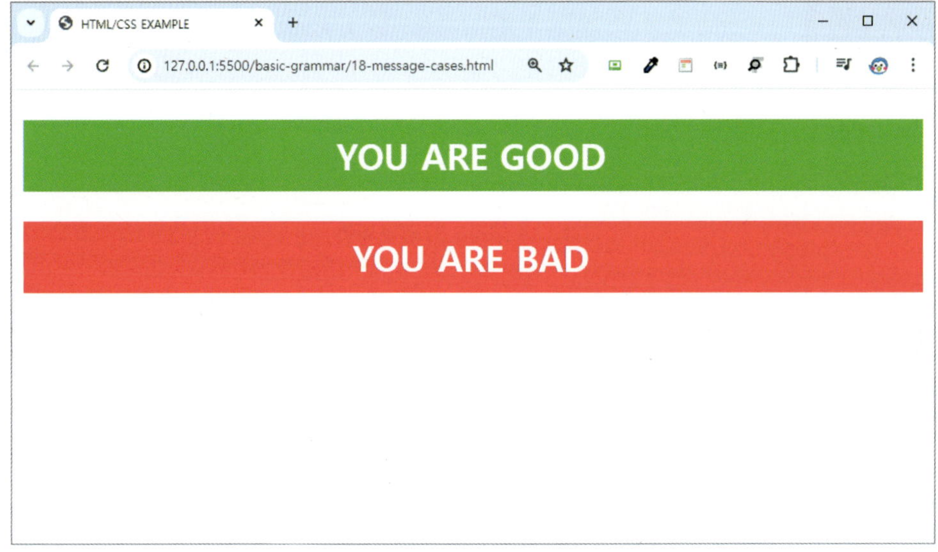

그림 3.15 믹스인 또는 @extend로 만들 스타일

예제 3.39 basic-grammar/18-message-mixin-case.scss

```
@mixin message($bg-color: #5f0) {
  padding: 8px;
  text-transform: uppercase;
  text-align: center;
  color: #fff;
  background-color: $bg-color;
}

.good-message {
  @include message;
}

.bad-message {
```

```
  @include message(#f05);
}
```

예제 3.40 basic-grammar/18-message-mixin-case.css

```
.good-message {
  padding: 8px;
  text-transform: uppercase;
  text-align: center;
  color: #fff;
  background-color: #5f0;
}

.bad-message {
  padding: 8px;
  text-transform: uppercase;
  text-align: center;
  color: #fff;
  background-color: #f05;
}
```

먼저 확인한 예제는 믹스인으로 구현한 코드입니다. 각 선택자에서 `@include`를 이용해 믹스인 `message`를 호출했고, 그 결과 두 선택자에는 믹스인으로부터 반환한 스타일이 동일하게 적용된 것을 확인할 수 있습니다.

예제 3.41 basic-grammar/18-message-extend-case.scss

```
%message {
  padding: 8px;
  text-transform: uppercase;
  text-align: center;
  color: #fff;
  background-color: #5f0;
}

.good-message {
  @extend %message;
}

.bad-message {
  @extend %message;
  background-color: #f05;
}
```

예제 3.42 basic-grammar/18-message-extend-case.css

```
.bad-message, .good-message {
  padding: 8px;
  text-transform: uppercase;
  text-align: center;
  color: #fff;
  background-color: #5f0;
}

.bad-message {
  background-color: #f05;
}
```

다음 확인한 예제는 `@extend` 지시자로 구현한 코드입니다. 유령 스타일 블록을 사용했고, 이를 확장하고 나니 그룹 선택자를 통해 두 요소에 대한 공통 스타일이 정의된 것을 볼 수 있습니다. 클래스가 `bad-message`인 요소는 기초 스타일과 다른 배경색을 정의하므로 독립적인 스타일 블록이 생성되어 있는 것 또한 확인할 수 있습니다.

3.7 @debug 지시자와 값

CSS 코드에서는 속성을 나타내기 위해 다양한 유형의 값을 사용합니다. 대표적인 예로 숫자나 텍스트, 그리고 색상 코드 등이 있습니다. Sass는 CSS가 지원하는 모든 값 유형을 지원하는데, 여기에서 그치지 않고 Sass는 CSS 코드에서 사용할 수 없는 값 유형과 더불어, 값을 처리할 때 사용할 수 있는 유용한 기능을 추가로 제공합니다.

3.7.1 @debug 지시자

코드를 작성하다 보면 곧잘 '이 상황에서 이 변수는 어떤 값을 참조하지?'와 같은 궁금증이 생기곤 합니다. 이런 상황에서는 통합 개발 환경이 지원하는 브레이크 포인트를 이용해 변수의 값을 모니터링하는 것이 가장 좋은 방법일 것입니다. 그러나 이는 무척 번거로운 작업이기 때문에, 개발자들은 편의를 위해 변수의 값을 콘솔[8]에 출력하는 방식으로 '디버깅' 작업을 처리하곤 합니다.

Sass는 콘솔을 통한 디버깅 작업을 돕기 위해 `@debug` 지시자를 지원합니다. 이 지시자 뒤에 값 또

8 웹브라우저의 개발자 도구나 통합 개발 환경 내 콘솔 화면 등을 뜻합니다.

는 표현식을 쓴 다음 코드를 실행하면, 콘솔을 통해 그 결과를 확인할 수 있습니다. 예제 3.43을 통해 간단한 사용 예를 살펴보겠습니다.

예제 3.43 basic-grammar/19-debug-check.scss

```
@mixin debug-check($color-code) {
  @debug $color-code;

  color: $color-code;
}

p{
  @include debug-check(#f00ff0);
}
```

예제에서는 믹스인 내부에 `@debug` 지시자를 포함하여 전달된 인수를 확인하고자 했습니다. 명령행에서 컴파일 명령어를 입력하면 다음과 같은 출력을 확인할 수 있습니다. `19-debug.check.scss` 파일의 2번째 라인에서 `@debug` 지시자를 사용했다는 사실과 디버깅 대상의 값이 `#f00ff0`이라는 것을 볼 수 있습니다.

```
> sass basic-grammar\19-debug-check.scss basic-grammar\19-debug-check.css
basic-grammar\19-debug-check.scss:2 Debug: #f00ff0
```

`@debug` 지시자의 뒤에는 Sass가 지원하는 모든 유형의 값이나 표현식을 쓸 수 있습니다. 또한 값을 출력할 때, 간단한 문자열 포매팅을 이용해 값과 함께 값에 대한 정보를 같이 출력할 수도 있습니다. 예제 3.44의 코드는 문자열 포매팅[9]을 활용한 디버깅 작업의 예를 나타내고 있습니다. Sass에서의 문자열 포매팅은 `#{}` 기호를 통해 이루어집니다.

예제 3.44 basic-grammar/20-debug-string-format.scss

```
@use 'sass:math';

@mixin calculate-width($rate) {
  $smartphone-width: 375px;
  @debug "smartphone width: #{$smartphone-width}";
  @debug "rate: #{$rate}";
```

9 문자열 포매팅이란 변수의 값을 문자열 내에 포함하는 프로그래밍 기법입니다.

```
  width: $smartphone-width * $rate;
}

img{
  @include calculate-width(0.5);
}
```

명령행에서 확인한 결과는 다음과 같습니다.

```
> sass basic-grammar\20-debug-string-format.scss basic-grammar\20-debug-string-format.css
basic-grammar\20-debug-string-format.scss:5 Debug: smartphone width: 375px
basic-grammar\20-debug-string-format.scss:6 Debug: rate: 0.5
```

3.7.2 숫자와 문자열

`@debug` 지시자의 유용함에 대해 알아보았으니, 이제 Sass에서 사용할 수 있는 다양한 값 유형에 대해 하나씩 살펴보겠습니다. 가장 먼저 알아볼 것은 이해하기 아주 쉽지만 그만큼 자주 사용되는 숫자와 문자열입니다.

숫자형 값을 능숙하게 사용하기 위해서는 가장 먼저 Sass 숫자가 두 가지 구성 요소로 이루어진다는 것을 이해해야 합니다. 숫자는 숫자$_{\text{number}}$ 그 자체와 단위$_{\text{unit}}$로 구성됩니다. 물론 단위가 포함되지 않은 숫자형 값을 사용하는 것이 가능하고, 또 그런 경우가 종종 있습니다. 그러나 대부분의 스타일 속성값은 숫자와 단위를 함께 입력해야 유효한 값으로 인정되므로 Sass를 비롯한 스타일 언어에서 숫자의 단위는 무척 중요한 정보입니다. `@debug` 지시자를 이용하면 다양한 유형의 숫자를 콘솔에서 확인할 수 있습니다.

예제 3.45 basic-grammar/21-numbers.scss

```
// 각 줄마다 주석으로 콘솔 출력 결과를 표시했습니다.
@use 'sass:math';

@debug 99; // 99
@debug 0.6; // 0.6
@debug 32px; // 32px

@debug 5px + 2px; // 7px
@debug 5s - 2s; // 3s
@debug 5px * 2; // 10px
@debug math.div(5px, 2); // 2.5px
```

```
@debug 1.2e3; // 1200
@debug 4e-5; // 0.00004

$degrees-per-second: math.div(20deg, 2);
@debug $degrees-per-second; // 10deg
```

표 3.1은 Sass에서 사용할 수 있는 주요 단위를 정리한 표입니다. 표에 포함된 모든 단위는 순수한 CSS 문서에서 사용할 수 있는 단위입니다.

표 3.1 Sass에서 사용할 수 있는 주요 단위

단위	특징	설명
em	상대적 길이 단위	해당 요소의 폰트 크기에 대한 배수를 지정
rem	상대적 길이 단위	루트 요소의 폰트 크기에 대한 배수를 지정
ch	상대적 길이 단위	해당 요소의 폰트 문자 길이에 대한 배수를 지정(주로 '0' 문자에 대한 배수를 지정)
vw	상대적 길이 단위	뷰포트 너비의 1%에 대한 배수를 지정
vh	상대적 길이 단위	뷰포트 높이의 1%에 대한 배수를 지정
vmin	상대적 길이 단위	뷰포트의 길이 중 더 짧은 것의 1%에 대한 배수를 지정
vmax	상대적 길이 단위	뷰포트의 길이 중 더 긴 것의 1%에 대한 배수를 지정
px	절대적 길이 단위	화소 1개의 크기
cm	절대적 길이 단위	1센티미터
mm	절대적 길이 단위	1mm = 1cm의 1/10
in	절대적 길이 단위	1in = 2.54cm
pt	절대적 길이 단위	1pt = 1in의 1/72
deg	각도 단위	원 각도의 1/360
grad	각도 단위	원 각도의 1/400
s	시간 단위	1초
ms	시간 단위	1ms = 1s의 1/1000
%	상대적 단위	어떤 대상에 대한 백분율을 토대로 값을 지정

프로그래밍 분야에서 문자열string이란 '기호의 순차 수열'을 나타내는 용어입니다. 일반적으로 문자열은 작은따옴표(') 또는 큰따옴표(")로 짝을 만들고, 그 안에 기호를 순서대로 채워넣는 형태입니다. Sass의 문자열은 두 가지로 구분할 수 있습니다. 첫 번째는 따옴표로 감싼 형태의 문자열로, 공백이 포함된 속성값을 표현할 때 주로 사용합니다. 두 번째는 따옴표로 감싸지 않은 형태의 문자열로, 흔히 식별자 또는 키워드라 불리는 속성값을 표현할 때 주로 사용합니다.

문자열 표현의 예

```
// 따옴표로 감싼 형태의 문자열 값의 예
p{
  font-family: 'Lucida Sans', 'Lucida Sans Regular', 'Lucida Grande', 'Lucida Sans Unicode';
}

// 따옴표로 감싸지 않은 형태의 문자열 값의 예
p{
  font-family:Cambria, Cochin, Georgia, Times;
}
```

3.7.3 리스트와 맵

리스트[10]는 서로 다른 값을 하나의 값으로 묶어 순차적으로 제공하는 값 유형입니다. 스타일 문서를 작성하다 보면 종종 하나의 속성을 위해 쉼표(,)로 구분된 여러 개의 속성값을 정의하는 경우가 발생하곤 하는데, Sass에서는 이를 리스트 형태로 관리할 수 있습니다. 다음 예제와 같이 믹스인에 가변 인수를 적용하여 여러 개의 인수를 전달하면, Sass 컴파일러는 이를 리스트 형태로 인지합니다.

리스트 표현의 예

```
@mixin combine-color($values...) {
  @debug $values // 리스트를 참조하는 변수 $values!
}

div {
  @include combine-color(80, 160, 240);
}
```

```
> sass .\basic-grammar\sample.scss
basic-grammar\23-list.scss:3 Debug: 80, 60, 240
```

리스트 내 값의 구분을 위해 쉼표를 사용하는 것이 가장 일반적인 형태이지만, Sass 코드에서는 값의 구분을 위해 공백space을 사용해도 정상적으로 리스트를 생성할 수 있습니다.

하나의 리스트는 여러 개의 값을 포함할 수 있고, 포함한 값 각각에 대해 순서를 지정하여 이를 관

10 우리는 이미 예제 3.34에서 리스트를 사용한 적이 있습니다.

리합니다. 이러한 순서를 가리켜 인덱스index라고 합니다. 인덱스는 리스트에 입력된 순서대로 1부터 시작해서 1씩 증가합니다. 더불어 입력된 순서의 역순으로 -1부터 시작해서 1씩 감소하는 인덱스도 내부적으로 포함하고 있습니다. Sass 사용자는 리스트를 이용해 리스트 내부의 값을 참조하거나 추가하는 작업을 수행할 수 있습니다. 리스트 관련 기능은 Sass 빌트인 모듈에서 제공합니다.

예제 3.46 basic-grammar/22-lists.scss

```
@use 'sass:list';

$number-list: 11px, 22px, 33px, 44px, 55px;

// 리스트값 참조하기
@debug list.nth($number-list, 2); // 22px
@debug list.nth($number-list, -2); // 44px

$color-list: red orange yellow green blue navy;

// 리스트값 추가하기. 원본에 값을 추가하지 않고, 복사본을 반환합니다.
@debug list.append($color-list, purple); // red orange yellow green blue purple

// 리스트값의 인덱스 조회하기. 값이 없을 시에는 null을 반환합니다.
@debug list.index($color-list, yellow); // 3
@debug list.index($color-list, orange); // 2
@debug list.index($color-list, purple); // null
```

`list.nth()` 함수는 리스트와 인덱스를 인수로 전달받아, 리스트의 해당 인덱스에 포함되어 있는 값을 반환합니다.

`list.append()` 함수는 리스트와 값을 인수로 전달받아 리스트에 값을 추가합니다. 이때 리스트는 불변immutable값이므로 실제 리스트의 값이 추가되는 것이 아닌 복사본이 만들어져 반환됩니다.

`list.index()` 함수는 리스트와 값을 인수로 전달받아 주어진 값이 리스트에 들어 있을 경우에는 값의 인덱스를, 리스트에 들어 있지 않을 경우에는 `null` 키워드를 반환합니다.

Sass는 리스트와 비슷한 듯 다른 값 맵map 유형도 지원합니다. 맵은 서로 다른 값을 하나의 값으로 묶어 제공한다는 점에서는 리스트와 같습니다. 그러나 맵은 하나의 값이 키key와 밸류value라고 불리는 두 개의 요소로 구성되고, 인덱스 대신 키를 이용해 값에 접근할 수 있다는 특징이 있어 사용법에서는 리스트와 큰 차이를 보입니다. 또한 리스트 생성 시에는 쉼표 또는 공백으로 구분한 여러 개의 값만 있으면 됐었지만, 맵은 전체를 소괄호로 감싸고 내부에서는 반드시 쉼표를 이용해 값을 구분해야 한다는 차이도 있습니다.

맵 표현의 예

```
// 맵을 참조하는 변수 $font-weights
$font-weights: ("regular": 400, "medium": 500, "bold": 700);

@debug $font-weights;
```

```
> sass .\basic-grammar\sample.scss
basic-grammar\23-maps.scss:2 Debug: ("regular": 400, "medium": 500, "bold": 700)
```

맵 내 값의 구성 요소인 키와 밸류 중 키는 밸류에 대한 참조를 위해 존재합니다. 즉 밸류는 사용자가 실제로 사용하기 위해 저장하는 값이고, 키는 밸류의 식별자 역할을 수행합니다. 따라서 하나의 맵 내에 정의된 키는 반드시 중복되지 않는 고유한 이름을 사용해야 합니다.[11] 반면 밸류는 다른 밸류와 값이 중복되어도 문제가 없습니다.

Sass 사용자는 맵을 이용해 맵 내부의 값을 참조하거나 추가 및 병합하는 작업을 수행할 수 있습니다. 맵 관련 기능은 Sass 빌트인 모듈에서 제공하며, 리스트와 마찬가지로 맵값은 불변한다는 특징을 가지고 있습니다.

예제 3.47 basic-grammar/23-maps.scss

```
@use 'sass:map';

$number-map: (1: 11px, 2: 22px, 3: 33px, 4 :44px, 5: 55px);
$color-map: (red:#ff0000, orange:#ffa500, yellow:yellow);

// 맵값 참조하기
@debug map.get($number-map, 2);
@debug map.get($color-map, orange);

// 맵값 추가하기
@debug map.set($number-map, 6, 66px);
@debug map.set($color-map, green,#008000);

// 맵값 병합하기
@debug map.merge($number-map, $color-map);
```

11 키의 중복은 컴파일 에러를 유발합니다.

```
// 불변성 확인
@debug $number-map;
@debug $color-map;
```

```
> sass .\basic-grammar\23-maps.scss
basic-grammar\23-maps.scss:7 Debug: 22px
basic-grammar\23-maps.scss:8 Debug: #ffa500
basic-grammar\23-maps.scss:11 Debug: (1: 11px, 2: 22px, 3: 33px, 4: 44px, 5: 55px, 6: 66px)
basic-grammar\23-maps.scss:12 Debug: (red: #ff0000, orange: #ffa500, yellow: yellow, green:
#008000)
basic-grammar\23-maps.scss:15 Debug: (1: 11px, 2: 22px, 3: 33px, 4: 44px, 5: 55px, red:
#ff0000, orange: #ffa500, yellow: yellow)
basic-grammar\23-maps.scss:17 Debug: (1: 11px, 2: 22px, 3: 33px, 4: 44px, 5: 55px)
basic-grammar\23-maps.scss:18 Debug: (red: #ff0000, orange: #ffa500, yellow: yellow)
```

`map.get()` 함수는 맵과 키를 인수로 전달받아 키에 해당하는 밸류는 반환합니다. 존재하지 않는 키를 전달받을 경우에는 `null` 키워드를 반환합니다.

`map.set()` 함수는 맵과 키, 그리고 밸류를 전달받아 맵에 값을 추가합니다. 이때 맵에는 새로운 키와 밸류를 전달하여 값을 추가할 수도 있고, 기존 키와 새로운 밸류를 전달하여 값을 덮어쓸 수도 있습니다. 맵은 불변값이므로 실제 맵에는 아무 변화가 없고 복사본이 만들어져 반환됩니다.

`map.merge()` 함수는 주어진 맵들을 병합하여 하나의 맵으로 만들어 반환하는 함수입니다.

3.7.4 불리언과 null

불리언Boolean은 참과 거짓을 나타내는 논리적인 값 유형입니다. 불리언은 참과 거짓만을 나타내며, 각각 `true`와 `false`로 표기합니다.

불리언 표현의 예

```
// 불리언값은 표기한 그대로 콘솔에 출력됩니다.
@debug true; // true
@debug false; // false
```

불리언은 C++, 자바, 자바스크립트 등 주요 프로그래밍 언어에도 존재하는 활용도 높은 유형으로, 문자 그대로의 형태로 쓰이기보다는 주로 표현식의 결괏값을 참과 거짓 두 가지 형태 중 한 가지로 표현하여 프로그램의 진행 흐름을 더욱 자연스럽게 형성하기 위한 목적으로 쓰입니다. 예를 들어 Sass에서는 두 개의 피연산자 사이의 등가 비교나 대소 비교의 결과를 참 또는 거짓으로 판단하기 위해 불리언을 사용하는 경우가 많습니다. Sass는 값 사이의 비교를 손쉽게 수행할 수 있는 연산자를 제공합니다. 표 3.2는 Sass의 등가 비교 연산자와 대소 비교 연산자를 정리한 표입니다. 사용 예는 예제 3.48을 통해 확인해보겠습니다.

표 3.2 Sass의 등가 비교 연산자와 대소 비교 연산자

연산자	설명	사용 예(모두 true 반환)
==	서로 같은지 비교	2px == 2px;
!=	서로 같지 않은지 비교	3rem != 1rem;
>	왼쪽 피연산자가 오른쪽 피연산자보다 큰지 비교	100px > 50px;
>=	왼쪽 피연산자가 오른쪽 피연산자보다 크거나 같은지 비교	2.54cm >= 1in;
<	왼쪽 피연산자가 오른쪽 피연산자보다 작은지 비교	50px < 100px;
<=	왼쪽 피연산자가 오른쪽 피연산자보다 작거나 같은지 비교	2.54cm <= 1in;

예제 3.48 basic-grammar/24-boolean.scss

```
@debug 2px == 2px; // true
@debug 3rem != 1rem; // true
@debug 100px > 50px; // true
@debug 2.54cm >= 1in; // true
@debug 50px < 100px; // true
@debug 2.54cm <= 1in; // true
```

이처럼 표현식의 결과로 불리언값을 얻으면, 불리언값이 무엇인지에 따라 스타일을 다르게 적용하는 일종의 '조건문'[12]을 만들어 Sass 문서의 활용 폭을 넓힐 수 있습니다. 다음은 그 예로, 믹스인 매개변수 `$circle`의 값이 `true`인 경우에만 테두리 반경을 추가하는 Sass 코드입니다.

불리언을 활용한 분기문 사용 예

```
@mixin radius-or-not($size, $circle: false) {
  width: $size;
  height: $size;

  @if $circle {
    border-radius: 16px;
  }
}
```

12 조건문 사용법은 책의 뒷부분에서 자세히 설명합니다.

```scss
.square {
  @include radius-or-not(100px, true);
}
```

이렇듯 불리언은 두 개의 값만 가지는 유형입니다. 그런데 Sass에는 심지어 값을 단 하나만 가지는 유형의 이름이 곧 값인 `null` 유형도 있습니다. `null`은 이미 앞서 등장한 예제들에서 종종 결괏값으로 출력된 적이 있습니다. `null`은 참도 거짓도 아닌 '값이 존재하지 않음'을 나타내기 위해 사용하는 값으로, 주로 빌트인 함수나 사용자 정의 함수의 반환 결과로 많이 사용됩니다.

예제 3.49은 빌트인 모듈에서 제공하는 함수로부터 `null`의 반환을 유도한 코드입니다. 리스트와 맵을 만들고, 각각에서 찾을 수 없는 값을 참조하려고 하면 `null`이 반환됩니다.

예제 3.49 basic-grammar/25-null.scss

```scss
@use "sass:map";
@use "sass:list";

$fun-anime: (
  "korea": "Catch! Teenieping",
  "japan": "Dragon Ball"
);

$dragon-ball: "son-guku", "vegeta", "krillin";

@debug map.get($fun-anime, "mexico"); // null
@debug list.index($dragon-ball, 4); // null
```

요약

- Sass는 선택자 중첩nesting을 지원하여 선택자 반복을 줄이고 코드 구조를 더 직관적으로 작성할 수 있습니다.
- 변수를 사용하면 값을 반복해서 작성하지 않고도 재사용할 수 있어, 코드 수정과 관리가 훨씬 수월해집니다.
- 믹스인은 스타일 블록을 정의해 여러 곳에서 재사용할 수 있도록 돕는 기능입니다.
- `@extend` 지시자는 다른 선택자의 스타일을 상속할 때 사용합니다.
- `@debug` 지시자는 지정한 값이나 표현식을 출력하여 콘솔에서 실행 결과를 확인할 수 있도록 도와줍니다.

CHAPTER 4

Sass 고급

이 장은 다음과 같은 내용을 다룹니다.

- Sass의 문법 요소를 이용한 논리 흐름 제어 방법을 학습합니다.
- Sass를 이용해 반응형 웹을 개발하는 방식에 대해 이해합니다.
- Sass를 통한 작업 방식을 더 깊이 이해할 수 있도록 다양한 예제 실습을 진행합니다.

코드를 통한 논리 흐름 제어는 거의 모든 프로그래밍 언어가 지원하지만, CSS에서는 지원하지 않는 요소입니다. Sass는 스타일시트 개발자가 다양한 논리 흐름 제어를 할 수 있도록 조건문과 반복문으로 대표되는 제어문을 지원합니다.

4.1 제어문

Sass는 사용자가 스타일 적용 여부를 선택하거나 두 개 이상의 스타일 중 하나를 선택하여 적용하는 '조건문'을 만들 수 있도록 관련 기능과 문법을 제공합니다. 또한 Sass는 비슷하거나 동일한 작동을 단 한 번의 코드 작성만으로 반복 수행할 수 있는 '반복문'을 지원하여 사용자로 하여금 다양한 알고리즘을 구현할 수 있게 해줍니다. 조건 분기문과 반복문을 통틀어 제어문control statement이라고 하는데, Sass가 제공하는 제어문 지시자는 네 가지로 각각 `@if`, `@while`, `@for`, `@each`입니다.

4.1.1 @if 조건문

`@if` 지시자를 이용하면 조건문을 만들 수 있습니다. 조건문은 주어진 조건에 따라 코드의 실행 결과를 선택할 수 있는 구문을 뜻하는데, 작동 특성상 '선택 제어문'으로 불리기도 합니다. 조건문의 기본 형태는 다음과 같습니다.

@if 지시자를 이용한 조건문의 기본 형태

```
@if <표현식> {
  // 표현식이 true인 경우 실행할 구문
}
```

조건문의 표현식을 가리켜 '조건'이라고 부르기도 하는데, 여기에는 주로 불리언값을 반환하는 표현식이 배치됩니다. 표현식의 결괏값이 `true`인 경우 중괄호 안의 구문이 컴파일러에 의해 실행되지만, `false`인 경우에는 실행되지 않고 넘어갑니다.

표현식의 결괏값이 `false`인 경우에도 구문을 실행시킬 목적으로 `@else` 지시자를 이용해 조건문을 확장시킬 수 있습니다. `@else` 지시자는 독립적으로 사용할 수 없고, `@if` 지시자를 이용해 만든 구문에 추가하는 것만 가능합니다.

@else 지시자를 추가한 조건문의 기본 형태

```
@if <표현식> {
  // 표현식이 true인 경우 실행할 구문
} @else {
  // 표현식이 false인 경우 실행할 구문
}
```

다음 코드는 믹스인 내에 요소의 너비에 따라 배경색을 선택하는 조건문을 만들고 이를 선택자에 적용한 예제입니다.

예제 4.1 basic-grammar/26-if.scss

```
@mixin select-color($element-width) {

  @if $element-width >= 375px {
    background-color: #f05; // 밝은 빨강
  } @else {
    background-color: #5f0; // 밝은 초록
  }
```

```
}

div.small{
  width: 250px;
  @include select-color(250px);
}

div.big{
  width: 500px;
  @include select-color(500px);
}
```

예제 4.2 basic-grammar/26-if.css

```
div.small {
  width: 250px;
  background-color: #5f0;
}

div.big {
  width: 500px;
  background-color: #f05;
}
```

`@if`와 `@else` 지시자를 이용한 조건문은 무척 매력적인 구문입니다. 그러나 애써 부정적인 시선으로 이를 바라보면 '선택 제어문이라고는 하지만, 선택할 수 있는 건 겨우 두 가지뿐이잖아'라는 단점을 발견할 수 있습니다.

Sass는 이러한 단점을 보완할 수 있는 `@else if` 지시자를 지원합니다. `@else if` 지시자는 하나의 조건문에 여러 개의 조건을 추가함으로써 컴파일러에 의한 코드 실행 시 컴파일러가 여러 개의 구문 중 하나를 선택할 수 있도록 해줍니다. `@else if` 지시자는 `@else` 지시자와 마찬가지로 독립적인 사용이 불가하며, `@if` 지시자를 이용해 만든 구문에 추가하는 것만 가능합니다. 또한 `@else if` 지시자는 사용 횟수에 제한이 없어 원하는 개수만큼의 조건을 추가할 수 있습니다.

@else 지시자를 추가한 조건문의 기본 형태

```
@if <표현식1> {
  // 표현식 1이 true인 경우 실행할 구문
} @else if <표현식2>{
  // 표현식 2가 true인 경우 실행할 구문
} @else {
```

```
  // 앞서 정의된 모든 표현식이 false인 경우 실행할 구문
}
```

다음 코드는 주어진 문자열에 따라 삼각형의 형태를 변경하는 믹스인을 정의한 예제입니다. 문자열값은 방향을 나타내므로, 주어진 방향에 따라 삼각형의 형태가 달라집니다.

예제 4.3 basic-grammar/27-else-if.scss

```
@use "sass:math";

@mixin triangle($size, $direction, $color: tomato) {
  height: 0;
  width: 0;

  border-color: transparent;
  border-style: solid;
  border-width: math.div($size, 2);

  @if $direction == up {
    border-bottom-color: $color;
  } @else if $direction == right {
    border-left-color: $color;
  } @else if $direction == down {
    border-top-color: $color;
  } @else if $direction == left {
    border-right-color: $color;
  } @else {
    // 문자열이 잘못 전달되면 up을 기본값으로 사용합니다.
    border-bottom-color: $color;
  }
}

.one {
  @include triangle(100px, right);
}

.two {
  @include triangle(200px, down);
}

.three {
  @include triangle(50px, hello);
}
```

예제 4.4 basic-grammar/27-else-if.css

```
.one {
  height: 0;
  width: 0;
  border-color: transparent;
  border-style: solid;
  border-width: 50px;
  border-left-color: tomato;
}

.two {
  height: 0;
  width: 0;
  border-color: transparent;
  border-style: solid;
  border-width: 100px;
  border-top-color: tomato;
}

.three {
  height: 0;
  width: 0;
  border-color: transparent;
  border-style: solid;
  border-width: 25px;
  border-bottom-color: tomato;
}
```

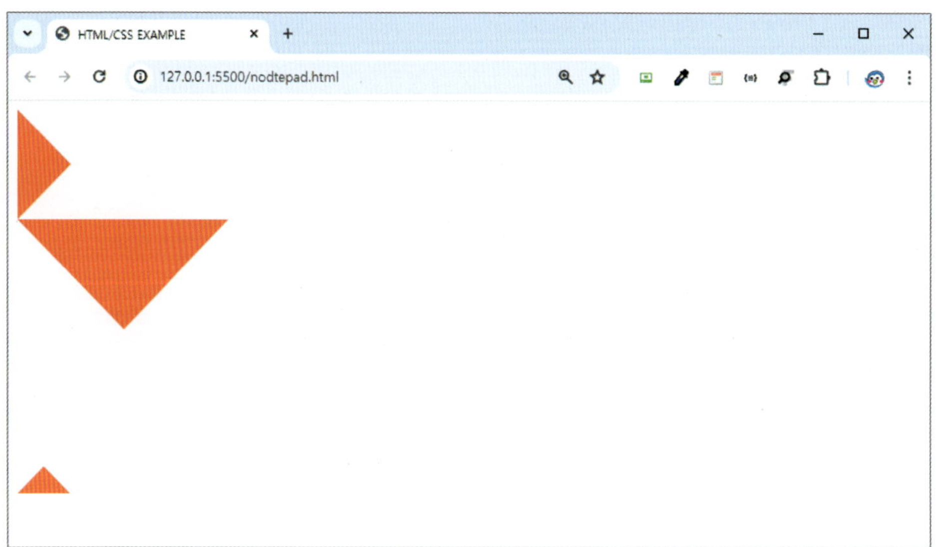

그림 4.1 예제 4.4 결과 화면

4.1.2 @while 반복문과 @for 반복문

Sass 반복문을 만들기 위해 사용하는 대표적인 지시자로는 `@while`과 `@for`가 있습니다. 둘은 `@if`와 `@else`처럼 함께 사용하는 것이 아닌, 서로 다른 특성을 지닌 반복문을 만드는 독립적인 지시자입니다.

`@while`은 표현식으로부터 불리언값을 반환하여 그 결과에 따라 구문의 실행 여부를 결정하는 작업을 반복하는 반복문을 만듭니다. `@while` 반복문의 기본 형태는 다음과 같습니다. `@if` 조건문에서 지시자만 바뀐 형태입니다.

@while 지시자를 이용한 반복문의 기본 형태

```
@while <표현식> {
  // 표현식이 true인 경우 실행할 구문
}
```

`@while` 반복문은 표현식의 결괏값이 `true`이면 중괄호 안의 구문을 실행하고, 실행을 마친 뒤에는 다시 표현식의 결괏값을 확인하는 식으로 작동합니다. 따라서 `@while` 반복문이 정상적으로 종료되려면 표현식의 결괏값이 `false`가 되는 순간이 있어야 합니다. 만약 표현식의 결괏값이 `true`인 상태를 계속 유지할 경우, 반복문이 종료되지 않아 컴파일러가 멈추는 등의 비정상적인 작동을 초래할 수 있습니다.

다음 예제는 `@while` 반복문을 이용해 정해진 최솟값까지 값을 1씩 감소시키는 함수를 구현한 코드입니다.

예제 4.5 basic-grammar/28-while.scss

```
@function min-value($value, $minimum: 12px) {
  @while $value > $minimum {
    $value: $value - 1px;
  }
  @return $value;
}

span {
  font-size: min-value(32px, 16px);
}
```

예제 4.6 basic-grammar/28-while.css

```
span {
  font-size: 16px;
}
```

`@while` 반복문은 종종 복잡한 로직을 구현하는 데 유용하게 사용되기도 하지만, Sass의 다른 제어 구문에 비해 상대적으로 큰 영향력을 발휘하지 못합니다. Sass팀에서도 공식 홈페이지를 통해 스타일 블록을 반복 생성하는 경우에는 `@for` 지시자나 `@each` 지시자를 이용한 반복문이 좀 더 명확하고, 컴파일 속도 면에서도 유리하다고 소개하고 있으니 참고해주세요.

`@for`는 표현식을 통해 값의 범위를 제공받고, 해당 범위 내에서 반복을 수행하는 반복문을 만드는 지시자입니다. 예를 들어 1부터 10까지의 범위를 제공받으면 `@for` 반복문은 구문을 10번 반복할 수 있습니다. Sass `@for` 반복문의 기본 형태로는 다음 두 가지가 있습니다.

@for 지시자를 이용한 반복문의 기본 형태

```
// to <표현식>의 값을 포함하지 않는 형태
@for <반복자> from <표현식> to <표현식> {
  // 표현식이 지정한 범위만큼 반복할 구문
}

// through <표현식>의 값을 포함하는 형태
@for <반복자> from <표현식> through <표현식> {
  // 표현식이 지정한 범위만큼 반복할 구문
}
```

두 가지 형태는 언뜻 보기에 거의 같습니다. 다만 차이가 있다면 두 번째 표현식의 앞의 키워드가 다릅니다. `@for` 반복문에 사용되는 두 개의 표현식은 값의 범위를 나타낼 때 사용되는데, 이때 첫 번째 표현식의 값이 시작값이고 두 번째 표현식의 값이 끝값이 됩니다. 예를 들어 첫 번째 표현식이 1이고 두 번째 표현식이 10인 경우에는 1부터 10까지 반복자[1]의 참조값을 변경해가며 구문을 반복합니다. 이때 두 번째 표현식 앞의 키워드가 `to`면 1부터 9까지 총 9번의 반복을 수행하고, 키워드가 `through`이면 1부터 10까지 총 10번의 반복을 수행합니다. 실제 코드를 통해 결과를 확인해 보겠습니다.

1 반복자란 반복 범위 내에서 계속 변하는 값을 임시 저장하여 사용하기 위해 선언한 변수를 뜻합니다.

예제 4.7 basic-grammar/29-for.scss

```
// to <표현식>의 값을 포함하지 않는 형태
@for $number-to from 1 to 10 {
  @debug $number-to;
}

@debug "---------------- 구분선 ----------------";

// through <표현식>의 값을 포함하는 형태
@for $number-through from 1 through 10 {
  @debug $number-through;
}
```

명령행에서 확인한 결과는 다음과 같습니다.

```
> sass .\basic-grammar\29-for.scss
basic-grammar\29-for.scss:3 Debug: 1
basic-grammar\29-for.scss:3 Debug: 2
basic-grammar\29-for.scss:3 Debug: 3
basic-grammar\29-for.scss:3 Debug: 4
basic-grammar\29-for.scss:3 Debug: 5
basic-grammar\29-for.scss:3 Debug: 6
basic-grammar\29-for.scss:3 Debug: 7
basic-grammar\29-for.scss:3 Debug: 8
basic-grammar\29-for.scss:3 Debug: 9
basic-grammar\29-for.scss:6 Debug: ---------------- 구분선 ----------------
basic-grammar\29-for.scss:10 Debug: 1
basic-grammar\29-for.scss:10 Debug: 2
basic-grammar\29-for.scss:10 Debug: 3
basic-grammar\29-for.scss:10 Debug: 4
basic-grammar\29-for.scss:10 Debug: 5
basic-grammar\29-for.scss:10 Debug: 6
basic-grammar\29-for.scss:10 Debug: 7
basic-grammar\29-for.scss:10 Debug: 8
basic-grammar\29-for.scss:10 Debug: 9
basic-grammar\29-for.scss:10 Debug: 10
```

예제를 통해 알 수 있듯이, `@for` 지시자를 이용한 반복문은 범위를 통해 반복 횟수를 명확하게 알 수 있어 사용자에게 좀 더 직관적인 느낌을 줍니다. 범위를 지정하는 방법 두 가지 중 어떤 것을 선택할지는 전적으로 사용자의 선택에 달려 있으므로, 취향에 맞게 `to`와 `through` 중 하나를 선택하여 사용하면 됩니다.

4.1.3 @each 반복문

`@each` 지시자 또한 `@for`나 `@while`처럼 반복문을 만들기 위해 사용합니다. 차이가 있다면 다른 반복 구문과 달리 `@each` 반복문은 리스트나 맵에 대한 순차적인 접근을 기반으로 반복을 수행한다는 점입니다. 다르게 말하면, `@each` 지시자를 이용한 반복문을 만들기 위해서는 리스트나 맵을 정의할 필요가 있습니다.

@each 지시자를 이용한 반복문의 기본 형태

```
@each <반복자> in <표현식> {
  // 반복 수행할 구문
}
```

`@each` 반복문의 형태에서 표현식 부분에는 리스트나 맵이 옵니다. 그리고 `@each` 반복문은 주어진 리스트나 맵의 요소 수만큼 반복을 수행하면서 반복자에 각 요소를 한 차례씩 참조시킵니다. 다음은 `@each` 반복문을 통해 여러 개의 스타일 블록을 생성하는 예제입니다. 여기에서는 리스트가 `@each` 반복문의 반복 횟수 및 반복자의 값을 결정하고 있습니다.

예제 4.8 basic-grammar/30-each-list.scss

```
$color-list: red orange yellow green blue navy;

@each $a-color in $color-list {

  // 문자열 포매팅을 이용해 선택자 만들기!
  .box-#{$a-color} {
    width: 100px;
    height: 100px;
    background-color: $a-color;
  }
}
```

예제 4.9 basic-grammar/30-each-list.css

```
.box-red {
  width: 100px;
  height: 100px;
  background-color: red;
}

.box-orange {
  width: 100px;
```

```
  height: 100px;
  background-color: orange;
}

.box-yellow {
  width: 100px;
  height: 100px;
  background-color: yellow;
}

.box-green {
  width: 100px;
  height: 100px;
  background-color: green;
}

.box-blue {
  width: 100px;
  height: 100px;
  background-color: blue;
}

.box-navy {
  width: 100px;
  height: 100px;
  background-color: navy;
}
```

예제 4.8의 코드에서 리스트를 맵으로 대체할 수도 있습니다. 이 경우에도 `@each` 반복문의 작동 원리는 크게 달라지지 않습니다. 다만 맵의 요소에는 키와 밸류가 각각 존재하기 때문에 반복자 또한 각각을 처리할 수 있도록 두 개 선언해야 한다는 점을 참고해주세요.

예제 4.10 basic-grammar/30-each-map.scss

```
$color-map: (
  "red":#ff0000,
  "orange":#ffa500,
  "yellow": #ffff00,
  "green": #008000,
  "blue": #0000ff,
  "navy": #000080,
  "purple": #800080
);

@each $key, $value in $color-map {
```

```
  .box-#{$key} {
    width: 100px;
    height: 100px;
    background-color: $value;
  }
}
```

예제 4.11 basic-grammar/30-each-map.css

```
.box-red {
  width: 100px;
  height: 100px;
  background-color: #ff0000;
}

.box-orange {
  width: 100px;
  height: 100px;
  background-color: #ffa500;
}

.box-yellow {
  width: 100px;
  height: 100px;
  background-color: #ffff00;
}

.box-green {
  width: 100px;
  height: 100px;
  background-color: #008000;
}

.box-blue {
  width: 100px;
  height: 100px;
  background-color: #0000ff;
}

.box-navy {
  width: 100px;
  height: 100px;
  background-color: #000080;
}

.box-purple {
```

```
  width: 100px;
  height: 100px;
  background-color: #800080;
}
```

4.2 모듈화

웹 개발자는 단 하나의 스타일 문서만으로도 웹사이트 전체의 스타일을 정의할 수 있습니다. 다만 웹사이트의 규모가 크면 클수록 코드의 양이 많아지기 때문에 코드의 주요 내용을 검토하거나 일부분을 수정하는 작업을 하기가 어려워집니다. 따라서 현명한 웹 개발자들은 개발 시에 웹사이트에 필요한 스타일을 여러 개의 스타일 문서로 나누어 관리하는 이른바 모듈화modulization 작업을 하곤 합니다.

4.2.1 @import 지시자

CSS는 다른 스타일 문서의 코드를 가져올 때 사용할 수 있는 `@import` 지시자를 제공합니다. 이를 적절히 활용하면 여러 개의 CSS 문서가 하나의 웹페이지를 위해 작동하도록 할 수 있습니다.

Sass는 CSS의 `@import` 지시자를 그대로 사용하되, 여기에 Sass와 관련된 기능을 추가하여 활용도를 높였습니다. `@import` 지시자를 이용하면 코드를 여러 개의 파일로 분리할 수 있고, 이때 코드 전체 성능에는 어떤 영향도 주지 않습니다. 분리된 여러 개의 파일은 컴파일 시 하나의 CSS 문서로 합쳐집니다.

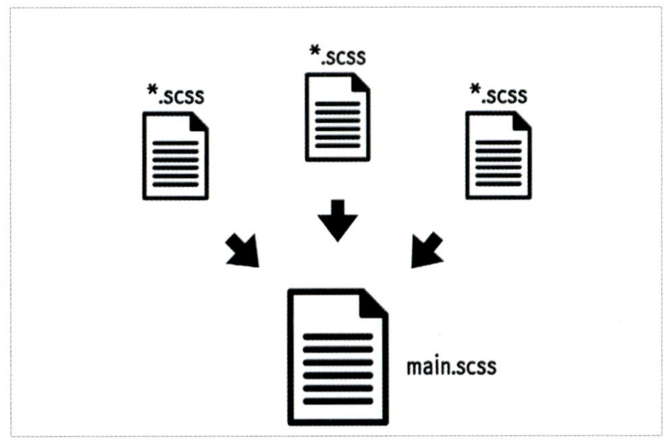

그림 4.2 Sass의 모듈화

`@import` 지시자를 이용한 Sass 문서를 모듈화할 때 권장되는 작업 방식이 한 가지 있습니다. 그림 4.2를 통해 표현한 것처럼, 모듈화 작업 시에는 실제 CSS 문서로 빌드될 '주 모듈'과 해당 Sass 문서가 가져다 사용할 코드를 보유한 '보조 모듈'이 존재합니다. 이때 보조 모듈의 이름을 지을 때는 이름의 첫 글자로 언더스코어(_) 기호를 사용하는 것이 좋습니다.

모듈화의 목적은 주 모듈이 보조 모듈의 내용을 포함하게 하고, 이를 하나의 CSS 문서로 빌드하는 것입니다. 예를 들어 하나의 주 모듈과 세 개의 보조 모듈이 있다면 개발자는 컴파일 결과, 네 개의 파일이 아닌 하나의 파일만 만들어지기를 기대할 것입니다.

이름 앞에 붙은 언더스코어는 '이것은 보조 모듈이다'라는 것을 나타내기 위해 사용하는 기호로서, 언더스코어가 있는 파일은 비주얼 스튜디오 코드의 Live Sass Compiler와 같은 프로그램에 의해 컴파일이 진행될 때 컴파일 대상에서 제외되어 CSS 문서로 빌드되지 않습니다. 명령행에서 직접 Sass 명령어를 입력하면 언더스코어가 붙은 문서에 대해 컴파일과 빌드를 수행할 수 있으나, 주 모듈과 보조 모듈을 간편하게 구분해두면 불필요한 파일의 빌드를 미연에 방지할 수 있습니다.

보조 모듈의 내용이 별도로 빌드되는 것이 웹사이트에 치명적인 문제를 일으킨다고 할 수는 없습니다. 그러나 불필요한 파일 생성은 결코 바람직한 현상이 아니므로 모듈화 작업 시에는 언더스코어 규칙을 잊지 말고 적용해주세요.

NOTE

`@import` 지시자 사용 시 서로 다른 파일에서 정의된 값이나 함수가 의도치 않게 겹치거나 충돌할 위험이 있기 때문에 Dart Sass 1.80.0 버전부터는 사용 시 경고 메시지가 출력됩니다.

4.2.2 @import 사용법

예제를 통해 `@import` 지시자를 이용한 모듈화 작업의 작동을 확인해보겠습니다. 주 모듈 하나와 보조 모듈 두 개를 만들어 결과적으로 하나의 파일만 빌드되는 상황을 연출해볼 것입니다. 새 폴더를 만들고 이름을 [modulization]으로 지정한 다음 그 안에서 모듈화 관련 파일을 생성하겠습니다.

예제 4.12 basic-grammar/modulization/_variables.scss

```
$main-color: orange;
```

예제 4.13 basic-grammar/modulization/_mixins.scss

```
@mixin box($bg-color: transparent) {
  width: 100px;
  height: 100px;
  background-color: $bg-color;
}
```

예제 4.14 basic-grammar/modulization/main.scss

```
@import "variables.scss";
@import "mixins.scss";

div.box{
  @include box($main-color);
}
```

첫 번째 보조 모듈 `_variables.scss`에서는 변수 `$main-color`를 선언하여 `orange` 속성값을 참조합니다. 두 번째 보조 모듈 `_mixins.scss`에서는 믹스인 `box`를 정의했는데, 이 믹스인은 색상 정보를 인수로 전달받아 너비와 높이가 각각 `100px`인 정사각형 형태의 박스를 만드는 믹스인입니다. 주 모듈인 `main.scss`에서는 두 모듈을 각각 가져다가 믹스인 `box`를 호출하면서 인수로 `$main-color`를 전달합니다.

다음 명령어를 이용해 `main.scss`를 컴파일하면 보조 모듈의 내용이 반영되어 CSS 문서가 빌드됩니다.

```
> sass basic-grammar\modulization\main.scss basic-grammar\modulization\main.css
```

예제 4.15 basic-grammar/modulization/main.css

```
div.box {
  width: 100px;
  height: 100px;
  background-color: orange;
}
```

예제를 통해 알 수 있는 재미있는 사실은, 언더스코어가 붙은 보조 모듈을 `@import` 지시자로 불러올 때는 일부러 언더스코어를 입력하지 않아도 컴파일러가 알아서 보조 모듈의 이름을 찾아서 코드를 가져온다는 사실입니다.

이처럼 `@import` 지시자를 이용하면 각 기능을 독립적인 파일로 분리할 수 있으므로 가독성 및 재사용성이 좋아집니다. 또한 작업 시 파일을 아무리 많이 분할했을지라도 결과적으로 단 하나의 CSS 파일만 빌드할 수 있으므로 CSS 파일이 많을 때에 비해 상대적으로 웹브라우저의 연결 작업 횟수가 줄어들어 성능 개선에 도움이 됩니다.

4.3 미디어 쿼리

반응형 웹이란 다양한 기기나 브라우저의 크기에 맞게 구성이나 크기를 변경해가며 반응하는 웹 문서나 이를 위해 사용하는 기법을 뜻합니다. 오늘날에는 사용자들이 사용하는 기기의 종류가 무척 다양하기 때문에, 웹 서비스를 기획 및 개발하는 사람들에게 반응형 웹을 개발하는 일은 선택이 아닌 필수입니다.

4.3.1 Sass 미디어 쿼리

CSS와 Sass는 반응형 웹 구현을 위한 기능으로 미디어 쿼리media query를 지원합니다. 미디어 쿼리는 브라우저의 크기를 감지하여 각 크기에 맞게 설정된 스타일을 적용할 수 있는 기능입니다. 반응형 웹을 구현하기 위해 고안된 기능은 많지만, 그중에서도 미디어 쿼리는 단연 반응형 웹 개발 기술의 꽃이라고 할 수 있을 만큼 무척 중요한 기능입니다. 다음은 미디어 쿼리를 이용해 너비가 `600px` 이하인 브라우저에서는 `<div>` 영역의 배경색을 파랑으로 변경하는 CSS 코드입니다.

CSS 미디어 쿼리 사용 예

```
div{
  width: 100px;
  height: 100px;
  background-color: red;
}

/* 화면 너비가 600px 이하일 때는 파란색으로 변해라! */
@media screen and (max-width: 600px) {
  div{
```

```
    background-color: blue;
  }
}
```

Sass는 스타일 블록 내에 미디어 쿼리를 포함할 수 있는 중첩 규칙을 지원합니다. CSS 코드처럼 미디어 쿼리 블록을 별도로 만드는 것도 괜찮은 방법이지만, 미디어 쿼리를 스타일 블록에 중첩하면 해당 스타일 블록의 변화를 파악하기가 더 편리해집니다. 또한 특정 스타일 블록에 대해서만 미디어 쿼리를 적용할 수 있어 버튼이나 내비게이션 바와 같은 개별 컴포넌트를 스타일링할 때 코드를 관리하기가 쉬워집니다. 다음은 앞의 'CSS 미디어 쿼리 사용 예'를 Sass 버전으로 수정한 예입니다. 컴파일 결과는 CSS 코드와 동일합니다.

Sass 미디어 쿼리 사용 예

```
div{
  width: 100px;
  height: 100px;
  background-color: red;

  @media screen and (max-width: 600px) {
    background-color: blue; // 중첩했으므로 선택자를 쓰지 않아도 됩니다.
  }
}
```

4.3.2 Sass 문법을 활용한 미디어 쿼리

변수나 문자열 포매팅 등의 기본적인 Sass 문법을 미디어 쿼리에 적용하면 좀 더 편리하게 반응형 스타일을 구현할 수 있습니다. 여기에서는 Sass의 문법을 활용해 구현한 미디어 쿼리의 예를 몇 가지 들어보겠습니다.

중첩된 미디어 쿼리에 지정된 중단점break-point은 언제라도 수정할 여지가 있습니다. 자주 수정될 여지가 있는 값을 변수로 참조해두면 추후 수정 작업이 더 수월해지므로, 미디어 쿼리 구현 시에도 중단점을 변수로 참조하는 방안을 고려해볼 수 있습니다. 다음은 그 예입니다.

예제 4.16 basic-grammar/31-media-query-variables.scss

```
// 중단점
$width-huge: 1200px;
$width-large: 900px;
$width-medium: 600px;

div{
  width: 100px;
  height: 100px;

  @media screen and (max-width: $width-huge) {
    background-color: red;
  }
  @media screen and (max-width: $width-large) {
    background-color: green;
  }
  @media screen and (max-width: $width-medium) {
    background-color: blue;
  }
}
```

예제 4.17 basic-grammar/31-media-query-variables.css

```
div {
  width: 100px;
  height: 100px;
}
@media screen and (max-width: 1200px) {
  div {
    background-color: red;
  }
}
@media screen and (max-width: 900px) {
  div {
    background-color: green;
  }
}
@media screen and (max-width: 600px) {
  div {
    background-color: blue;
  }
}
```

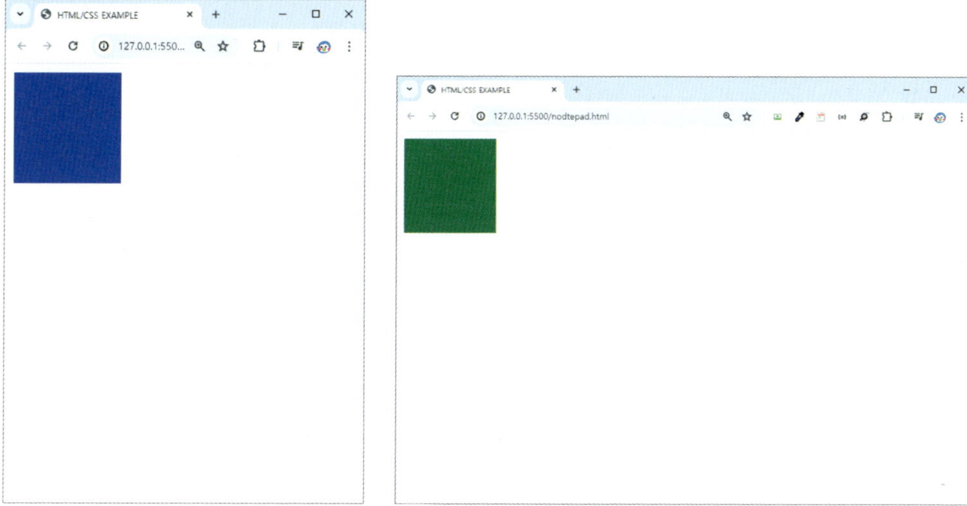

그림 4.3 미디어 쿼리 적용 후 화면 크기에 따라 색상이 달라지는 모습

앞의 예제처럼 숫자형 값을 변수에 저장해 중단점만 관리하는 것도 좋지만, 미디어 쿼리의 조건 전체를 변수에 대입하는 방법도 추천할 만합니다. 이 경우 문자열 유형의 값을 이용하면 미디어 쿼리 조건을 표현할 수 있습니다.

예제 4.18 basic-grammar/32-media-query-string.scss

```
// 미디어 쿼리 조건
$width-huge: "screen and (max-width: 1200px)";
$width-large: "screen and (max-width: 900px)";
$width-medium: "screen and (max-width: 600px)";

div{
  width: 100px;
  height: 100px;

  @media #{$width-huge} {
    background-color: red;
  }
  @media #{$width-large} {
    background-color: green;
  }
  @media #{$width-medium} {
    background-color: blue;
  }
}
```

예제 4.19 basic-grammar/32-media-query-string.css

```
div {
  width: 100px;
  height: 100px;
}
@media screen and (max-width: 1200px) {
  div {
    background-color: red;
  }
}
@media screen and (max-width: 900px) {
  div {
    background-color: green;
  }
}
@media screen and (max-width: 600px) {
  div {
    background-color: blue;
  }
}
```

따옴표로 묶인 공백을 포함한 문자열을 미디어 쿼리 조건에 그대로 사용하는 것은 문법적으로 불가능하므로, 예제에서는 문자열 포매팅으로 이를 해결한 것을 볼 수 있습니다.

4.4 빌트인 모듈

Sass는 스타일시트 작성에 도움이 될 만한 유용한 기능들을 미리 만들어두고 이를 모듈 단위로 제공합니다. 이러한 모듈들을 가리켜 빌트인 모듈built-in module이라고 합니다. Sass가 제공하는 모든 빌트인 모듈의 URL은 'sass:'로 시작하는데, 이러한 이름 규칙은 해당 모듈이 Sass의 일부임을 나타내기 위한 수단입니다. 사용자는 `@use` 지시자를 이용해 빌트인 모듈의 URL을 호출함으로써 빌트인 모듈의 기능을 사용할 수 있습니다.

4.4.1 sass:list

`sass:list` 모듈은 앞서 3.7.3절에서 소개했던 리스트 유형의 값을 다룰 때 사용할 수 있는 다양한 함수를 제공하는 모듈입니다. `sass:list` 모듈은 리스트가 포함하고 있는 값을 읽어들이는 기본적인 함수부터, 리스트에 항목을 추가하거나 리스트 간 결합 등을 수행하는 함수 등도 제공합니다. Sass의 리스트 유형의 값은 수정이 불가능한 불변immutable의 성격을 가지고 있으므로 리스트의

값을 수정하는 모든 함수는 기존 리스트의 복사본을 만들어 반환한다는 특징이 있습니다. 또한 Sass의 목록은 항목의 순서인 인덱스index 번호를 셀 때 1부터 시작한다는 점에서 일반적인 프로그래밍 언어나 형식 언어와 차이를 보입니다.

표 4.1은 `sass:list` 모듈의 주요 함수를 정리한 표입니다.

표 4.1 sass:list 모듈의 주요 함수

함수명	설명	사용법
append	리스트 끝에 값을 추가합니다.	`list.append($list, $val, $separator: auto);`
index	주어진 값의 리스트 내 인덱스(위치)를 반환합니다.	`list.index($list, $value);`
is-bracketed	리스트 내에 대괄호([ ])가 포함되어 있는지 여부를 반환합니다.	`list.is-bracketed($list);`
join	첫 번째 인수로 주어진 리스트의 끝에 두 번째 인수로 주어진 리스트를 추가합니다.	`list.join($list1, $list2, $separator: auto, $bracketed: auto);`
length	리스트의 길이(항목 수)를 반환합니다.	`list.length($list);`
separator	사용된 구분자를 문자열로 반환합니다. 스페이스(공백) 또는 쉼표입니다.	`list.separator($list);`
nth	주어진 인덱스 번호에 해당하는 값을 반환합니다.	`list.nth($list, $n);`
set-nth	주어진 인덱스 번호에 주어진 값을 추가합니다.	`list.set-nth($list, $n, $value);`
zip	여러 개의 리스트를 하나의 다차원 리스트로 결합합니다.	`list.zip($lists...);`

4.4.2 sass:map

`sass:map` 모듈은 키와 밸류로 이루어진 쌍을 하나 이상 저장할 수 있는 맵 유형의 값을 다룰 때 사용할 수 있는 유용한 함수들을 제공하는 모듈입니다. 리스트 유형과 마찬가지로 맵 유형의 값은 불변의 성격을 가지고 있습니다. 리스트와 달리 맵에는 인덱스 번호가 존재하지 않습니다. 대신 맵의 모든 항목에는 키가 존재하므로 키를 기반으로 맵의 값에 접근할 수 있습니다.

다음은 `sass:map` 모듈의 주요 함수를 정리한 표입니다.

표 4.2 sass:map 모듈의 주요 함수

함수명	설명	사용법
get	주어진 키에 해당하는 밸류를 반환합니다. 맵에는 맵이 포함될 수 있으므로, 인수로 키를 여러 개 전달하여 중첩된 맵의 밸류를 반환하는 것도 가능합니다.	map.get($map, $key, $keys...);
has-key	주어진 키가 포함되어 있는지 여부를 반환합니다.	map.has-key($map, $key, $keys...);
keys	맵에 포함된 모든 키를 리스트에 담아 반환합니다.	map.keys($map);
merge	첫 번째 인수로 주어진 맵 끝에 두 번째 인수로 주어진 맵을 추가합니다.	map.merge($map1, $map2);
remove	주어진 키에 해당하는 밸류를 제거합니다.	map.remove($map, $keys...);
set	주어진 키와 밸류로 구성된 쌍을 추가합니다.	map.set($map, $key, $value);
values	맵에 포함된 모든 밸류를 리스트에 담아 반환합니다.	map.values($map);

4.4.3 sass:math

`sass:math` 모듈은 숫자를 편리하게 이용하기 위해 사용할 수 있는 아주 기본적인 기능부터 삼각 함수와 같은 비교적 수준 있는 계산까지 숫자와 관련된 다양한 함수들을 제공하는 모듈입니다. 숫자를 처리하는 방법이 무척이나 다양하기 때문에 `sass:math` 모듈이 제공하는 함수 또한 그 종류가 무척 많은데, 이 책에서는 자주 사용할 만한 유용한 함수 위주로 정리하여 소개하겠습니다.

표 4.3 sass:math 모듈의 주요 함수

함수명	설명	사용법
abs	주어진 숫자의 절댓값을 반환합니다.	math.abs($number);
ceil	주어진 숫자와 가장 가까운 정수로 반올림한 값을 반환합니다.	math.ceil($number);
comparable	주어진 두 숫자가 비교 가능한지 여부를 반환합니다.	math.compatible($number1, $number2);
max	주어진 여러 개의 숫자 중 최댓값을 반환합니다.	math.max($number...);
min	주어진 여러 개의 숫자 중 최솟값을 반환합니다.	math.min($number...);
random	0과 1 사이의 실수를 랜덤으로 생성하여 반환합니다. 인수로 숫자가 주어질 경우 1과 주어진 숫자 사이에서 랜덤값을 생성하여 반환합니다.	math.random($limit: null);
percentage	주어진 숫자를 백분율로 변환하여 반환합니다.	math.percentage($number);

4.4.4 sass:string

`sass:string` 모듈은 이름 그대로 문자열에 대한 정보를 얻거나 조작하기 위해 사용할 수 있는 함

수를 제공하는 모듈입니다. 문자열을 지원하는 대부분의 언어에서는 문자열의 인덱스를 0부터 세지만, Sass의 문자열은 인덱스를 1부터 센다는 특징이 있습니다. 예를 들어 문자열 "Hello"에서 첫 번째 문자 H는 인덱스 번호 1번에 해당하는 문자입니다.

표 4.4는 `sass:string` 모듈의 주요 함수를 정리한 표입니다.

표 4.4 sass:string 모듈의 주요 함수

함수명	설명	사용법
quote	인수로 주어진 문자열에 따옴표를 추가하여 그 결과를 반환합니다.	string.quote($string);
index	첫 번째 인수의 문자열에서 두 번째 인수로 주어진 문자열이 위치한 인덱스를 찾아 반환합니다.	string.index($string, $substring);
insert	두 번째 인수로 주어진 문자열을 첫 번째 인수의 문자열의 원하는 위치에 삽입하여 반환합니다.	string.insert($string, $insert, $index);
length	주어진 문자열의 길이를 계산하여 반환합니다.	string.length($string);
slice	시작 위치와 끝 위치를 기반으로 문자열의 일부분을 잘라내어 반환합니다.	string.slice($string, $start-at, $end-at: -1);
to-upper-case	주어진 문자열에 포함된 모든 문자를 대문자로 변환한 결과를 반환합니다.	string.to-upper-case($string);
to-lower-case	주어진 문자열에 포함된 모든 문자를 소문자로 변환한 결과를 반환합니다.	string.to-lower-case($string);
unique-id	무작위로 생성된 고유한 따옴표 없는 문자열을 반환합니다.	string.unique-id();
unquote	문자열이 따옴표로 감싸져 있는 경우 이를 제거한 결과를 반환합니다.	string.unquote($string);

요약

- Sass는 조건문과 반복문을 제공하며, 이를 통틀어 제어문이라고 부릅니다. 조건문은 특정 조건이 참일 때만 해당 스타일을 적용하도록 합니다. 반복문은 코드를 한 번만 작성해도 여러 번 반복 실행할 수 있도록 합니다.
- `@import` 지시자를 사용하면 스타일시트를 여러 파일로 나누어 관리하는 모듈화가 가능합니다.
- Sass는 뷰포트 크기나 장치 특성에 따라 서로 다른 스타일을 적용할 수 있는 미디어 쿼리를 지원합니다.
- Sass는 다양한 빌트인 모듈을 제공하며, 대표적으로 `list`, `map`, `math`, `string` 모듈을 활용할 수 있습니다.

PART

II

Sass를 이용한 클론 코딩 프로젝트

1부에서 다양한 예제를 통해 Sass가 제공하는 여러 문법 요소들에 대해 이해하는 시간을 충분히 가져보았으니, 이어지는 2부에서는 지금까지 학습한 내용을 토대로 실제 웹페이지를 만들어보는 '클론 코딩' 실습을 진행해보겠습니다. 클론 코딩이란 실제 웹 서비스를 참고하여 유사한 결과물을 만드는 작업을 뜻하는데, 실제 구현되어 있는 서비스를 직접 만들어가면서 배우는 방식이기 때문에 재미있으면서도 효과적인 학습 방법입니다.

CHAPTER 5

자몽톡 클론 코딩

이 장은 다음과 같은 내용을 다룹니다.

- Sass를 이용해 웹페이지를 만드는 절차와 방법을 학습합니다.
- 파일 분할을 통해 프로젝트를 효율적으로 관리하는 방법에 대해 이해합니다.

이제 여러분은 Sass가 어떤 언어인지, 또 어떤 식으로 작동하는 언어인지를 알고 이를 직접 사용할 수 있는 'Sass 사용자'가 되었습니다. 이번 장에서는 Sass를 적극 활용해서 하나의 웹사이트를 만들어보는 실습을 진행할 것입니다. 우리가 만들 웹사이트는 사람들이 평소에 자주 사용하는 여러 메신저 앱으로부터 아이디어를 얻어 기획한 '자몽톡'이라는 웹사이트입니다. 물론 자몽톡은 실제로 채팅 서비스를 제공하는 웹사이트가 아닌 단순 실습 목적으로 만드는 웹페이지 그룹에 불과하지만, 실제 채팅 서비스와 유사한 페이지를 하나하나 만들어가는 과정은 여러분의 Sass 사용 능력에 큰 도움이 될 것입니다.

5.1 자몽톡 만들기

클론 코딩을 시작하기 전에, 우리가 만들 자몽톡이 어떤 모습일지를 미리 확인해보겠습니다. 단순히 보는 것을 넘어, 자몽톡의 디자인을 눈에 담으면서 머릿속으로는 앞으로 진행될 실습에 대한 그림을 스스로 그려볼 것을 권합니다.

가장 먼저 만들어볼 페이지는 로그인 페이지입니다. 우리가 평소 메신저를 이용하기 위해 가장 먼저 하는 일은 로그인이므로, 자몽톡도 로그인 페이지부터 시작하도록 만들 것입니다. 예시 이미지는 필자가 직접 선택한 색상들로 이루어진 자몽톡 로그인 페이지인데, 추후 실습을 진행할 때에는 여러분이 원하는 색상 조합으로 또 다른 느낌의 페이지를 만들어봐도 좋습니다. 자몽톡은 따로 서버가 존재하지 않는 서비스이므로 입력 폼의 입력 내용과 무관하게 [로그인] 버튼을 누르기만 하면 다음 페이지로 이동하게 됩니다.

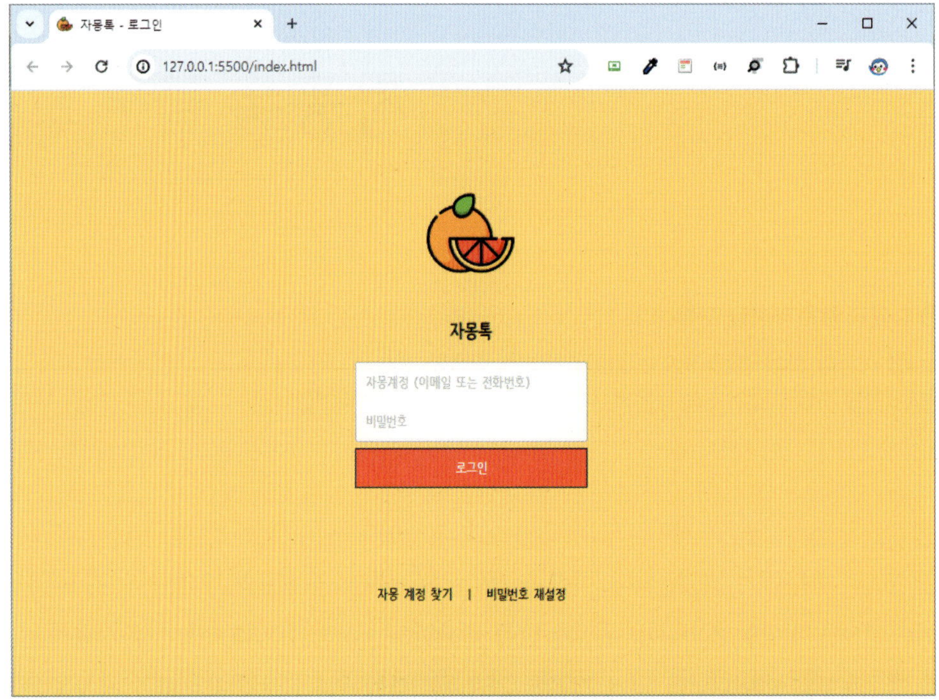

그림 5.1 자몽톡 로그인 페이지

로그인 후 등장하는 페이지는 채팅 목록 페이지입니다. 대다수의 메신저 프로그램의 채팅 목록 화면과 유사한 레이아웃으로 구성되어 있습니다. 왼편에는 내비게이션 바가 있고, 상단에는 헤더 바가 있습니다. 내비게이션 바와 헤더 바의 각 메뉴는 모두 아이콘으로 표시되어 있습니다.

채팅 목록 페이지의 핵심 요소는 역시 채팅 미리 보기입니다. 페이지에는 채팅 미리 보기 요소가 여러 개 나열될 수 있는데, 그림 5.2에서 빨간색으로 표시한 부분이 채팅 미리 보기에 해당하는 부분입니다.

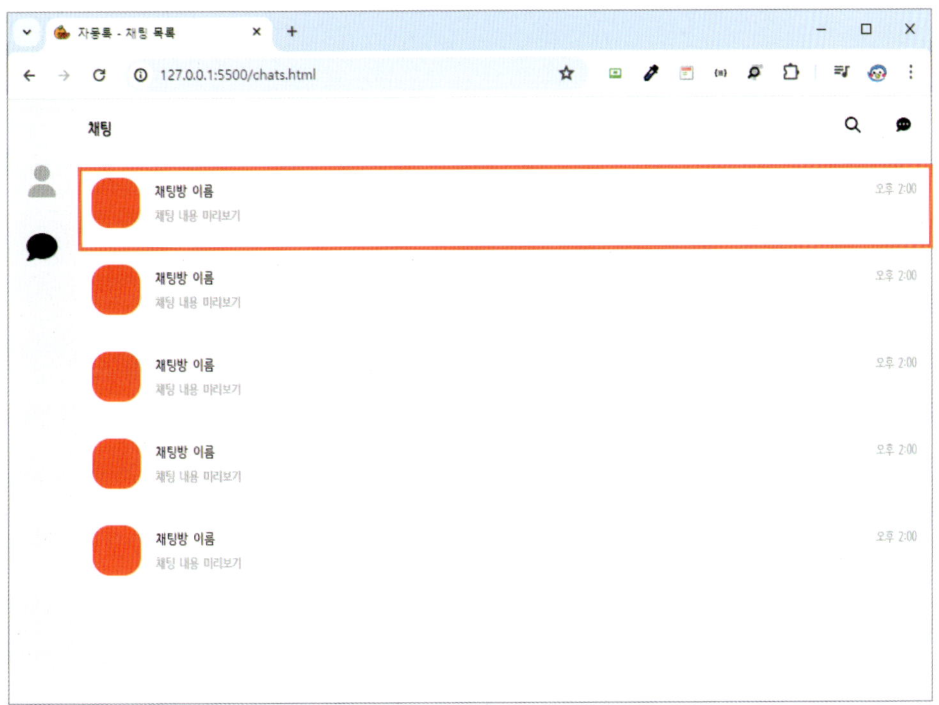

그림 5.2 자몽톡 채팅 목록 페이지

채팅 미리 보기를 클릭하면 곧장 채팅방 페이지로 이동할 수 있습니다. 채팅방 페이지 상단에는 채팅방 정보가, 하단에는 메시지 입력 폼이 배치되어 있습니다. 그 외 나머지 영역은 채팅방에서 가장 중요한 채팅 내용이 나열되는 영역으로 사용합니다.

채팅 내용은 말풍선 형태로 스타일링되어 위에서부터 아래로 하나씩 배치됩니다. 이때 말풍선이 영역 밖으로 벗어나는 경우에는 오버플로되지 않고 스크롤이 발생하도록 했습니다. 앞서 언급했듯이 자몽톡은 실제 기능이 없고 단지 모양만 만드는 웹페이지이기 때문에, 메신저 입력창에 메시지를 입력하여 전송해도 말풍선이 추가되지는 않습니다.

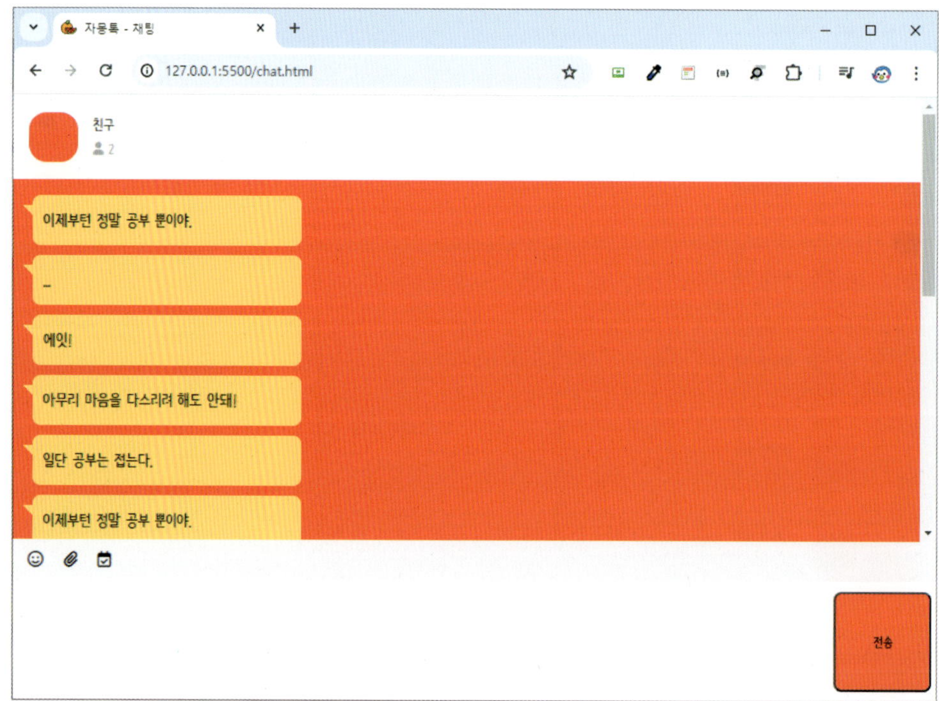

그림 5.3 자몽톡 채팅방 페이지

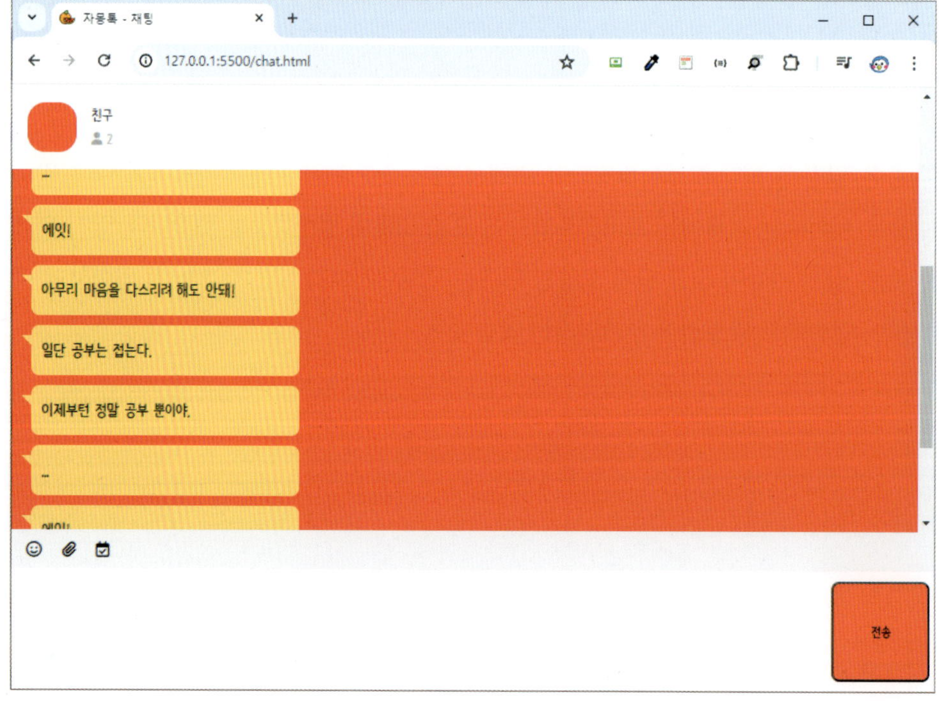

그림 5.4 자몽톡 채팅방 스크롤 다운

잘 보셨나요? 우리가 만들어볼 자몽톡의 디자인을 살펴보았습니다. 자몽톡을 위해 필요한 스타일은 모두 Sass를 이용해 구현할 것입니다. 앞으로 진행할 실습 과정을 통해 Sass의 문법 요소 하나하나를 내 것으로 만드는 시간을 가져보기 바랍니다.

5.2 프로젝트 구조 만들기

자몽톡 코드를 본격적으로 작성하기에 앞서 미리 프로젝트 폴더의 하위 폴더와 각 폴더를 구성할 파일들을 준비하는 작업을 진행하겠습니다. 프로젝트 폴더의 구조는 코드 관리를 수월하게 할 수 있도록 여러 개의 파일을 역할별로 구분하는 방향으로 구축해볼 것이므로, 단순히 '프로젝트를 위한 폴더를 구성한다'라는 생각을 넘어 각 파일의 역할을 잘 파악해보는 데 초점을 맞추어 실습해보기 바랍니다.

5.2.1 프로젝트 폴더 생성

프로젝트를 위한 새 폴더를 만든 다음 'GRAPEFRUIT-TALK'라고 이름 짓고, 그림 5.5와 같이 파일 및 폴더를 생성해주세요.

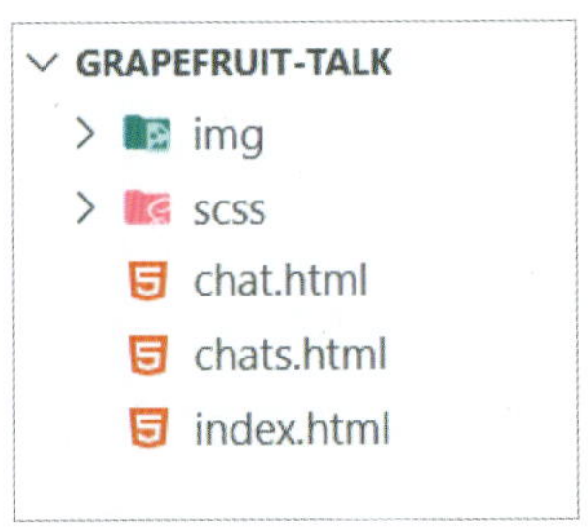

그림 5.5 자몽톡 프로젝트 디렉터리 기본 구조

여기에는 세 개의 html 문서가 있습니다. `index.html`가 우리의 첫 페이지인 로그인 페이지에 해당하는 파일이고, `chats.html`과 `chat.html`은 각각 채팅 목록과 채팅방 페이지를 담당할 예정입니다.

하위 폴더 중 첫 번째는 이미지 파일을 담기 위해 생성한 [img] 폴더입니다. 여러분이 이번 클론 코딩 프로젝트에 사용하고 싶은 이미지가 있다면 이 폴더에 저장하여 사용하면 됩니다. 필자가 진행하는 실습에서는 로그인 페이지에 표시될 자몽 이미지 단 하나만 사용하는데, 해당 이미지는 필자가 제공하는 링크[1]를 통해 다운로드할 수 있습니다.

1 https://raw.githubusercontent.com/beansdrawer/grapefruit-talk/master/img/grapefruit.png

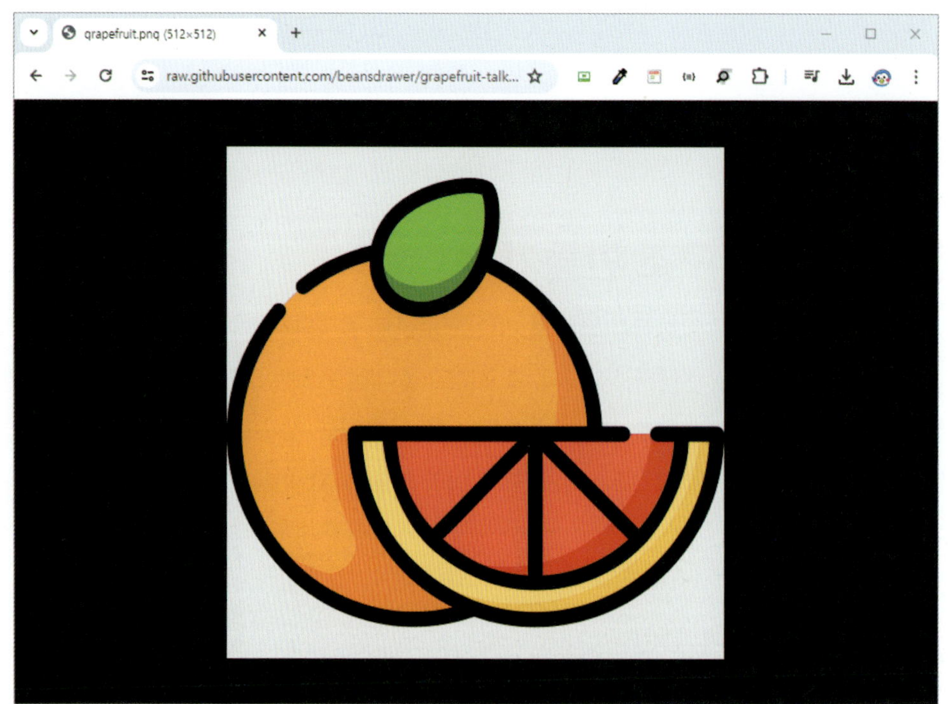

그림 5.6 자몽톡 심볼 이미지

하위 폴더 중 두 번째는 이 프로젝트에서 가장 중요하다고 해도 과언이 아닌 [scss] 폴더입니다. 여기에는 이 프로젝트를 위해 작성되는 모든 Sass 파일이 포함될 것입니다. 책의 서두에서 언급했던 것처럼 우리가 작성할 Sass 파일은 모두 SCSS 문법을 기반으로 만들어질 것이기에 폴더 이름은 'scss'라고 정했습니다.

자몽톡을 위해 작성해야 하는 스타일시트의 양이 많기 때문에 [scss] 폴더 안에는 상당히 많은 수의 하위 폴더와 파일들이 포함될 것입니다. 파일 수가 많은 것은 코드를 역할별로 구분하기 위한 목적인데, 추후 간단한 Sass 명령어 한 줄만으로도 이 파일들은 한데 모여 하나의 CSS 문서로 재탄생할 것입니다.

5.2.2 Sass 파일 구조 자세히 살펴보기

[scss] 폴더의 구조는 다음과 같습니다.

그림 5.7 자몽톡 프로젝트 디렉터리 전체 구조

먼저 여러 개의 하위 폴더의 역할부터 소개하겠습니다.

[abstracts] 폴더는 스타일 선언문이 아닌 믹스인이나 변수처럼 스타일 선언을 위한 추상화 단계의 코드들을 담기 위해 만든 폴더입니다. [abstracts] 폴더를 구성하고 있는 파일들은 이름만 보아도 그 역할을 알 수 있는 `_mixins.scss`와 `_variables.scss`입니다. 각각은 믹스인과 변수들을 담기 위해 사용할 파일들입니다.

[base] 폴더는 전체 스타일 그룹에 대한 기본사항을 정의할 폴더입니다. `_base.scss`에는 문서 전체에 적용할 기본 스타일을 정의하고, `_fonts.scss`에는 글꼴과 관련된 선언문을 정의할 것입니다.

[components] 폴더는 자몽톡에서 여러 번 재사용할 여지가 있는 요소들에 대한 스타일을 별도로 관리하기 위해 만든 폴더인데, 채팅 목록의 '채팅 미리 보기' 요소와 채팅방의 '말풍선' 요소가 그 주인공입니다. 이 폴더를 구성하고 있는 각 파일은 채팅 미리 보기 스타일을 위한 `_preview.scss`와 말풍선 스타일을 위한 `_bubble.scss`입니다.

[layout] 폴더는 페이지의 레이아웃을 구성하는 데 필요한 컴포넌트들의 스타일을 정의하기 위해 만든 폴더입니다. 헤더 바나 내비게이션 바 등은 페이지의 전체 레이아웃에 영향을 주는데, 이 폴

더에는 그러한 요소들에 대한 스타일을 정의할 것입니다.

하위 폴더 중 마지막 폴더는 [pages] 폴더입니다. 우리가 만들 자몽톡은 총 세 개의 페이지로 구성됩니다. 자몽톡의 스타일시트에는 각 페이지들이 공유할 스타일도 있겠지만, 페이지마다 독립적으로 사용할 스타일 또한 존재할 것입니다. 이렇듯 특정 페이지만을 위해 사용할 스타일들은 [pages] 폴더 내에 있는 각 페이지 이름과 같은 이름의 스타일 문서 내에 작성할 예정입니다.

끝으로 대망의 `main.scss` 파일입니다. 이 파일은 [scss] 폴더 내에 있는 하위 폴더들의 내용을 한데 모으기 위해 사용하는 이른바 '진입점entry' 역할을 하는 파일입니다. 프로젝트에서 진입점이란, 프로젝트를 시작하기 위해 사용되는 파일을 의미하는데, `main.scss`가 바로 그런 역할을 담당합니다. 따라서 `main.scss`에는 각 하위 폴더에 들어있는 여러 모듈에 대한 `@import` 명령이 포함되어야 합니다. `main.scss`의 코드는 다음과 같습니다. 참고로 `@import` 지시자를 이용해 모듈을 불러올 때 파일 확장자 입력 여부는 선택사항입니다. 여기에서는 확장자를 적지 않고 각 모듈의 이름만 적었습니다.

scss/main.scss

```
@import 'abstracts/variables';
@import 'abstracts/mixins';

@import 'base/base';
@import 'base/fonts';

@import 'layout/navbar';
@import 'layout/header';

@import 'components/preview';
@import 'components/bubble';

@import 'pages/index';
@import 'pages/chats';
@import 'pages/chat';
```

이렇듯 `main.scss`에서 하위 모듈들을 모은 뒤 이를 컴파일하면 코드의 양과 관계없이 단 하나의 CSS 파일만 만들어집니다. 우리는 Sass 문법을 기반으로 스타일 문서를 만들기 때문에 CSS 파일을 여러 개 만들 필요가 없으며, 오히려 CSS 파일이 많이 만들어지면 HTML 문서에서 여러 개의 `<link>` 태그를 작성해야 하는 수고를 해야 하므로 이는 단점이 될 수 있습니다.

이로써 프로젝트 구조에 대한 설명을 마쳤습니다. 이제 다음 절에서는 본격적으로 자몽톡을 위한 스타일 문서 작성을 시작해보도록 하겠습니다.

5.3 프로젝트 진행

작성해야 할 코드양이 많더라도, 프로젝트의 기본 틀만 잘 갖추면 작업은 훨씬 수월해집니다. 기본 틀 준비를 마쳤으니, 이제 코드를 작성하며 프로젝트가 완성되어 가는 과정을 즐겨봅시다.

5.3.1 로그인 페이지 만들기

로그인 페이지를 만들기 위해, 가장 먼저 `index.html`의 내용을 채워보겠습니다. 콘텐츠 태그 작성은 다음과 같이 문서 기본 구조를 작성한 상태에서 시작할 텐데, `chats.html`과 `chat.html` 역시 동일한 기본 구조를 토대로 작업할 것입니다.

index.html

```
<!DOCTYPE html>
<html lang="ko">
<head>
  <meta charset="UTF-8">
  <meta http-equiv="X-UA-Compatible" content="IE=edge">
  <meta name="viewport" content="width=device-width, initial-scale=1.0">
  <link href="css/main.css" rel="stylesheet">
  <link href="img/grapefruit.png" rel="icon">
  <title>자몽톡 - 로그인</title>
</head>
<body>

</body>
</html>
```

`<head>` 태그에는 두 개의 `<link>` 태그가 있는데, 첫 번째는 빌드를 마친 `main.css`를 연결하기 위해 사용했고 두 번째는 자몽 이미지를 웹브라우저의 탭에 표시하기 위해 사용했습니다.

이제 `<body>` 태그에 내용을 채워넣겠습니다. 로그인 페이지에는 자몽톡의 제목과 계정 및 비밀번호를 입력하는 로그인 폼이 표시되어야 합니다.

index.html

```
<!DOCTYPE html>
<html lang="ko">
<head>
  <meta charset="UTF-8">
  <meta http-equiv="X-UA-Compatible" content="IE=edge">
  <meta name="viewport" content="width=device-width, initial-scale=1.0">
  <link href="css/main.css" rel="stylesheet">
  <link href="img/grapefruit.png" rel="icon">
  <title>자몽톡 - 로그인</title>
</head>
<body>
  <div class="login-container">
    <div class="login">
      <h1 class="login__logo"></h1>
      <h3 class="login__title">
        자몽톡
      </h3>
      <form class="login__form" action="./chats.html">
        <input class="login__form__id" placeholder="자몽계정 (이메일 또는 전화번호)"
type="text">
        <input class="login__form__pw" placeholder="비밀번호" type="password">
        <input class="login__form__bt" type="submit" value="로그인">
      </form>
      <p class="login__account">
        자몽 계정 찾기   |   비밀번호 재설정
      </p>
    </div>
  </div>
</body>
</html>
```

<body> 태그에는 가장 먼저 클래스가 login-container인 <div> 태그가 표시되었습니다. 이 태그 안에 로그인 페이지를 구성하는 모든 콘텐츠가 포함될 것입니다. 콘텐츠를 포함하기 위해 존재하는 <body> 태그가 있음에도 이렇게 <div>를 이용해 콘텐츠를 다시금 묶어준 이유는 추후 레이아웃 스타일을 지정할 때 편의를 도모하기 위한 것입니다.

제목을 표시하기 위해 <h1>과 <h3>가 각각 사용되었는데, <h3>는 텍스트로 제목을 표시하고 <h1>은 자몽 이미지를 표시할 것입니다. <h1>에 자몽 이미지를 표시하는 작업은 Sass 코드를 통해 처리할 것입니다.

<form> 태그를 이용해 만든 로그인 폼에는 계정을 입력받는 텍스트 필드와 비밀번호를 입력받는

패스워드 필드, 그리고 로그인 버튼이 각각 표시됩니다. 로그인 버튼을 클릭하면 `<form>` 내에서 submit 이벤트가 발생하고, 그 결과 다음 페이지인 채팅 목록 페이지로 이동합니다.

로그인 폼 아래에는 '자몽 계정 찾기'와 '비밀번호 재설정' 텍스트를 표시해두었는데, 해당 요소들은 구색을 위한 것일 뿐 별다른 의미를 갖지는 않습니다.

로그인 페이지에 필요한 요소는 모두 추가되었습니다. 이제 여기에 적합한 스타일을 추가할 차례입니다. 드디어 본격적인 Sass 코드 작성이 시작되는데, 가장 먼저 작성해볼 스타일은 문서 전체에 적용될 기본 스타일입니다. [scss] 폴더의 [base] 하위 폴더로 이동해주세요.

scss/base/_fonts.scss

```
@font-face {
  font-family: 'NanumBarunpen';
  src: url('https://cdn.jsdelivr.net/gh/projectnoonnu/noonfonts_two@1.0/NanumBarunpen.woff')
format('woff');
  font-weight: normal;
  font-style: normal;
}
```

[base] 폴더의 `_fonts.scss`는 페이지에서 사용할 글꼴을 별도로 정의해두기 위해 만든 파일입니다. 필자는 자몽톡을 위해 '나눔바른펜'이라는 글꼴을 사용했는데, 코드의 `src` 속성에 정의된 url이 바로 나눔바른펜 사용을 위해 적용한 url입니다. 나눔바른펜은 무료 이용이 가능한 글꼴로, 여러분이 원하는 글꼴이 따로 있을 경우에는 해당 글꼴의 라이선스를 반드시 확인해본 다음 사용하기 바랍니다.

scss/base/_base.scss

```
*{
  font-family: 'NanumBarunpen';
  box-sizing: border-box;
}

html{
  height: 100%;
}

body{
  height: 100%;
  min-width: 300px;
  margin: 0;
}
```

`_base.scss`에서는 가장 먼저 전체 선택자(`*`)를 이용해 모든 요소에 동일한 글꼴(나눔바른펜)을 적용했습니다. 이어 `box-sizing` 속성을 `border-box`로 정의했는데, 이는 여백이나 테두리 두께가 추가되었을 때에도 요소 전체의 크기는 변하지 않도록 해야 작업이 단순해지기 때문에 선택한 속성입니다.

`html`과 `body`에는 각각 `height`를 `100%`로 지정하고 `body`에 있는 기본 여백을 제거하기 위해 `margin` 속성에는 `0`을 지정했습니다. 이는 가로, 세로 방향으로 화면이 꽉 차도록 한 것입니다. 또한 `body`에는 `min-width` 속성이 추가 정의되어 있는데, 이는 우리가 만든 입력 폼이 너비 300픽셀 이하 화면에서는 그 형태를 유지하도록 하기 위해 최소 너비를 지정해둔 것입니다.

기본 스타일을 정의했으니, 이번에는 `index.html`을 위한 개별 스타일을 정의할 차례입니다. 해당 스타일은 `_index.scss` 파일에 정의할 텐데, 우선 여기에서 사용할 변수와 믹스인을 [abstracts] 폴더에 정의하겠습니다.

scss/abstracts/_variables.scss

```
$main-color: #fb4239;
$bg-color: #FFD15F;
$active-color: #E31F1D;
```

scss/abstracts/_mixins.scss

```
@mixin set-box-size($height, $width: 100%, $border-radius: 0){
  height: $height;
  width: $width;
  border-radius: $border-radius;
}
```

`_variables.scss` 파일에 정의된 `$main-color`, `$bg-color`, `$active-color`는 각각 빨강, 노랑, 진한 빨강을 의미하는 색상 코드를 저장하기 위해 사용된 변수입니다. 색상 코드의 값들은 필자가 자몽과 어울리는 색상들을 나름대로 골라둔 것입니다. `_mixins.scss` 파일에 정의된 `set-box-size` 믹스인은 주어진 인수들을 기반으로 상자 모양 요소를 만들기 위해 정의한 믹스인입니다.

이제 `_index.scss` 파일의 스타일을 정의하겠습니다. 로그인 페이지만을 위한 스타일은 그 양이 꽤 많은데, 두 부분으로 나누어 살펴보겠습니다. 첫 번째 살펴볼 스타일 그룹은 로그인 양식을 제외한 나머지 요소들에 대한 스타일 그룹입니다.

scss/pages/_index.scss

```
.login-container{
  width: 100%;
  height: 100%;
  background-color: $bg-color;
}

.login{
  display: flex;
  flex-direction: column;
  justify-content: center;
  height: 100%;
  min-height: 460px;
  text-align: center;

  .login__logo{
    height: 90px;
    background: url(../img/grapefruit.png) no-repeat center / auto 100%;
  }
  .login__account{
    font-size: 0.9em;
  }
}
```

로그인 페이지의 모든 요소가 묶여 있는 컨테이너 블록에 대한 스타일은 `.login` 스타일 블록에 정의되었습니다. 여기에서는 가장 먼저 로그인 페이지 구성 요소를 화면 가운데에 배치하기 위해 `display: flex;` 속성을 이용한 레이아웃 스타일을 정의했습니다. `flex-direction`을 `column`으로 지정하여 세로축으로 요소 배치를 진행시킨 다음 `justify-content: center;` 스타일을 추가해 세로축에서 가운데에 모든 요소를 정렬시키는 방식을 사용했습니다.

이미지 표시를 위해 비워두었던 `<h1>` 태그에 대한 스타일은 `.login` 스타일 블록 내부에 별도의 스타일 블록 `.login__logo`를 포함한 다음 정의했습니다. 이는 요소 간의 포함 관계를 이용한 스타일 블록의 중첩입니다. `background: url(../img/grapefruit.png) no-repeat center / auto 100%;`은 자몽 이미지를 반복 없이 단 한 번만 표시하되, 중앙에 배치하고 높이에 맞게 배율 조정한 사이즈로 표시하도록 정의한 스타일입니다.

여기까지 정의한 스타일의 결과를 확인하기 위해, 명령행에 다음 명령어를 입력하여 컴파일을 실행해보겠습니다. [scss] 폴더 내의 문서를 [css] 폴더로 컴파일한다는 의미의 간단한 명령어인데, 우리가 작성한 파일 중 `main.scss`를 제외한 모든 scss 형식 문서의 이름 앞에는 언더스코어(`_`)가 표시되어 있어 결과적으로 [css] 폴더[2]에는 `main.css` 파일 하나만 빌드될 것입니다.

```
> sass scss:css
```

컴파일 완료 이후에는 `index.html`이 웹브라우저에서 다음과 같이 렌더링되는 것을 확인할 수 있습니다.

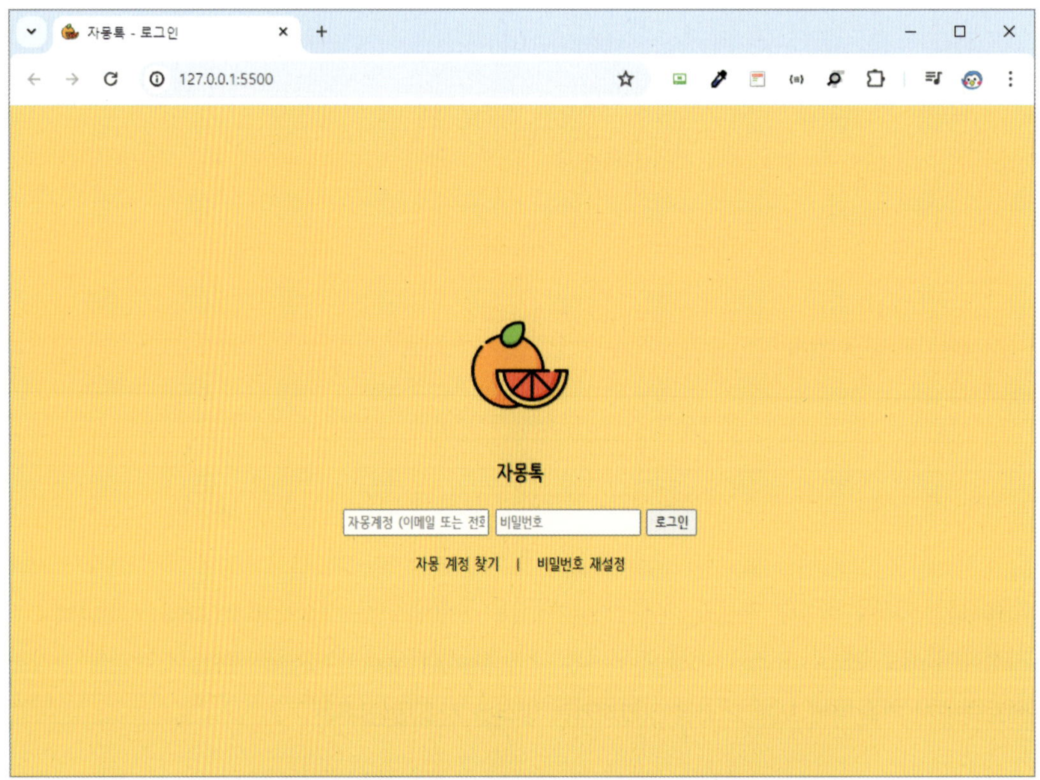

그림 5.8 **입력 폼을 제외한 요소에 대해 스타일 적용이 완료된 로그인 페이지**

`_index.scss`에서 두 번째로 살펴볼 스타일 그룹은 로그인 양식에 해당하는 스타일 그룹입니다. 앞서 살펴본 스타일 그룹의 아래 부분에 정의해주세요.

scss/pages/_index.scss

```
... (생략) ...
```

2 [css] 폴더는 컴파일 명령 수행 시에 자동 생성됩니다.

```
.login__form{
  width: 240px;
  margin: 0 auto 80px;

  input {
    @include set-box-size(40px, 240px, 0);

    border: 1px solid #BDBDBD;
    font-size: 0.9em;

    &:focus{
      outline: none;
    }
    &::placeholder{
      color: #BDBDBD;
    }
  }

  .login__form__id {
    padding: 5px 10px;
    border-bottom: none;
    border-radius: 3px 3px 0 0;
  }
  .login__form__pw {
    padding: 5px 10px;
    border-top: none;
    border-radius: 0 0 3px 3px;
  }
  .login__form__bt {
    margin-top: 6px;
    border: 1px solid #353535;
    background: $main-color;
    color:white;
    cursor: pointer;

    &:active{
      background: $active-color;
    }
  }
}
```

로그인 폼(`.login__form`)의 너비는 `240px`로 정했는데, 이는 글꼴이나 콘셉트에 따라 임의로 정할 수 있는 수치입니다. `margin`에 `auto`를 적용한 것은 가로축 가운데 배치를 위한 조치입니다. 로그인 폼에는 두 개의 입력 필드(`<input>`)가 포함되어 있는데, 각 필드의 크기는 앞서 정의한 믹스인 `set-box-size`를 호출하여 정의하였습니다. 또한 각 입력 필드에는 의사 클래스 `:focus`를 추가하여 내용 입력 시 외곽선이 표시되지 않도록 했고, 의사 요소 `::placeholder`를 추가하여 플레이스홀더의 색상을 연하게 수정하였습니다. 입력 필드 아래의 버튼에도 의사 클래스를 추가했는데, `:active` 의사 클래스는 버튼이 클릭 상태일 때의 스타일을 정의하기 위해 사용하는 의사 클래스입니다.

여기까지가 로그인 페이지를 위한 스타일입니다. 다시 컴파일 명령어를 실행하고, `index.html`을 웹브라우저에 로드하면 그림 5.9와 같은 결과 화면을 확인할 수 있습니다.

```
> sass scss:css
```

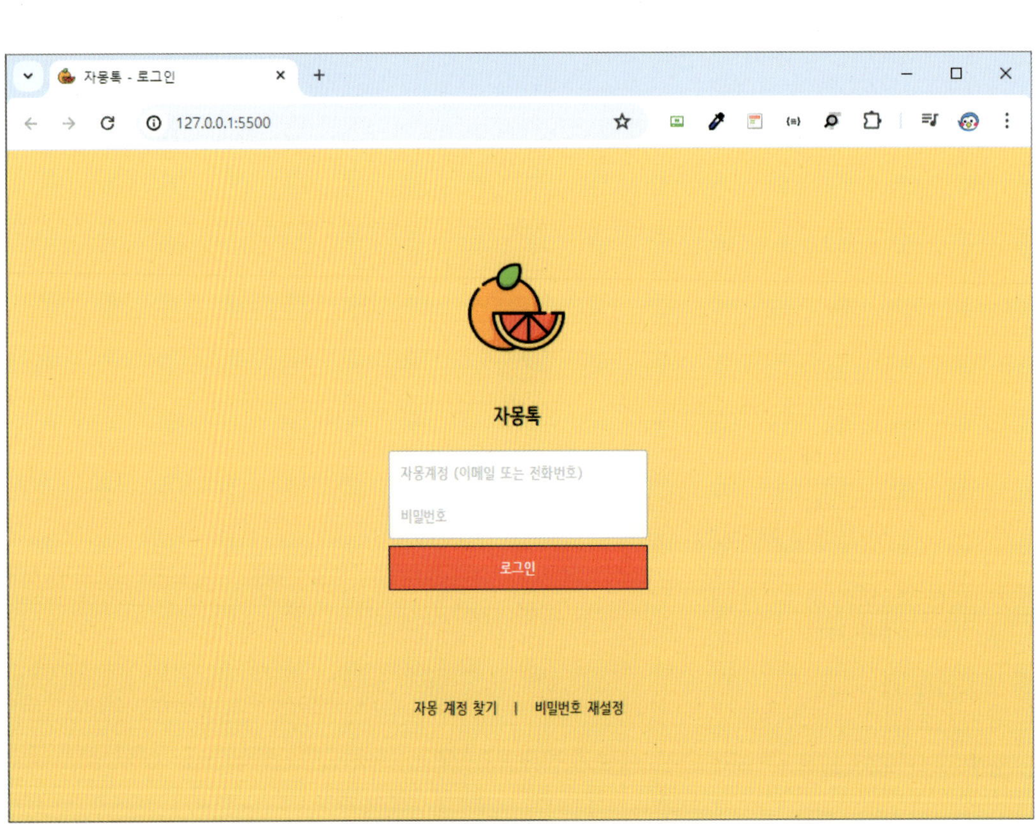

그림 5.9 로그인 페이지 스타일 적용 완료

여기에서 [로그인] 버튼을 누르면 다음 페이지인 '채팅 목록' 화면으로 이동하게 됩니다. 그렇다면 자연스럽게 다음 순서는 채팅 목록을 위한 작업이 되겠죠?

5.3.2 내비게이션 바 만들기

채팅 목록을 위한 작업은 여러 개의 컴포넌트를 따로 만들어 이를 '조립'하는 방식으로 진행하겠습니다. 완성된 채팅 목록 화면은 크게 세 개의 컴포넌트로 이루어져 있는 것을 볼 수 있는데, 내비게이션 바, 헤더 바, 채팅 미리 보기 컴포넌트입니다.

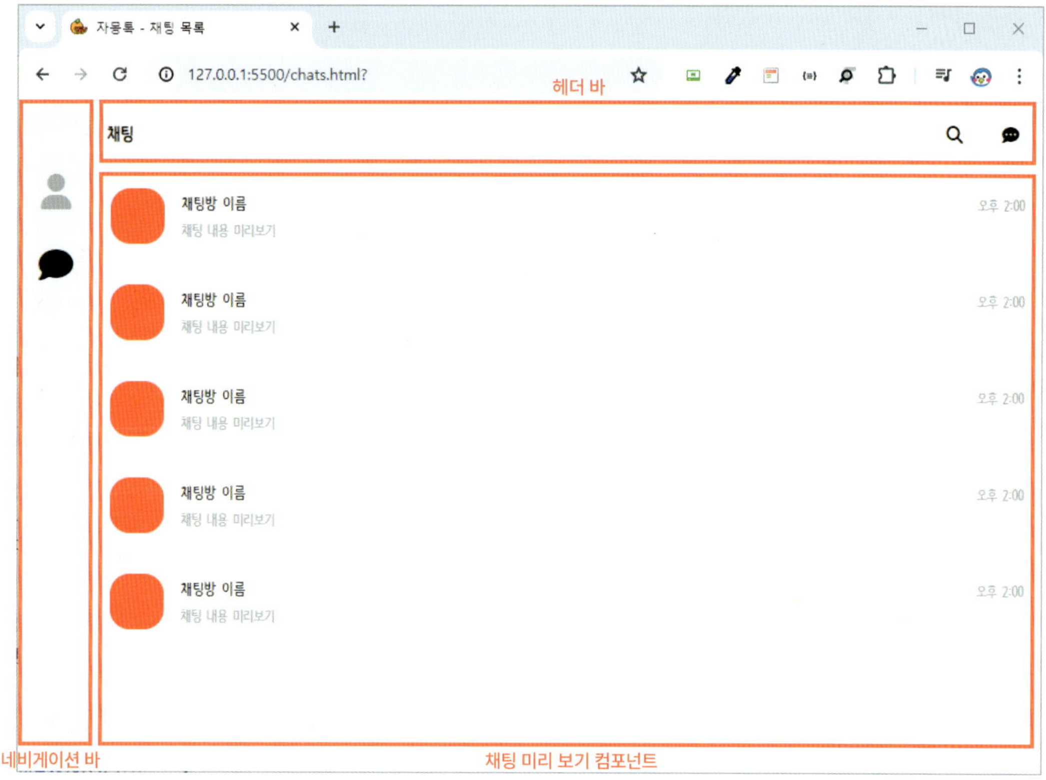

그림 5.10 **채팅 목록 페이지 구성 확인**

이 중 가장 먼저 만들어볼 컴포넌트는 왼쪽 면에 붙어 있는 내비게이션 바입니다. `chas.html` 문서를 열고 태그 작성부터 진행해보겠습니다. 문서 기본 구조는 `index.html`과 동일하니 참고해주세요.

chats.html

```
<!DOCTYPE html>
<html lang="ko">
<head>
  <meta charset="UTF-8">
  <meta http-equiv="X-UA-Compatible" content="IE=edge">
  <meta name="viewport" content="width=device-width, initial-scale=1.0">
  <link href="css/main.css" rel="stylesheet">
```

```
    <link href="img/grapefruit.png" rel="icon">
    <title>자몽톡 - 채팅 목록</title>
</head>
<body>
  <nav class="nav">
    <ul class="nav__list">
      <li class="nav__btn">
        1
      </li>
      <li class="nav__btn active">
        2
      </li>
    </ul>
  </nav>
</body>
</html>
```

내비게이션 바는 HTML5의 시맨틱 태그 <nav>로 만듭니다. 그리고 그 안에는 <ul> 태그를 넣어서 메뉴 하나당 <li> 태그를 하나씩 추가했습니다. 각각의 <li> 태그에는 아이콘을 추가하여 메뉴를 표시할 텐데, 아이콘 추가는 책의 뒷부분에서 다룰 예정이므로 현재는 임시로 숫자를 채워 넣은 상태입니다.

내비게이션 바는 요소의 레이아웃에 중요한 영향을 끼치는 컴포넌트입니다. 따라서 우리는 [scss] 폴더의 하위 폴더인 [layout] 폴더에 _navbar.scss라는 이름의 파일을 만들어두었고, 내비게이션 바에 해당하는 Sass 스타일 코드는 여기에 작성하겠습니다. Sass 정의를 시작하기 전에, 다음 명령어를 입력 및 실행해주세요. 이는 Sass 코드가 수정 및 저장될 때마다 자동으로 컴파일을 수행하는 'Watch mode'를 활성화시키는 명령어입니다. 이를 이용하면 코드를 수정할 때마다 코드를 컴파일할 필요가 없어 편리합니다. Watch mode는 [Ctrl + C]를 눌러 해제할 수 있습니다.

```
> sass --watch scss:css
```

```
PROBLEMS    OUTPUT    DEBUG CONSOLE    TERMINAL    PORTS

PS D:\제이펍_원고\grapefruit-talk> sass --watch scss:css
[2024-06-06 09:48:22] Compiled scss\main.scss to css\main.css.
Sass is watching for changes. Press Ctrl-C to stop.
```

그림 5.11 Watch mode 활성화 명령어 실행 화면

이제 _navbar.scss를 수정하겠습니다. 먼저 내비게이션 바의 전체적인 윤곽을 잡아줍니다.

scss/layout/_navbar.scss

```
.nav__list {
  @include set-box-size(100%, 70px);

  position: fixed;
  top: 0;
  left: 0;
  z-index: 20;
  margin: 0;
  padding: 0;
  background-color: #f1f1f1;
  list-style-type: none;
}
```

내비게이션 바는 화면의 세로 영역을 모두 차지하므로 높이를 100%로 지정해야 합니다. 크기 지정에는 역시 set-box-size 믹스인이 사용되었습니다. 또한 다른 요소의 크기나 배치에 상관없이 화면 왼쪽에 고정되어 있어야 하므로 position: fixed; 스타일을 추가하여 위치를 고정했습니다.

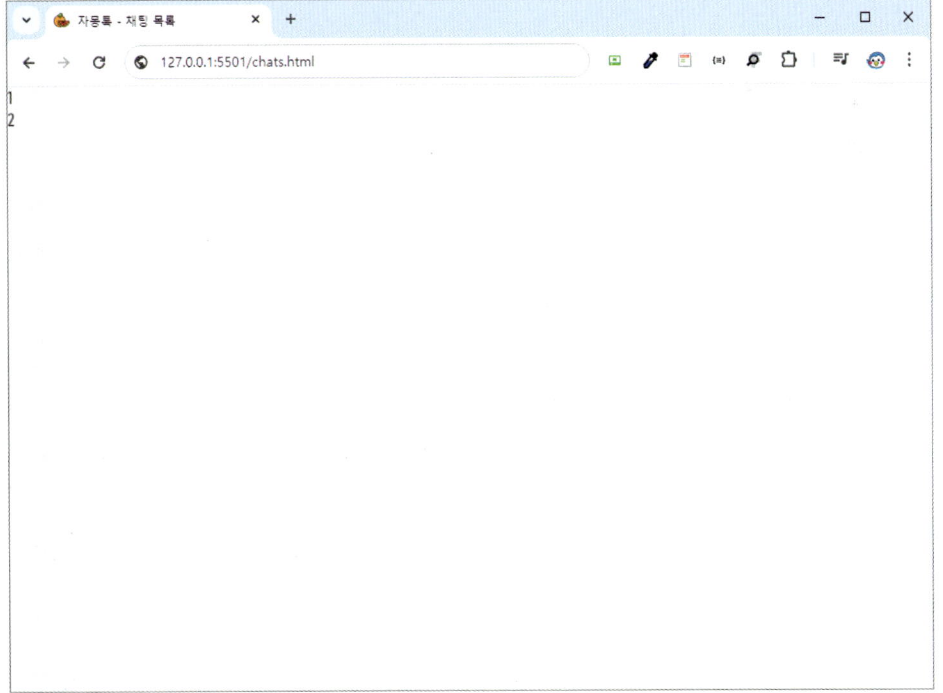

그림 5.12 아이콘 적용 전의 내비게이션 요소

이어서 내비게이션 바 내부 항목들에 대한 스타일을 추가하겠습니다. 태그의 중첩 관계를 고려하여 스타일 또한 중첩 작성합니다. 크기나 색상 등을 수정하는 스타일뿐이므로 내용은 무척 단순한데, 아직 아이콘을 적용하기 전이므로 다소 초라하게 보이는 것이 사실입니다.

scss/layout/_navbar.scss

```
.nav__list {
  @include set-box-size(100%, 70px);

  position: fixed;
  top: 0;
  left: 0;
  z-index: 20;
  margin: 0;
  padding: 0;
  background-color: #f1f1f1;
  list-style-type: none;

  .nav__btn{
    display: block;
    padding: 16px 0;
    color: #aeaeae;
    text-align: center;

    &.active{
      color: #000000;
    }
    &:first-child{
      margin-top: 50px;
    }
  }
}
```

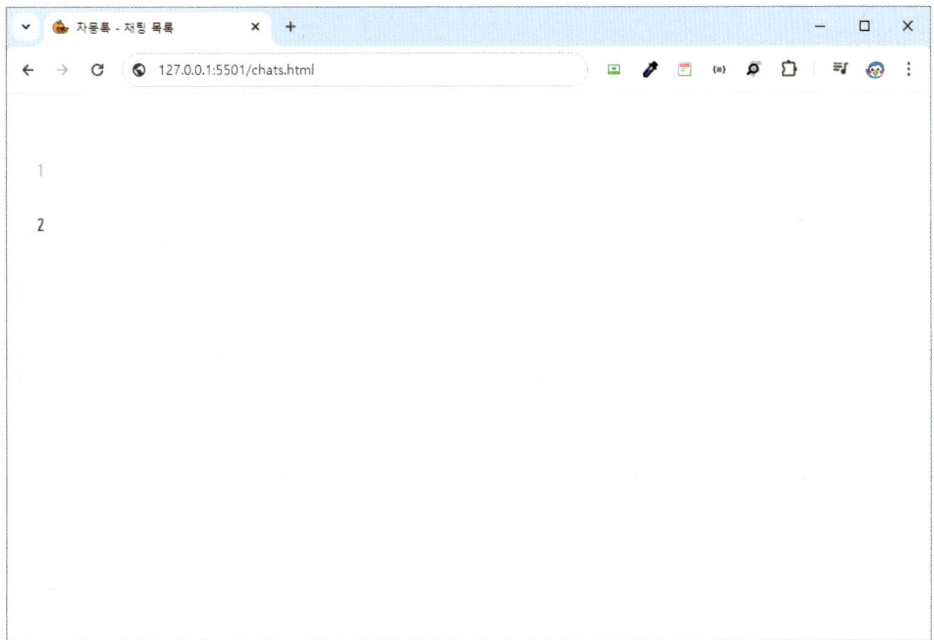

그림 5.13 내비게이션 형태 적용

5.3.3 헤더 바 만들기

chats.html 문서에 헤더 바를 표시하기 위한 태그를 추가하고, _header.scss 문서에 스타일을 정의하겠습니다.

chats.html

```
... (생략) ...
    </ul>
  </nav>

  <div class="chats">
    <header class="header">
      <h3 class="header__title">채팅</h3>
      <div class="header__menu">
        <span></span>
         
        <span></span>
      </div>
    </header>
  </div>
</body>
</html>
```

헤더 바는 내비게이션 바와 마찬가지로 시맨틱 태그를 사용해 표시합니다. <header>는 일반적으로 머리말을 표시할 때 사용하는 태그입니다. 헤더 바 내부에는 비어 있는 <span> 태그가 두 개 있는데, 이는 아이콘이 들어갈 자리를 비워둔 것이므로 지금은 크게 신경 쓰지 않아도 됩니다.

이어서 스타일을 정의하겠습니다. 먼저 헤더 바의 형태를 지정하겠습니다.

scss/layout/_header.scss

```
.header{
  display: flex;
  justify-content: space-between;
  position: sticky;
  top: 0;
  z-index: 10;
  padding: 12px;
  background-color: #ffffff;
  line-height: 36px;

  .header__title{
    margin: 0;
    font-size: 1em;
  }
}
```

`position: sticky;` 속성은 스크롤 이동으로 인해 요소의 위치 이동이 발생한 경우에도 위치를 유지할 수 있도록 하기 위해 사용한 속성입니다. 헤더 바 아래에는 채팅 미리 보기가 여러 개 추가될 예정인데, 채팅 미리 보기가 많아지면 세로 스크롤이 발생할 수 있기 때문에 이와 같은 조치를 취해두었습니다. 또한 헤더 바는 일부 영역이 내비게이션 바와 겹치는데, 겹치는 경우 내비게이션 바가 우선적으로 표시되게 하기 위해서 `z-index` 속성의 값을 내비게이션 바의 `z-index`보다 낮게 설정했습니다.

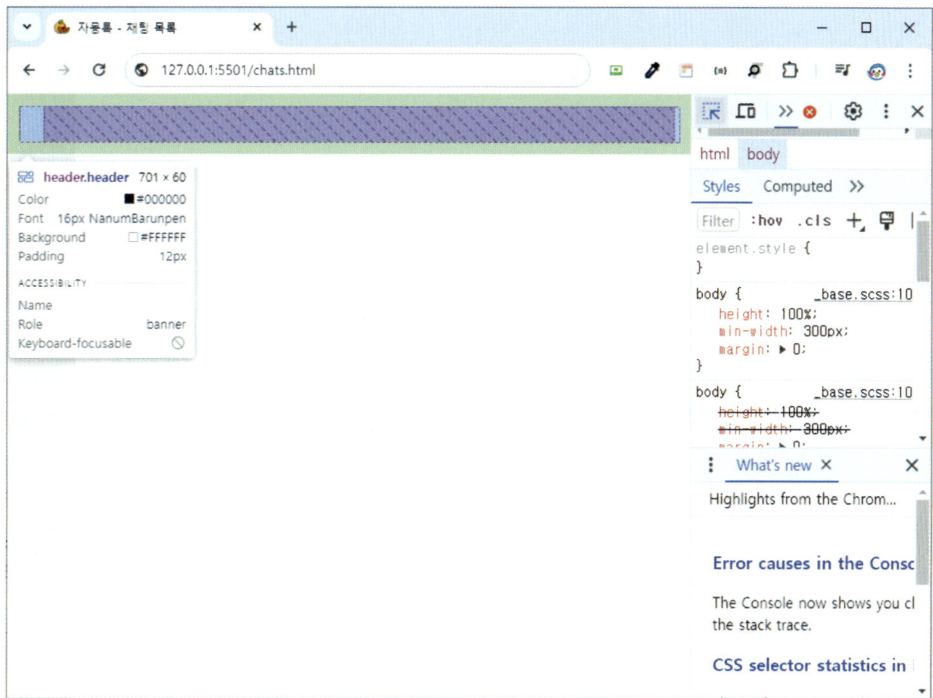

그림 5.14 **헤더 형태 적용**

헤더 바에는 아직 아이콘이나 텍스트나 표시되어 있지 않기 때문에 채팅 미리 보기를 추가하기 전까지는 그다지 눈에 띄지 않습니다. 현재로서는 레이아웃이 잘 잡혀 있는지만 확인하면 되므로, 웹브라우저의 개발자 도구를 열어 확인해보는 것을 추천합니다.

끝으로 아직 추가되지 않은 아이콘에 대한 스타일을 추가하는 것으로 헤더 바 스타일 작업을 마무리하겠습니다.

scss/layout/_header.scss

```
.header{
  display: flex;
  justify-content: space-between;
  position: sticky;
  top: 0;
  z-index: 10;
  padding: 12px;
  background-color: #ffffff;
  line-height: 36px;

  .header__title{
    margin: 0;
```

```
    font-size: 1em;
  }
}

.header__menu{

  span{
    @include set-box-size(36px, 36px, 18px);

    display: inline-block;
    text-align: center;

    &:hover{
      background-color: #eaeaea;
    }
  }
}
```

`<span>` 태그는 인라인 요소인데, 인라인 요소에는 너비와 높이가 적용되지 않으므로 `display: inline-block;` 속성을 추가해 너비와 높이가 적용되도록 했습니다.

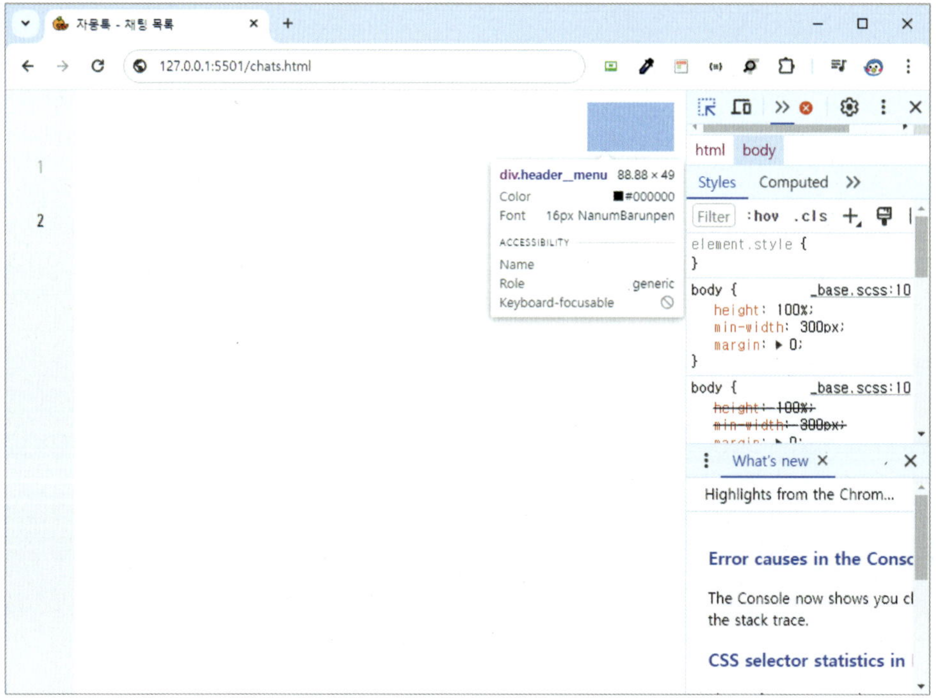

그림 5.15 아이콘 추가를 제외한 스타일 적용이 완료된 헤더 바

5.3.4 채팅 미리 보기 만들기

채팅 목록 화면의 핵심이라고 할 수 있는 채팅 미리 보기 컴포넌트를 만들 차례입니다. 역시나 `chats.html` 문서에 태그를 추가하여 만들어야 합니다. 앞서 헤더에 대한 스타일을 정의할 때 `position: sticky;` 속성을 사용했던 것을 기억하시나요? 이는 헤더 바의 아래에 채팅 미리 보기 컴포넌트를 세로 방향으로 나열하기 위해 미리 적용해둔 스타일이었습니다. 따라서 채팅 미리 보기 컴포넌트에 대한 태그는 헤더와 같은 컨테이너에 포함되어야 합니다.

chats.html

```
... (생략) ...

  <div class="chats">
    <header class="header">
      <h3 class="header__title">채팅</h3>
      <div class="header__menu">
        <span></span>
         
        <span></span>
      </div>
    </header>

    <main class="previews">
      <div class="preview-list">
        <a href="./chat.html">
          <div class="preview">
            <div class="preview__column">
              <div class="preview__pic"></div>
            </div>
            <div class="preview__column">
              <p class="preview__nick">채팅방 이름</p>
              <p class="preview__message">채팅 내용 미리 보기</p>
              <p class="preview__time">오후 2:00</p>
            </div>
          </div>
        </a>
    </main>

  </div>
</body>
</html>
```

채팅 미리 보기는 이 페이지에서 가장 중요한 컴포넌트이므로 시맨틱 태그 `<main>`을 사용했습니다. `<main>` 태그 내부에는 `<a>` 태그가 사용되었습니다. `<a>` 태그 하나가 채팅 미리 보기 하나에 해당하는 태그이며, 이 안에는 채팅 미리 보기를 구성하는 여러 요소가 포함되어 있습니다. 따라서 추후 화면에 표시하고 싶은 채팅 미리 보기의 개수만큼 `<a>` 태그를 복사-붙여넣기만 하면 채팅 미리 보기가 여러 개 추가될 것입니다. 채팅 미리 보기를 `<a>` 태그로 만든 이유는 이를 클릭하면 채팅방 페이지로 이동하게 만들기 위해서입니다. `<a>` 태그의 `href` 속성에는 실제로 채팅방 문서 이름이 쓰여 있습니다.

채팅 미리 보기 내부의 레이아웃을 위한 스타일을 먼저 추가해보겠습니다. 채팅 미리 보기 컴포넌트의 스타일은 [components] 폴더의 `_preview.scss`에 정의합니다.

scss/components/_preview.scss

```
.preview{
  display: flex;
  align-items: center;
  justify-content: flex-start;
  position: relative;
  padding: 16px;
  background-color: #fff;

  .preview__pic{
    @include set-box-size(50px, 50px, 18px);
    height: 50px;
    margin-right: 10px;
    background-color: $main-color;
  }
  .preview__nick{
    margin: 5px;
    font-size: 0.9em;
  }
  .preview__message{
    overflow:hidden;
    width: 50vw;
    margin: 5px;
    font-size: 0.8em;
    color: #aeaeae;
    text-overflow:ellipsis;
    white-space:nowrap;
  }
  .preview__time{
    position: absolute;
    top: 10px;
```

```
    right: 16px;
    font-size: 0.8em;
    color: #aeaeae;
  }
}
```

미리 보기를 위해 표시할 항목은 상대방의 프로필 사진, 닉네임, 채팅 내용, 채팅이 진행된 시간 등입니다. 이를 위해 크기와 색상, 위치 등을 지정하여 미리 보기 컴포넌트를 만들었습니다. 그런데 여기까지 진행하고 페이지를 확인해보면, 내비게이션 바와 채팅 미리 보기가 일부 겹치는 것을 확인할 수 있습니다.

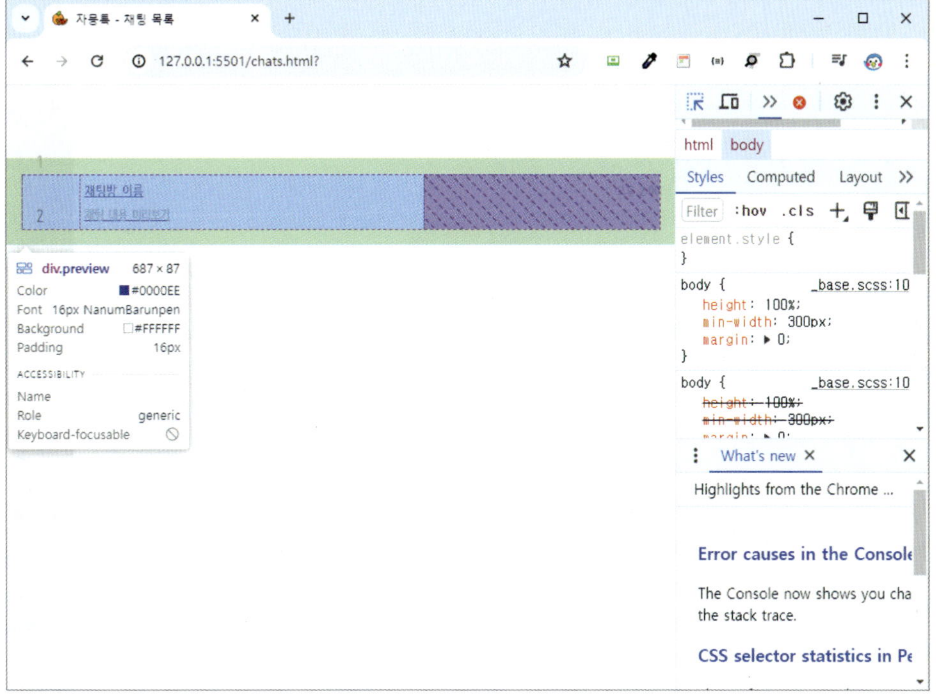

그림 5.16 **채팅 미리 보기 요소 형태 적용**

우리는 이러한 현상을 수정하기 위한 스타일을 정의해야 하는데, 이에 대한 조치는 단지 채팅 목록 페이지에서만 필요한 조치이기 때문에 추가 스타일 정의는 `_preview.scss`가 아닌 `_chats.scss`에 추가하겠습니다. `_chats.scss`는 채팅 목록에서만 사용할 독립적인 스타일을 정의하기 위해 만들어둔 문서입니다.

scss/pages/_chats.scss

```
.chats{
  margin-left: 70px;

  .preview-list{
    a{
      text-decoration: none;
      color: initial;
    }
  }

  .preview{
    &:hover{
      background-color: #f2f2f2;
    }
  }
}
```

`.chats` 선택자에 지정한 `margin-left: 70px;`은 내비게이션과 겹치는 만큼의 여백을 정의한 속성입니다. 또한 `<a>` 태그는 요소 특성상 텍스트에 밑줄이 그어지는데, 이를 제거하기 위해 `text-decoration: none;`을 추가하고 글자 색 또한 `color: initial;`을 이용해 기본값인 검정으로 수정하였습니다. 끝으로 채팅 미리 보기 화면에 마우스 커서를 얹었을 때 배경 색상이 옅은 회색으로 변경되는 포인트 작동을 추가하기 위해 `:hover` 의사 클래스를 사용했습니다.

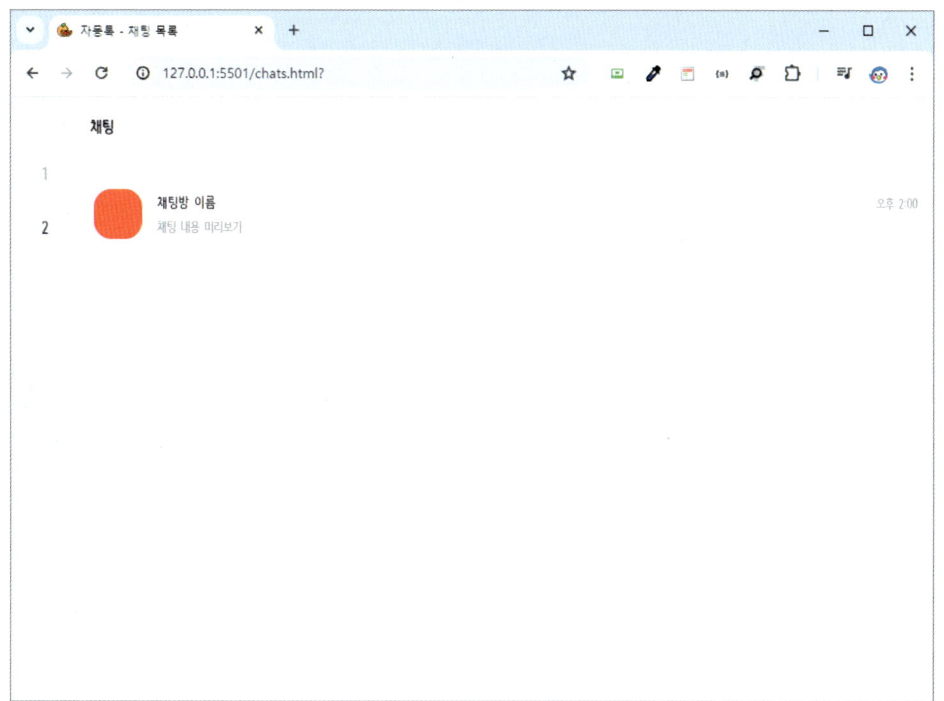

그림 5.17 여백 추가로 배치 완료된 채팅 미리 보기 요소

채팅방 미리 보기는 거의 끝났습니다. '거의'라는 표현을 쓴 이유는, 여러분이 원하는 만큼 채팅 미리 보기를 더 추가할 수 있는 여지가 있기 때문입니다. 채팅 미리 보기 하나를 의미하는 `<a>` 태그를 원하는 만큼 복사-붙여넣기 하여 다음과 같이 풍성한 느낌을 주는 결과물을 만들어보세요. 또한 채팅 미리 보기가 많아지면 스크롤 이동을 해도 헤더 바가 고정된다는 사실을 확인할 수도 있습니다.

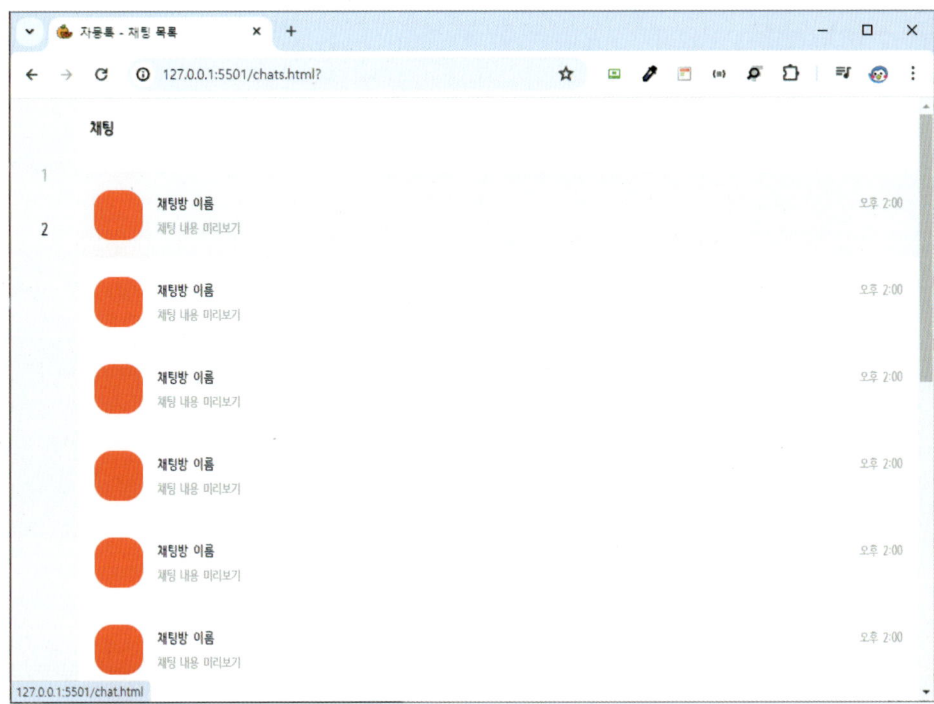

그림 5.18 채팅 미리 보기 요소 추가 및 스크롤 발생 확인

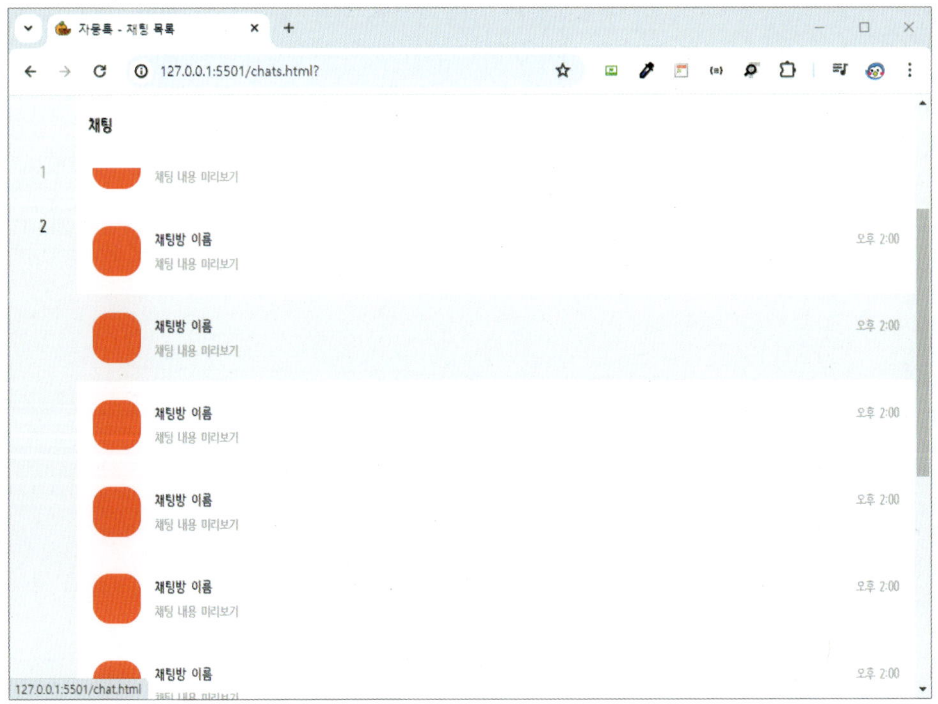

그림 5.19 채팅 목록 페이지 스크롤 다운

채팅 목록 페이지에 대한 작업도 끝이 났습니다. 이제 페이지는 단 하나, 채팅방 페이지만 남았습니다. 그러나 채팅방 페이지 작업을 곧바로 시작하기보다는, 이쯤에서 우리가 미뤄왔던 아이콘 추가 작업을 먼저 처리하는 것이 좋겠습니다.

5.3.5 폰트어썸 사용하기

웹페이지에 아이콘을 적절히 포함시키면 UI가 깔끔해지고, 사용자가 서비스의 의도를 파악하는 데에도 도움이 되기 때문에 UX 향상 효과도 기대할 수 있습니다. 아이콘은 이미지 형식의 일종이므로 파일 형태로 보유한 이미지를 화면에 표시하는 간단한 방법을 사용할 수도 있지만, 아이콘 파일을 일일이 보관하는 것은 은근히 번거로운 일일 수 있습니다. 따라서 자몽톡 프로젝트에서는 직접 파일을 보유하는 방법이 아닌 웹상에 존재하는 아이콘 공유 서비스를 이용하는 방법을 사용해보겠습니다.

우리가 이용할 서비스는 '폰트어썸fontawesome'[3]에서 제공합니다. 폰트어썸은 오픈소스 아이콘을 제공하는 웹사이트로, 폰트어썸 회원이라면 누구나 무료 아이콘을 제공받아 자신의 웹페이지에 표시할 수 있습니다. 웹브라우저를 통해 폰트어썸에 처음 접속하면 다음과 같은 화면이 나오는데, 여기에서 왼쪽 상단의 [Start] 버튼을 누르면 아이콘 무료 이용을 위한 절차를 진행할 수 있습니다.

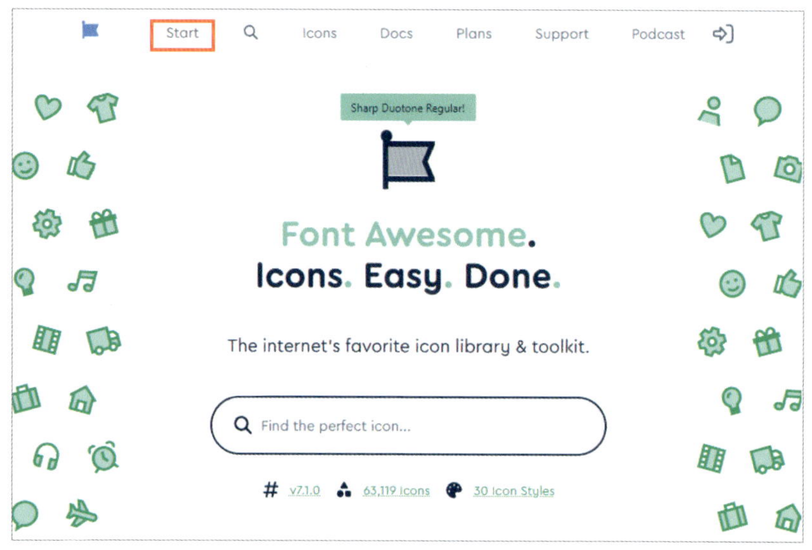

그림 5.20 폰트어썸 메인 페이지

3 https://fontawesome.com/

[Start] 버튼을 누른 직후에는 다음과 같이 이메일 주소를 요구하는 입력 필드가 나타납니다. 여기에 이메일 주소를 적고, 그 아래에 있는 체크박스에 체크 표시해준 다음 [Start for Free] 버튼을 눌러주세요.

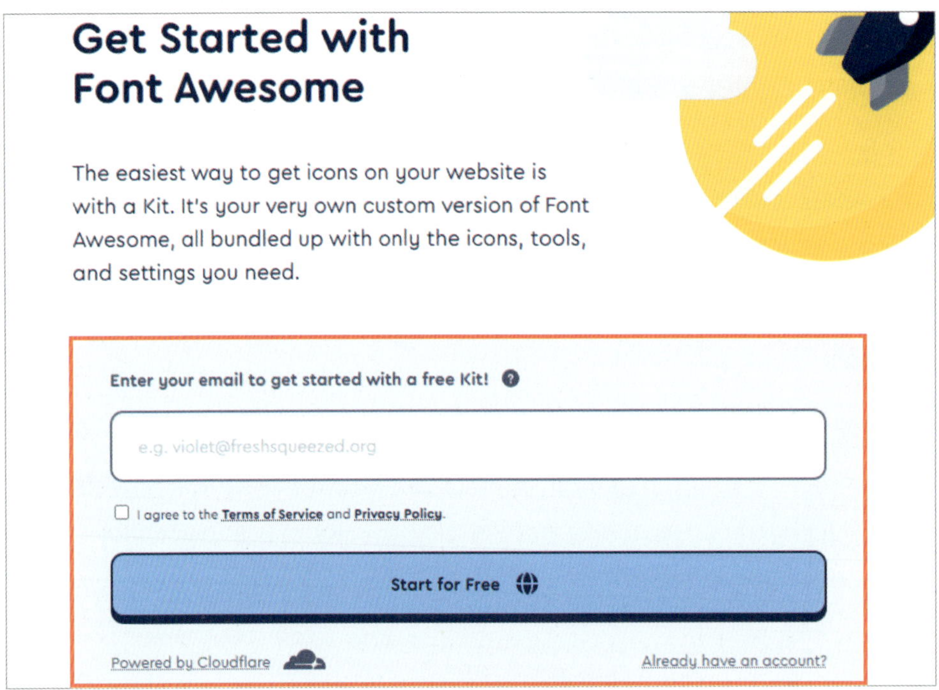

그림 5.21 폰트어썸 이메일 등록 화면

그러면 화면이 전환되면서 이메일로 본인 확인 메일이 전송되는데, 메일함에서 해당 메일을 확인해주세요. 그다음 폰트어썸 비밀번호 설정 및 설문조사[4]가 진행되고, 계정 생성이 완료됩니다.

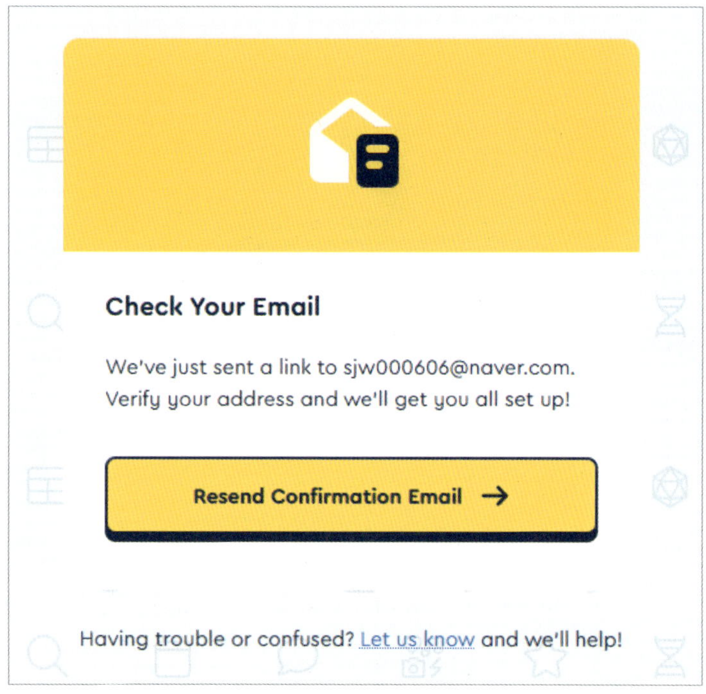

그림 5.22 이메일 인증 요청

4 개인정보가 노출되므로 해당 과정에 대한 이미지 캡처는 책에 포함하지 않았습니다.

계정 생성을 마치면 'Add your first kit'이라는 문구와 함께 [Create Your First Kit]이라는 버튼이 표시되는 것을 볼 수 있습니다. 폰트어썸에서 제공하는 무료 아이콘을 사용하기 위해서는 각 회원에게 제공하는 '킷 코드kit code'가 있어야만 하는데, 이 버튼을 눌러 자신의 킷 코드를 생성할 수 있습니다.

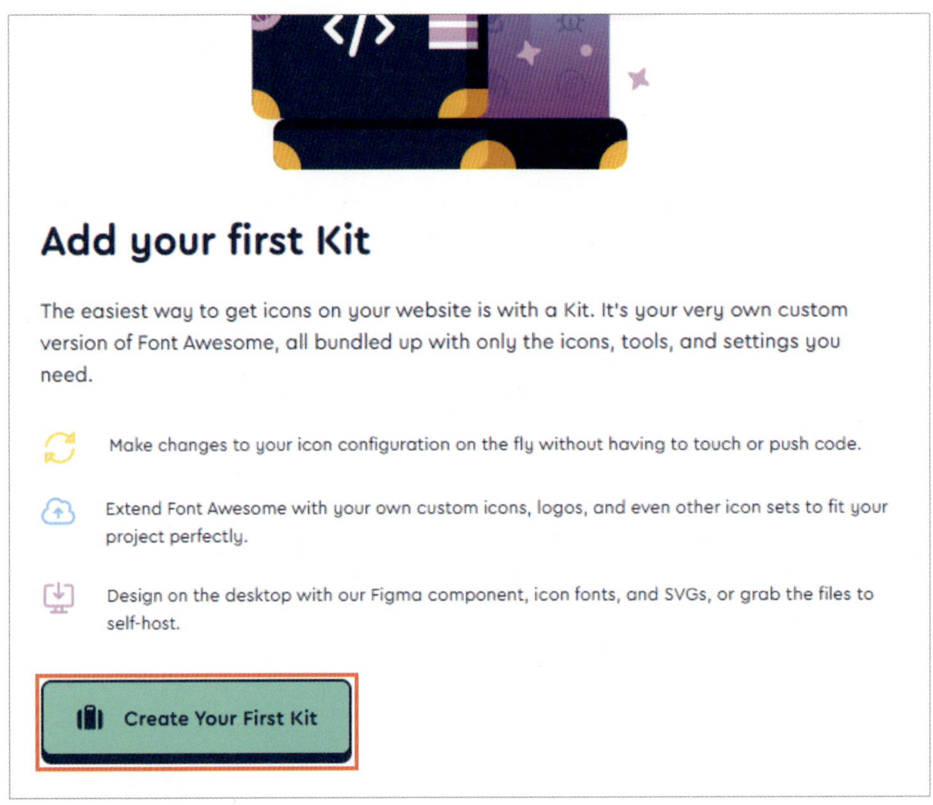

그림 5.23 킷 코드 생성 버튼

[Create Your First Kit] 버튼을 클릭하면 처음에는 'Pick which styles of icons you plan to use in your project…'라는 문구와 함께 아이콘의 스타일을 선택할 수 있는 페이지가 나타납니다. 이때 무료로 이용할 수 있는 [Free Styles] 항목을 선택한 후 하단의 [Next] 버튼을 눌러 다음으로 넘어가주세요.

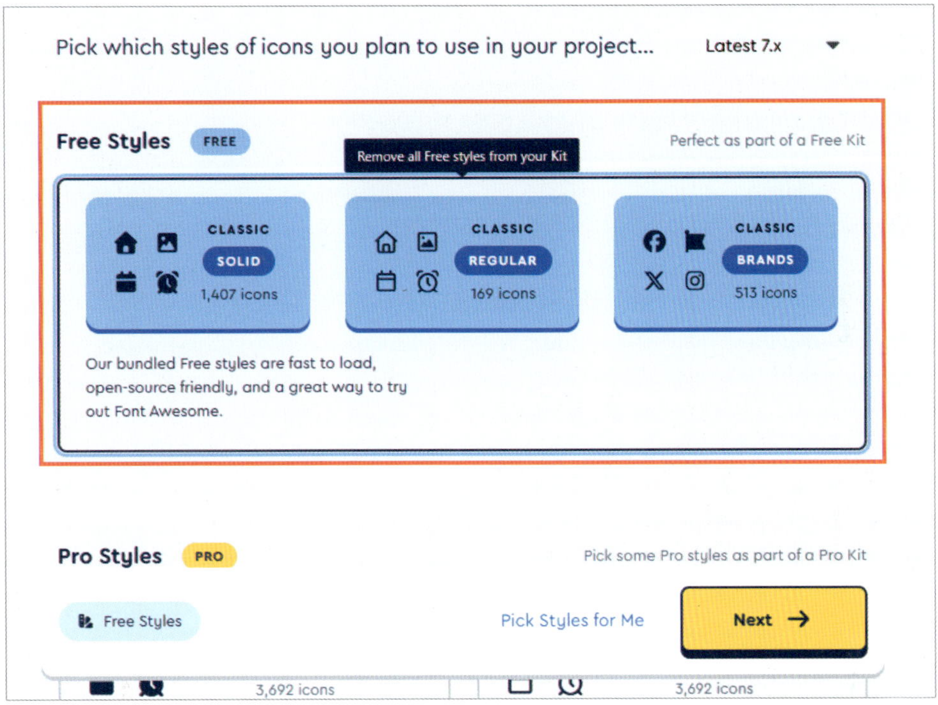

그림 5.24 Free Styles 선택

그 다음 나타나는 화면은 아이콘을 제공받는 방식을 선택하는 화면입니다. 'Choose how you'd like~' 문구가 상단에 표시됩니다. 이때 [Hosted by Us]를 선택한 후 [Next] 버튼을 눌러 다음으로 이동합니다.

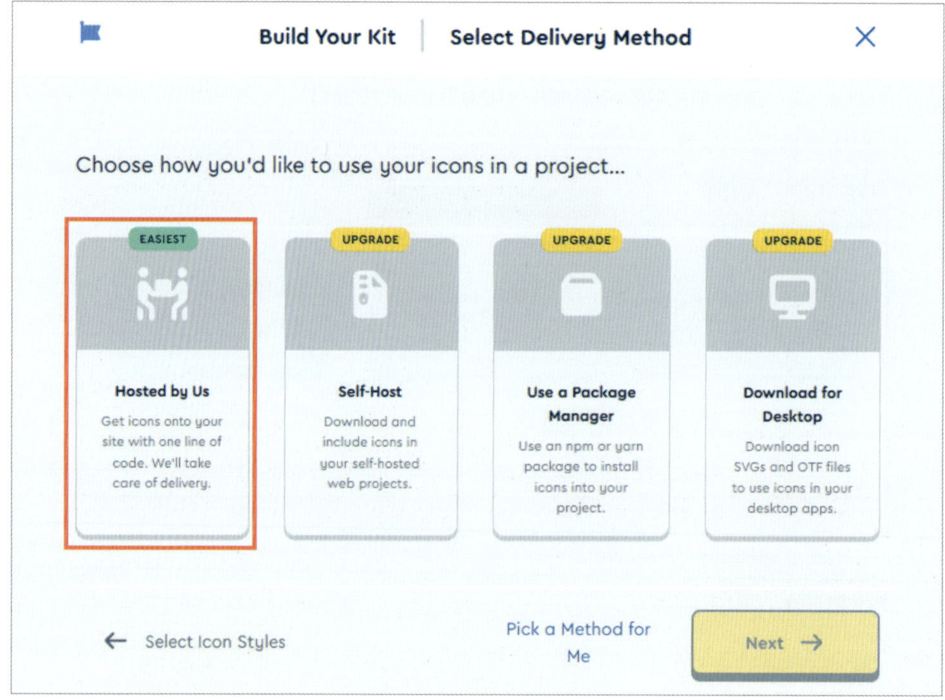

그림 5.25 Hosted by Us 선택

다음 화면은 마지막 단계로, 킷 코드를 커스터마이징하는 단계입니다. [Give It a Good Name] 항목에 원하는 이름을 입력한 다음, 하단의 [Make My Kit] 버튼을 클릭하여 생성을 마무리해주세요. 참고로 [Give It a Good Name] 항목을 비워두어도 킷 코드 생성은 정상적으로 진행됩니다.

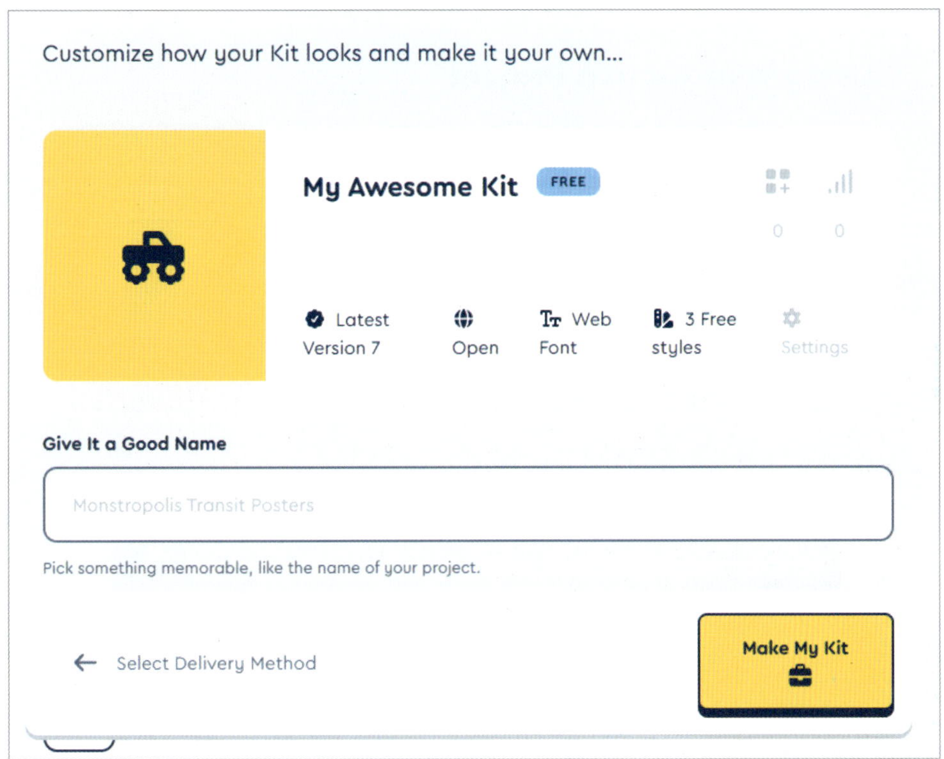

그림 5.26 킷 코드 커스터마이징

킷 코드 생성이 완료되면 다음과 같이 화면에 코드가 표시됩니다. 킷 코드는 단 한 줄의 자바스크립트 코드로, 이를 복사하여 자신의 웹페이지 코드에 있는 태그 내부 가장 마지막 부분에 붙여넣기 하면 아이콘 사용 준비는 끝입니다.

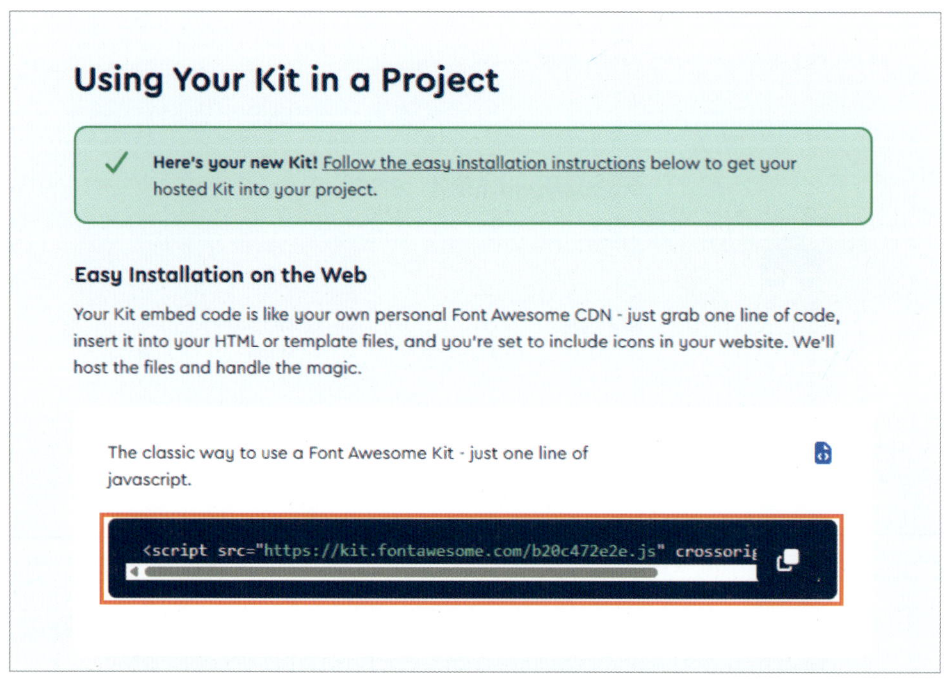

그림 5.27 킷 코드 확인 및 복사

chats.html

```
...생략…
</div>
<script src="https://kit.fontawesome.com/c8e2b99a17.js" crossorigin="anonymous"></script>
</body>
</html>
```

킷 코드는 아이콘을 표시할 모든 페이지에 추가해주어야 하는데, 자몽톡에서는 `chats.html`과 `chat.html`에서 아이콘을 사용할 것이므로 두 페이지에는 꼭 킷 코드를 추가해주세요.

5.3.6 폰트어썸 아이콘 추가하기

이제 아이콘을 표시할 준비가 끝났으니, 실제로 아이콘을 추가해보겠습니다. 폰트어썸 페이지의 상단 메뉴 중 [Icons] 항목을 클릭하면 아이콘 선택 페이지로 이동합니다.

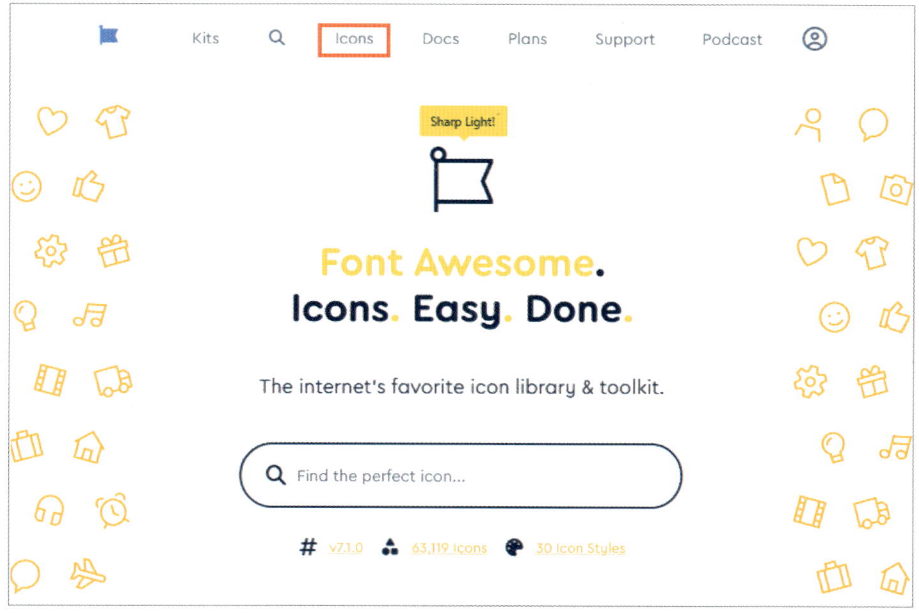

그림 5.28 아이콘 사용을 위한 메뉴 선택

아이콘 선택 페이지에는 검색 필드가 있습니다. 여기에 내가 사용하고자 하는 아이콘과 관련된 키워드를 입력하여 아이콘을 검색합니다. 여기에 'user'라고 입력하여 검색해보겠습니다.

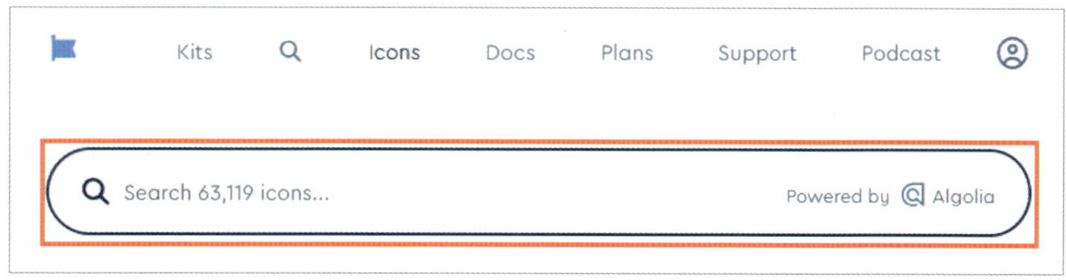

그림 5.29 아이콘 검색하기

검색 결과 여러 개의 아이콘이 나타나는데, 여기에서 'PRO'라고 표시된 것들은 유료 아이콘이고, 그 외 것들은 모두 무료 아이콘입니다. user 아이콘 중 가장 첫 번째 아이콘을 선택해보겠습니다.

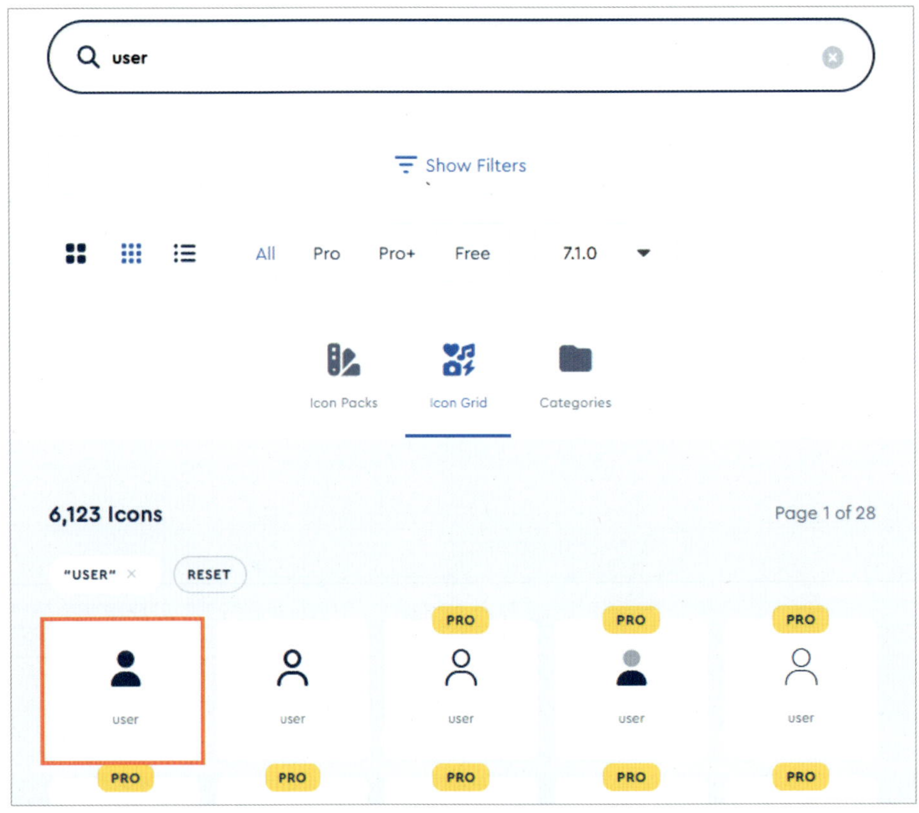

그림 5.30 아이콘 선택하기

그러면 해당 아이콘에 대한 상세 설명이 모달 형태로 나타나는데, 여기에는 이 아이콘을 표시하기 위해 작성해야 할 태그가 쓰여 있습니다. 이를 복사하여 내 페이지에서 아이콘을 표시하고자 하는 위치에 붙여넣기 하면 아이콘 표시가 완료됩니다. 이때 킷 코드가 반드시 미리 준비되어 있어야 한다는 점을 잊지 말아주세요.

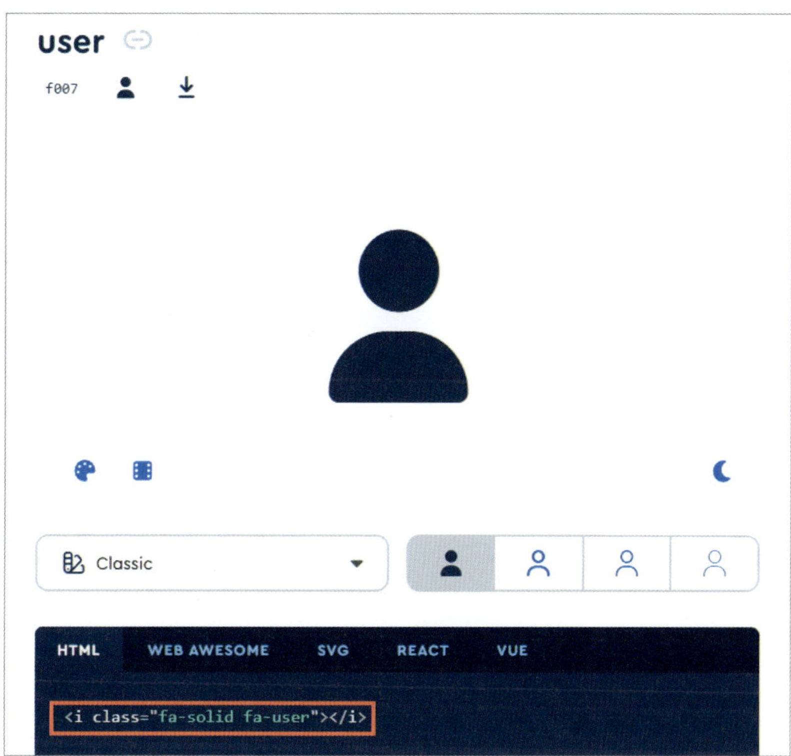

그림 5.31 아이콘 태그 복사하기

지금까지 설명한 내용을 토대로 필자가 미리 찾아둔 아이콘들을 내비게이션 바와 헤더 바에 표시해보겠습니다.

chats.html

```
<!DOCTYPE html>
<html lang="ko">
<head>
  <meta charset="UTF-8">
  <meta http-equiv="X-UA-Compatible" content="IE=edge">
  <meta name="viewport" content="width=device-width, initial-scale=1.0">
  <link href="css/main.css" rel="stylesheet">
  <link href="img/grapefruit.png" rel="icon">
  <title>자몽톡 - 채팅 목록</title>
</head>
<body>
  <nav class="nav">
    <ul class="nav__list">
      <li class="nav__btn">
        <i class="fa fa-user fa-2x"></i>
      </li>
```

```
      <li class="nav__btn active">
        <i class="fa fa-comment fa-2x"></i>
      </li>
    </ul>
  </nav>

  <div class="chats">
    <header class="header">
      <h3 class="header__title">채팅</h3>
      <div class="header__menu">
        <span><i class="fa fa-search"></i></span>
         
        <span><i class="fa fa-comment-dots"></i></span>
      </div>
    </header>

... 생략...
```

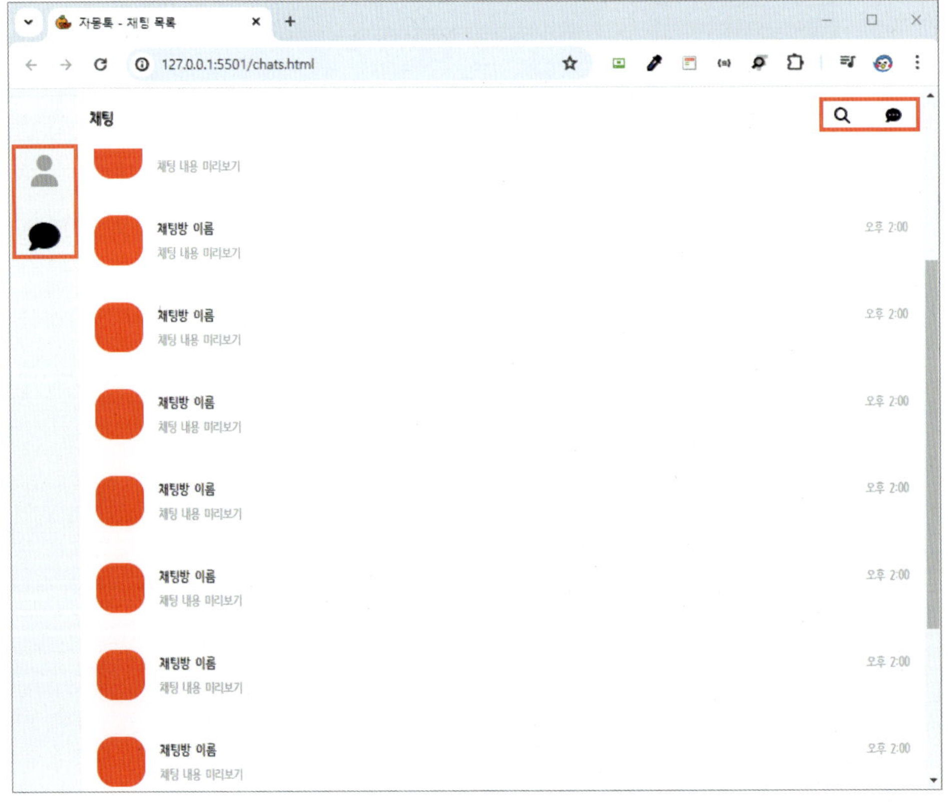

그림 5.32 아이콘 적용이 완료된 채팅 목록 페이지

코드에 추가된 아이콘 중 `<i class="fas fa-user fa-2x"></i>`와 `<i class="fas fa-comment fa-2x"></i>`에 표시된 `fa-2x`는 아이콘의 크기를 기본 사이즈보다 2배 확대한다는 의미의 클래스입니다. 이 두 아이콘은 내비게이션 바에 추가된 아이콘들로, 헤더 바의 아이콘들보다 두 배 정도 더 큰 것을 확인할 수 있습니다.

이제 채팅 목록은 정말로 끝이 났습니다. 이제 마지막 남은 하나의 페이지, 채팅방 페이지만 남아 있습니다. 고지가 머지않았으니, 조금만 더 힘을 내주세요.

5.3.7 채팅 추가하기

채팅방을 담당하는 `chat.html` 문서에서도 가장 먼저 해야 할 일은 역시나 태그를 작성하는 작업입니다. 태그는 크게 두 개 영역으로 나누어서 작성할 텐데, 하나는 채팅 내용이 말풍선 형태로 표시되는 영역이고 또 하나는 채팅을 입력하는 입력 폼에 해당하는 영역입니다. 이 중에서 채팅 내용이 표시되는 영역에 대한 작업을 먼저 완료하고, 그다음 입력 폼 영역을 진행하도록 하겠습니다.

`chat.html` 문서를 열고 다음과 같이 태그를 작성해주세요. 채팅방에는 아이콘이 포함될 것이므로 미리 폰트어썸의 킷 코드를 복사해두는 것이 좋습니다.

chat.html

```
<!DOCTYPE html>
<html lang="en">
<head>
  <meta charset="UTF-8">
  <meta http-equiv="X-UA-Compatible" content="IE=edge">
  <meta name="viewport" content="width=device-width, initial-scale=1.0">
  <link href="css/main.css" rel="stylesheet">
  <link href="img/grapefruit.png" rel="icon">
  <title>자몽톡 - 채팅</title>
</head>
<body>

  <div class="chat">

    <main class="chat-screen">
      <section class="chat-screen__bar">
        <div class="preview">
          <div class="preview__column">
            <div class="preview__pic"></div>
          </div>
          <div class="preview__column">
```

```
          <p class="preview__nick">친구</p>
          <p class="preview__message">
            <i class="fas fa-user"></i> 2
          </p>
        </div>
      </div>
    </section>
    <ul class="chat-screen__bubbles">
      <li class="bubble">여기에는 채팅 내용이 들어갑니다</li>
    </ul>
  </main>

</div>

<script src="https://kit.fontawesome.com/c8e2b99a17.js" crossorigin="anonymous"></script>
</body>
</html>
```

`<div class="chat">` 태그는 채팅방에 포함될 요소 전체를 감싸는 컨테이너 태그입니다. 현재 코드에는 채팅 입력 폼을 제외한 나머지 요소를 위한 태그가 모두 작성되어 있는 상태입니다. 그중에서도 목록을 의미하는 `<ul class="chat-screen__bubbles">` 태그가 바로 채팅이 표시되는 말풍선을 모두 감싸기 위해 사용한 태그입니다. 그 안에 있는 `<li class="bubble">` 태그가 말풍선 하나를 담당하는 태그이며, 이 태그의 개수가 곧 말풍선의 개수가 됩니다.

또한 `<ul class="chat-screen__bubbles">` 태그 위에 작성된 태그들은 채팅방에 표시될 '채팅방 상단 바'을 나타내기 위해 작성된 태그입니다. 이 태그는 어째서인지 낯이 익은데, `chats.html`의 코드를 작성하면서 채팅 미리 보기를 만들기 위해 작성했던 태그를 거의 그대로 사용했기 때문입니다. 따라서 웹브라우저를 열어 `chat.html`을 확인해보면 채팅방 상단 바에 대한 스타일은 거의 완성된 상태임을 확인할 수 있습니다.

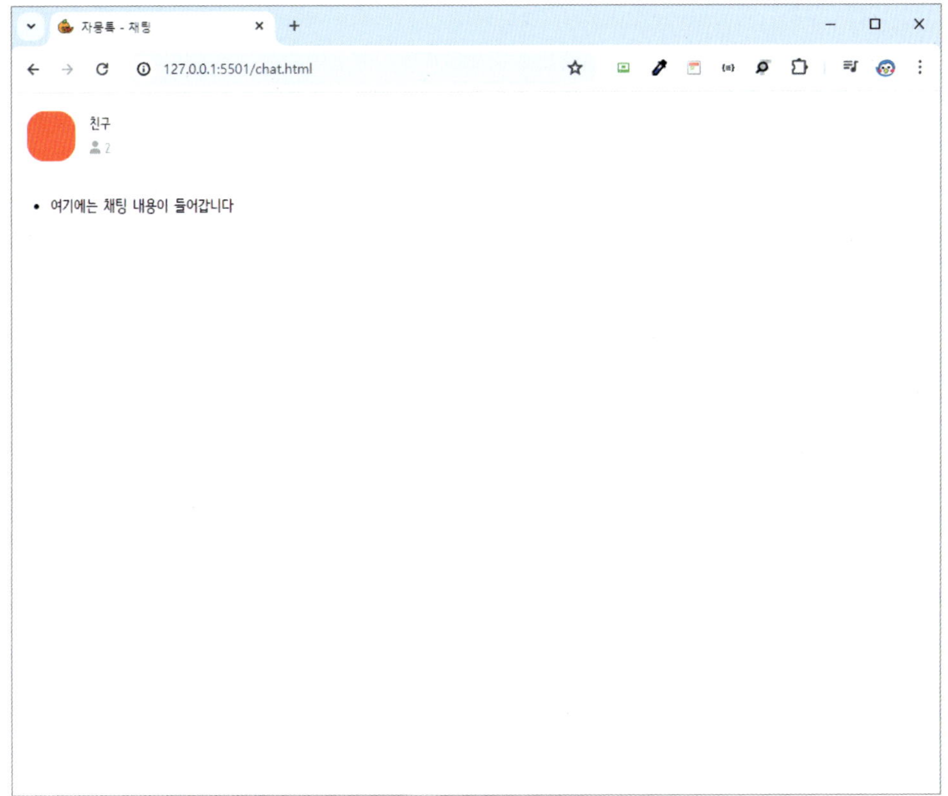

그림 5.33 **채팅방 상단 바 재사용 및 내용 요소 추가하기**

입력 폼을 위한 작업은 나중에 진행하기로 했으니, 태그는 여기까지 작성하고 이어서 채팅방에 쓰일 스타일을 작성해보겠습니다. 먼저 `_chat.scss` 문서를 열고 채팅방에 들어갈 기본 스타일을 작성하겠습니다.

scss/pages/_chat.scss

```
.chat{
  @include set-box-size(100%, 100%);

  background-color: $main-color;

  .chat-screen{
    overflow: auto;
    height: calc(100% - 160px);

    .chat-screen__bar{
      position: sticky;
      top: 0;
```

```
      z-index: 10;
    }
    .chat-screen__bubbles{
      padding: 0;
      list-style-type: none;
    }
  }
}
```

이번에도 지금까지 Sass 코드를 작성해온 패턴과 유사하게 태그의 중첩을 고려한 스타일 그룹의 중첩을 실시하였습니다. 믹스인 `set-box-size`에 인수를 `100%, 100%`으로 전달한 것은 채팅방 화면이 스크린에 꽉 차게 만들기 위해서였으며, 채팅방의 배경색으로는 변수 `$main-color`를 지정하였습니다. 그다음 `.chat-screen` 요소에는 `height: calc(100% - 160px);`가 지정되어 있는데, 여기에서 160px은 채팅 입력 폼의 크기입니다. 이를 통해 현재 코드에는 채팅 입력 폼을 제외한 나머지에 대한 스타일만이 작성된 상태임을 알 수 있습니다. 또한 채팅방에는 말풍선 형태의 채팅을 여러 개 포함할 수 있는데, 그럴 때도 채팅방 상단 바의 위치는 고정되어야 하므로 다시 한번 `position: sticky;` 스타일이 사용되었습니다. 이는 스크롤 이동이 발생하더라도 요소가 고정됨을 의미하는 스타일입니다. 다음 그림은 여기까지 코드를 작성했을 때의 채팅방 화면[5]인데, 말풍선과 입력 폼을 제외한 나머지 부분이 거의 다 완성된 것을 볼 수 있습니다.

5 Sass 코드를 컴파일해야 스타일이 적용된다는 사실을 잊지 마세요!

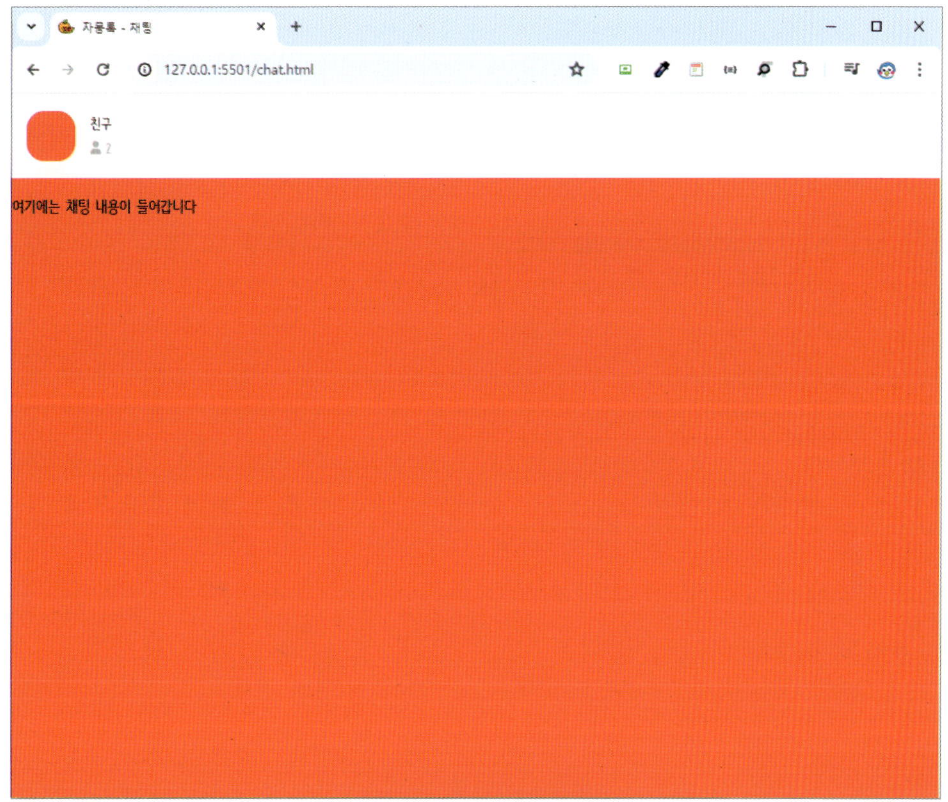

그림 5.34 채팅방 배경 적용하기

다음은 채팅방의 주인공이라고 해도 과언이 아닌 채팅 내용에 대한 스타일을 정의할 차례입니다. 이미 알고 있는 대로, 채팅 내용은 말풍선 형태로 표시할 것입니다. 이는 하나의 독립적인 컴포넌트로 구분할 수 있으므로 [components] 폴더에 있는 `_bubble.scss` 파일에서 스타일 작성을 진행해주세요.

scss/components/_bubble.scss

```
.bubble{
  @include set-box-size(50px, 280px, 8px);

  position: relative;
  left: 20px;
  margin-bottom: 10px;
  padding: 10px;
  background-color: $bg-color;
  line-height: 30px;
  cursor: pointer;
```

```
  &:after{
    @include set-box-size(0, 0);

    content: "";
    position: absolute;
    top: 10px;
    left: -10px;
    border-bottom: 16px solid transparent;
    border-right: 16px solid $bg-color;
  }
}
```

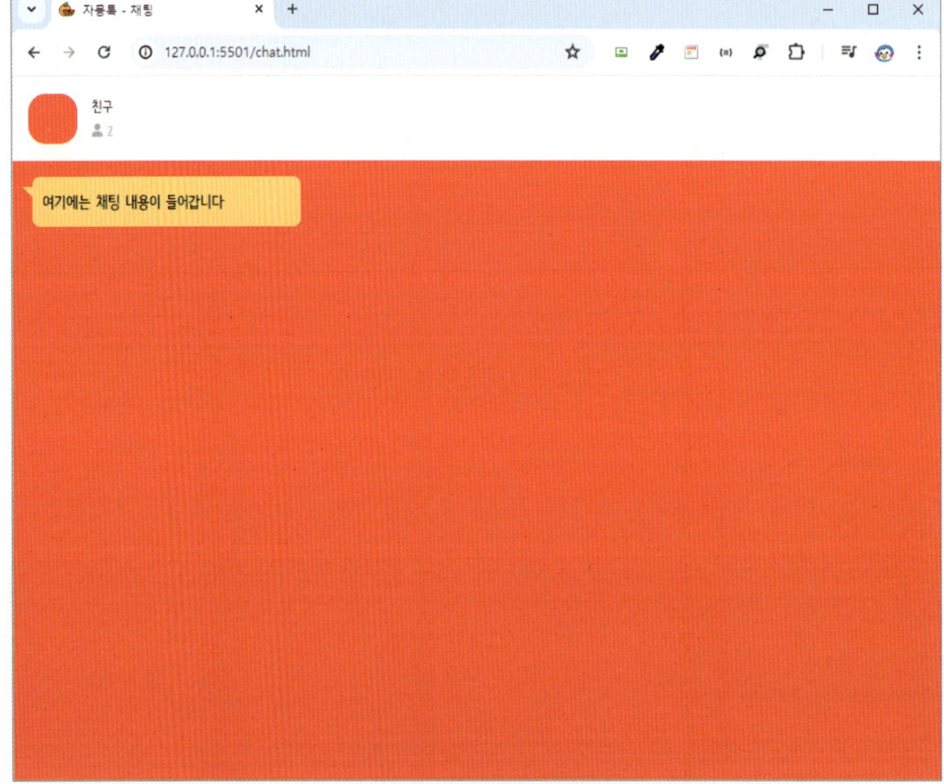

그림 5.35 채팅 스타일 적용

말풍선을 담당하는 `.bubble`(태그는 `<li class="bubble">`) 요소에 대해 노란색 박스 형태의 스타일을 추가한 다음, 의사 요소 `::after`를 이용해 추가로 스타일 그룹을 만들었습니다. `::after` 스타일 그룹은 말풍선에 꼬리 부분을 만들기 위해 추가한 것입니다. 의사 요소의 상하좌우 네 면 중 일부에만 테두리를 그려주어 마치 삼각형인 것처럼 보이게 하는 스타일을 정의해둔 것입니다.

상단 바와 말풍선에 대한 스타일이 완성되었으니, 이제 `chat.html` 문서에 `<li class="bubble">` 태그를 원하는 만큼 추가하여 다량의 말풍선을 표시할 수 있습니다. 그림 5.34는 말풍선이 여러 개 추가되었을 때의 화면인데, 스크롤 이동 시에도 상단 바가 고정되어 있고, 입력 폼이 표시될 영역 또한 비어 있는 것을 확인할 수 있습니다.

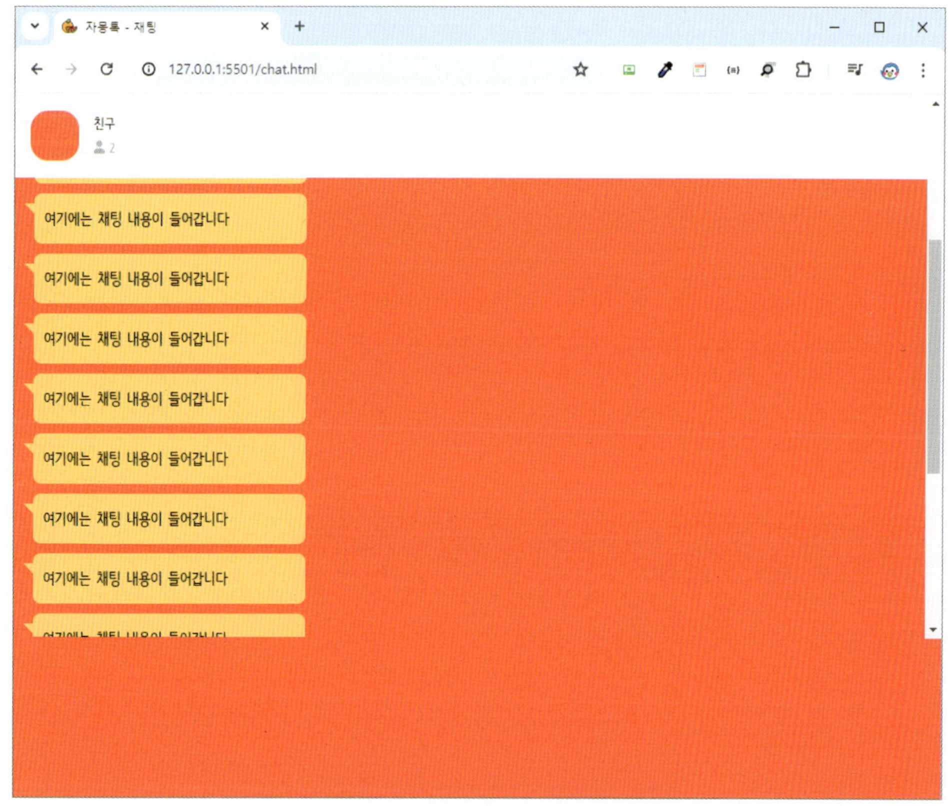

그림 5.36 **채팅 요소 재사용 및 스크롤 발생 확인**

5.3.8 채팅 입력 폼 추가하기

이제 마지막 작업만이 남았습니다. 채팅방 하단에 표시될 채팅 입력 폼을 위한 작업을 시작하겠습니다. `chat.html`에는 이미 태그가 어느 정도 작성되어 있는 상태인데, `<div class="chat">` 태그 내부의 `<main class="chat-screen">` 아래 부분에 태그를 이어 작성합니다.

chat.html

```
... 생략 ...
    <ul class="chat-screen__bubbles">
```

```
        <li class="bubble">여기에는 채팅 내용이 들어갑니다</li>
      </ul>
    </main>

    <form class="chat-form" action="./chats.html">
      <div class="chat-form__plugin">
        <i class="far fa-smile chat-form__icon"></i>
        <i class="fas fa-paperclip chat-form__icon"></i>
        <i class="far fa-calendar-check chat-form__icon"></i>
      </div>
      <div class="chat-form__field">
        <textarea class="chat-form__msg"></textarea>
        <input class="chat-form__bt" type="submit" value="전송">
      </div>
    </form>

  </div>

  <script src="https://kit.fontawesome.com/c8e2b99a17.js" crossorigin="anonymous"></script>
</body>
</html>
```

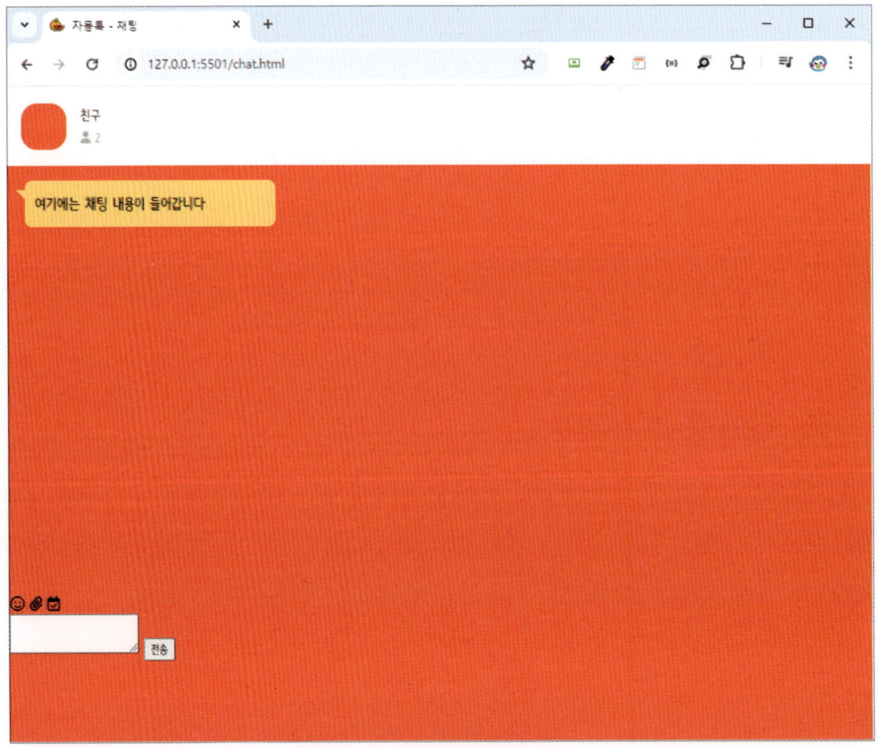

그림 5.37 채팅방 입력 폼 추가

입력 폼이 허전해 보이지 않도록 폰트어썸 아이콘을 폼 상단에 다수 표시했습니다. 실제 입력 폼의 입력 필드는 `<div class="chat-form__field">` 태그에 추가되어 있는데, 텍스트 영역(`<textarea>`)과 버튼(`<button>`)이 하나씩 있습니다. 한 가지 특이한 점은 `<form>` 태그의 `action` 속성입니다. 우리의 자몽톡은 실제 서버가 존재하지 않는 웹페이지 실습용 프로젝트이기 때문에, 폼에서 제출 이벤트가 발생하더라도 별다른 작동 없이 채팅 목록으로의 이동만 이루어지도록 `action` 속성에 `chats.html`을 적어두었습니다.

이제 대망의 마지막 스타일 그룹만이 남았습니다. 입력 폼은 별도의 컴포넌트로 구분해서 스타일을 작성해도 되겠지만, 다른 페이지에서 재사용할 여지는 거의 없으므로 `_chat.scss` 문서의 기존 코드에 이어서 코드를 작성하도록 하겠습니다.

scss/pages/_chat.scss

```
... 생략 ...

.chat-form{
  height: 160px;
  background-color: #ffffff;

  .chat-form__plugin{
    height: 40px;
    background-color: #f2f2f2;

    .chat-form__icon{
      line-height: 40px !important;
      margin: 0 0 0 15px;
    }
  }
}
.chat-form__field{
  height: 120px;
  display: flex;
  justify-content: space-around;
  align-items: center;
  font-size: 1em;

  .chat-form__msg{
    @include set-box-size(100px, calc(100% - 120px));

    padding: 10px;
    border: none;
    resize: none;
```

```
    &:focus{
      outline: none;
    }
  }
  .chat-form__bt{
    @include set-box-size(100px, 100px, 8px);

    background-color: $main-color;

    &:active{
      background-color: $active-color;
    }
  }
}
```

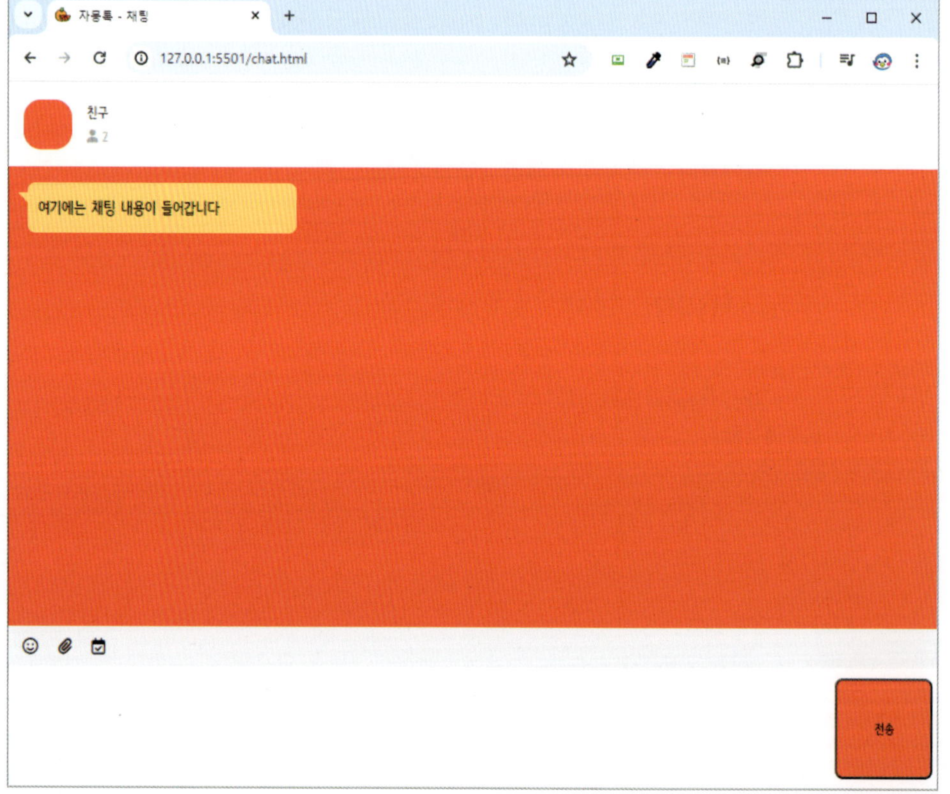

그림 5.38 채팅방 입력 폼 스타일 적용

드디어 끝이 났습니다. 세 개의 아이콘과 입력 필드가 가지런히 정돈된 입력 폼이 완성되었습니다. 이로써 우리는 '자몽톡'이라는 이름의 웹사이트를 완성했고, 이를 완성하는 과정 속에서 다양한 형태의 Sass 코드를 작성해보았습니다.

CHAPTER 6

더덕마켓 클론 코딩

이 장은 다음과 같은 내용을 다룹니다.

- Sass를 이용해 웹페이지를 만드는 절차와 방법을 학습합니다.
- 반응형 웹 개발을 위한 향상된 레이아웃 기술과 미디어 쿼리 기술을 적용해봅니다.

이 책의 마지막 장입니다. 이 장에서는 최신 레이아웃 기술과 미디어 쿼리 등이 적용된 '아르바이트 구인 서비스' 페이지를 만들어볼 것입니다. 이전 장의 '자몽톡'과 마찬가지로 컴포넌트 기반 스타일 개발을 진행하여 적은 양의 코드로 긴 스크롤의 페이지를 만드는 작업을 진행합니다. 마지막 프로젝트를 통해 Sass 사용에 대한 자신감을 한층 향상시키고, 책에서 배운 내용을 자신의 것으로 만드는 시간을 가져보기 바랍니다.

6.1 아르바이트 구인 서비스 페이지 만들기

이번에도 실습에 앞서 완성된 페이지의 모습을 미리 살펴보겠습니다. 지금까지 책을 통해 쌓아온 경험을 토대로 페이지를 구성한 컴포넌트를 쪼개어보는 연습을 해보세요. 여러 개의 페이지로 구성되었던 '자몽톡'과 달리, 아르바이트 구인 서비스 페이지는 세로 길이가 긴 하나의 페이지만 만들어볼 것입니다.

페이지의 가장 윗부분에는 메뉴 항목을 제공하는 '내비게이션 바'와 페이지를 소개하는 섹션이 있습니다. 실습에서 내비게이션 바는 실제 기능을 수행하지 않습니다. 내비게이션 바에는 '더덕마켓'이라는 서비스의 이름이 소개되고 있는데, 실제 사람들이 많이 사용하는 애플리케이션의 이름을 본 따 만든 가상의 서비스 이름입니다.

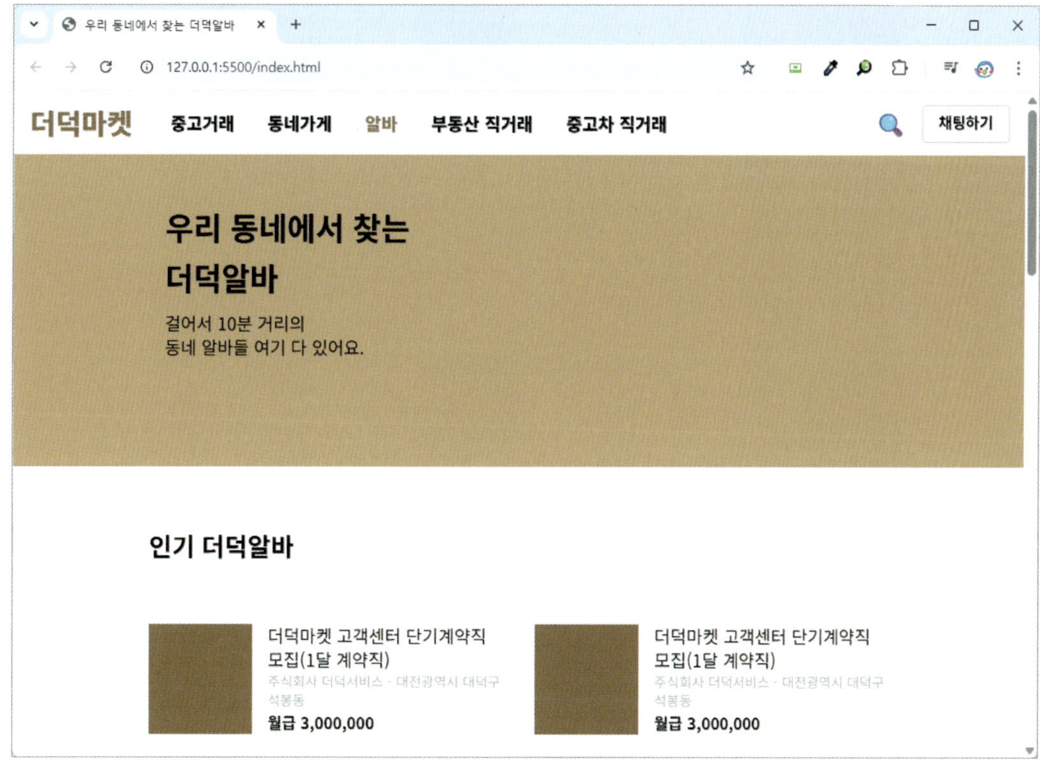

그림 6.1 더덕마켓 완성 화면 미리 보기

여기에서 스크롤을 조금 내려보면, 아르바이트 구인공고를 표시하는 섹션이 여러 개 나열된 것을 볼 수 있습니다. 섹션만 지나치게 많이 반복되면 자칫 지루한 느낌을 줄 수 있기 때문에 중간중간 광고 배너를 삽입하여 구색을 갖췄습니다.

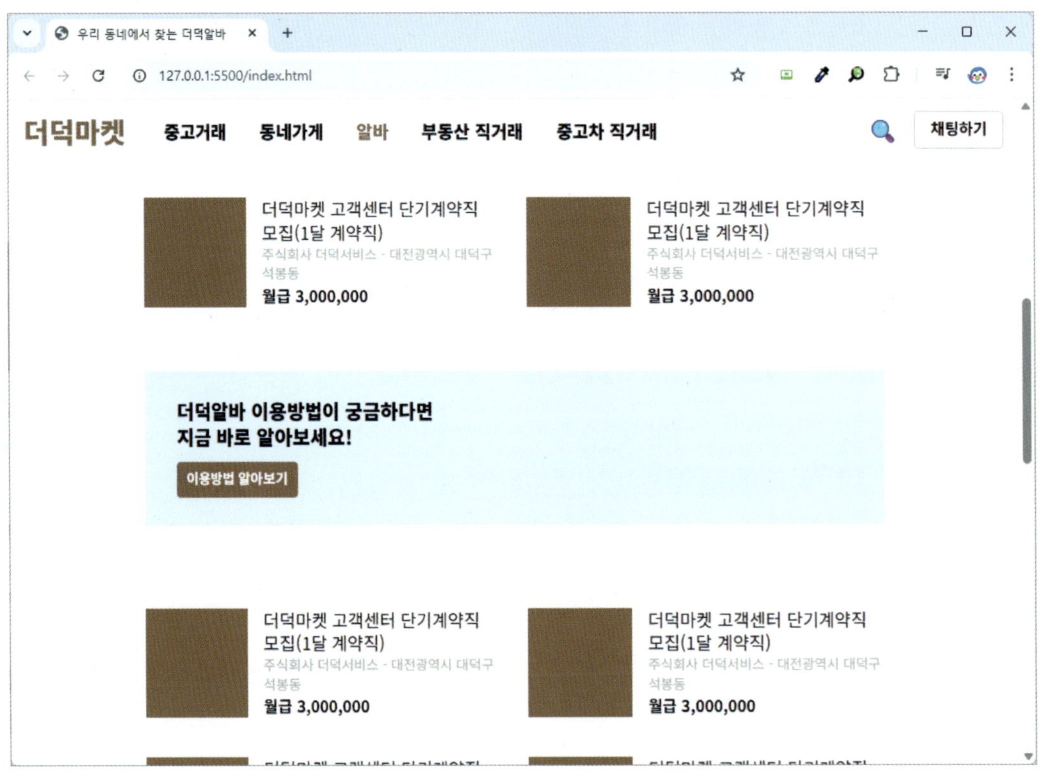

그림 6.2 더덕마켓 구인공고 섹션 미리 보기

스크롤을 더 내려 하단으로 이동하면 페이지의 푸터footer가 보입니다. 푸터에는 서비스가 제공하는 다른 항목이나 모바일 서비스에 대한 안내, 제작자 정보 등 서비스에 대한 각종 정보가 표시됩니다.

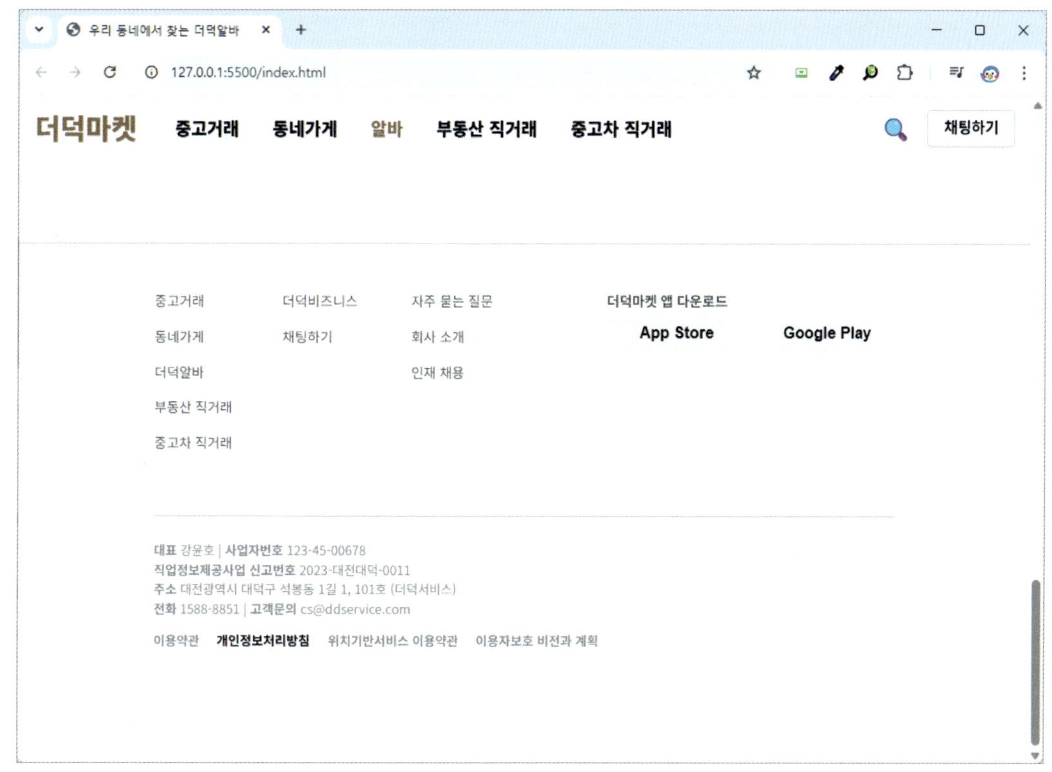

그림 6.3 더덕마켓 푸터 미리 보기

자몽톡에 비해 페이지는 적지만, 페이지를 구성하는 요소가 다양하고 또 우리가 평소 이용하는 웹페이지의 전반적인 형태와 유사한 인상을 주는 페이지이므로 좋은 연습이 될 것입니다.

6.2 프로젝트 구조 만들기

프로젝트 폴더를 구성하는 작업을 진행하겠습니다. 해당 실습의 프로젝트 폴더는 자몽톡의 프로젝트 구조와 유사하면서도 좀 더 단순한 구조입니다.

6.2.1 프로젝트 폴더 생성

프로젝트를 위한 새 폴더를 만든 다음 이름을 'market-page'로 변경합니다. 그다음 그림 6.4와 같이 파일 및 폴더를 생성해주세요. [scss] 폴더 내부의 기본적인 구조까지 함께 확인할 수 있습니다.

그림 6.4 더덕마켓 프로젝트 디렉터리 기본 구조

자몽톡 때와 마찬가지로 [abstract] 폴더는 스타일 선언문이 아닌 믹스인이나 변수처럼 스타일 선언을 위한 추상화 단계의 코드들을 담고, [base] 폴더는 전체 스타일 그룹에 대한 기본사항을 정의할 폴더입니다. [components] 폴더에는 재사용 가능한 컴포넌트 조각들에 대한 스타일이 정의될 텐데, 여기에는 배너나 구인공고 컴포넌트 등의 스타일이 포함될 것입니다. 이 모든 하위 폴더의 정의 내용은 `main.scss`가 진입점 역할을 하며 하나의 스타일시트로 병합할 것입니다.

6.2.2 Sass 파일 생성 및 임포트

이제 새 파일을 몇 개 더 생성하여 [scss] 폴더의 구조를 그림 6.5와 같이 완성합니다.

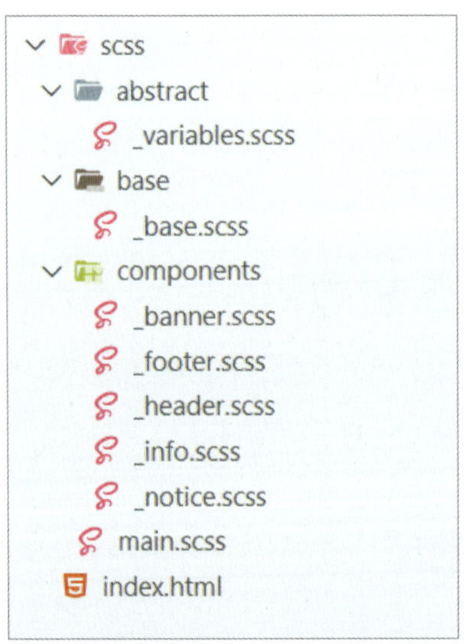

그림 6.5 더덕마켓 프로젝트 디렉터리 전체 구조

프로젝트 구조가 완성되었으니, `main.scss`의 내용을 수정하여 이 모든 Sass 코드가 하나의 스타일로 병합될 수 있도록 하겠습니다.

scss/main.scss

```
@import "abstract/variables.scss";

@import "base/base.scss";

@import "components/header.scss";
@import "components/banner.scss";
@import "components/notice.scss";
@import "components/info.scss";
@import "components/footer.scss";
```

모든 준비가 끝났습니다. 이제 본격적으로 각각의 컴포넌트를 만들어보겠습니다.

6.3 프로젝트 진행

페이지가 하나이므로, 이번 실습은 페이지 안에 들어가는 컴포넌트 하나하나를 쪼개어가며 진행하겠습니다.

6.3.1 페이지 헤더 만들기

페이지 상단에는 내비게이션 바가 표시되는데, 이렇듯 페이지 상단에서 페이지에 대한 전반적인 정보를 제공해주는 컴포넌트 또는 컴포넌트 모음을 가리켜 헤더header라고 합니다. 먼저 헤더를 만들기 위한 태그를 작성합니다. 현재 `index.html`에는 아무것도 없으므로 기본 구조를 채워 넣는 것부터 시작합니다.

index.html

```
<!DOCTYPE html>
<html lang="ko">
<head>
  <meta charset="UTF-8">
  <meta name="viewport" content="width=device-width, initial-scale=1.0">
  <title>우리 동네에서 찾는 더덕알바</title>
  <link href="./css/main.css" rel="stylesheet">
</head>
<body>
  <div class="container">
    <header class="header">
      <div class="header-content flex">
        <div class="header-content__logo">더덕마켓</div>
```

```
        <nav class="header-content__nav flex">
          <ul>
            <li>중고거래</li>
            <li>동네가게</li>
            <li class="active">알바</li>
            <li>부동산 직거래</li>
            <li>중고차 직거래</li>
          </ul>
        </nav>
        <div class="header-content__input flex">
          <span class="icon glass">
            <input type="button" value="&#128269;">
          </span>
          <span>
            <input type="text" class="search" placeholder="물품이나 동네를 검색해보세요">
          </span>
          <span class="icon menu">
            <input type="button" value="&#9776;">
          </span>
          <span>
            <input type="button" class="chat" value="채팅하기">
          </span>
        </div>
      </div>
    </header>

  </div>
</body>
</html>
```

따로 이미지나 아이콘이 사용되지 않았기 때문에 `<head>` 태그에는 하나의 `<link>` 태그만 존재합니다. `main.scss`가 빌드되어 만들어질 `main.css`를 연결하기 위한 용도의 태그입니다.

아르바이트 구인 페이지의 모든 컴포넌트 요소는 클래스가 `container`인 `<div>` 태그에 포함될 것입니다. 내비게이션 바를 표현하기 위해 입력한 `<header>` 태그가 가장 먼저 포함되었고, 이 안에는 각각 제목, 메뉴 항목, 아이콘 및 버튼을 표현하기 위해 작성된 태그들이 영역을 구분하고 있습니다. 특히 가장 중요한 요소라고 할 수 있는 메뉴 항목을 나타낼 때는 시맨틱 태그인 `<nav>`를 사용하였습니다. 아직 스타일을 추가하지 않은 페이지의 모습은 그림 6.6과 같습니다.

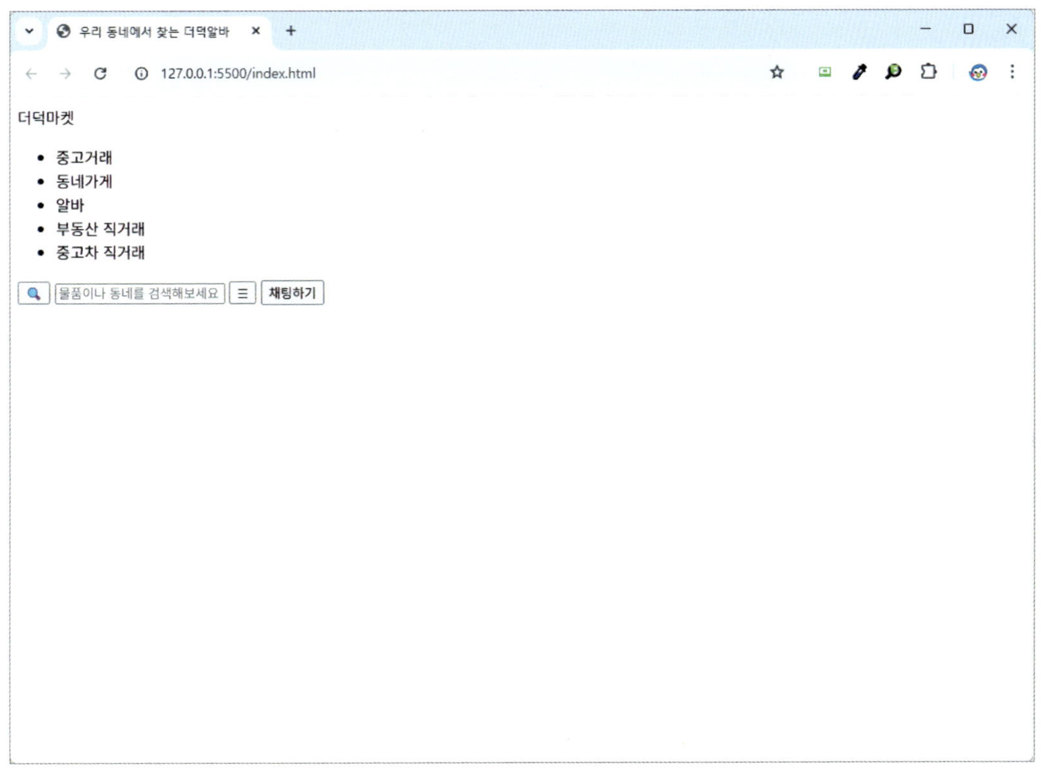

그림 6.6 헤더 바 요소 추가

헤더를 위한 스타일을 작성하기 전에, [base] 폴더에 있는 `_base.scss` 파일을 열고 페이지 내에 적용되어야 할 공통 스타일을 입력하겠습니다.

scss/base/_base.scss

```
*{
    box-sizing: border-box;
}

html{
    font-size: 16px;

    body{
        margin: 0;
    }

}

.flex{
    display: flex;
```

```
}

.main{
    padding: 4rem 0 5rem;
}
```

전체 선택자(*)를 이용해 box-sizing 속성을 border-box로 정의하여 여백이나 테두리 두께가 추가되었을 때에도 요소 전체의 크기를 유지하게 했습니다.

html에는 공통적으로 적용할 폰트 크기를 지정하고, 자식 요소인 body의 기본 여백을 제거했습니다. .flex는 페이지에서 자주 사용될 flex 속성 기반 레이아웃을 여러 요소에 적용하기 위해 정의한 스타일 블록입니다. 마지막 .main 블록은 아르바이트 구인공고 항목이 포함될 <main> 태그에 들어갈 여백을 미리 정의한 블록입니다.

기본 스타일을 정의했으니, 이번에는 앞서 index.html에 적어둔 <header>를 위한 개별 스타일을 정의할 차례입니다. [components] 폴더에 있는 _header.scss를 수정합니다.

scss/components/_header.scss

```
header.header{
    position: fixed;
    top: 0;
    width: 100%;
    z-index: 999;
    background-color: #FFFFFF;
    color: #000000;
}
.header-content{
  width: 100%;
  max-width: 75rem;
  height: 4rem;
  padding: 0.75rem 1rem;
  margin: auto;

  justify-content: space-between;
}

.header-content__logo{
  color: #8E694B;
  font-size: 1.8rem;
  font-weight: 900;

  height: 1em;
```

```
  margin-right: 40px;
  line-height: 40px;
}
.header-content__nav{
  align-items: center;
  padding: 0 2.5rem 0 0;
  flex-grow: 1;

  ul{
    padding: 0;
    margin: 0;
    list-style-type: none;

    li{
      display: inline-block;
      margin-right: 30px;
      font-size: 1.13rem;
      font-weight: 900;

      &.active{
        color: #8E694B;
      }

    }

  }

}

.header-content__input{
  justify-content: center;
  align-items: center;

  .search{
    width: 18rem;
    height: 2.5rem;
    padding: 0.5625rem 0.75rem;
    background-color: #F2F3F6;
    border: none;
    border-radius: 0.375rem;
    font-size: 1rem;
  }

  .chat{
    line-height: 1.3;
    font-size: 1rem;
    padding: 0.5rem 1rem;
    background-color: #FFFFFF;
```

```
    border: 0.5px solid #C5C6C9;
    border-radius: 0.25rem;
    font-weight: 600;
  }

  .icon{
    display: none;

    input{
      margin-right: 1rem;
      border: none;
      padding: 0;
      font-size: 1.5rem;
      background-color: transparent;
    }

  }

}
```

첫 번째 블록 `header.header`에서는 헤더를 상단에 고정하기 위해 `position: fixed;`를 적용하고, `z-index`를 높은 값(999)으로 설정해 요소가 숨겨지는 현상을 미연에 방지했습니다. 두 번째 블록 `.header-content`에서는 flex 레이아웃 관련 속성 `justify-content: space-between;`을 통해 헤더 안의 요소들이 가로로 양끝 정렬되도록 했습니다. `justify-content` 속성은 요소를 한 방향으로 배치할 때 자주 쓰이는 속성입니다. 이후 전개되는 `.header-content__logo`, `.header-content__nav`, `.header-content__input` 스타일 블록은 각각 웹페이지 제목, 메뉴 항목, 아이콘 및 버튼 메뉴 등에 스타일을 담당합니다. 이 중 `.header-content__nav`, `.header-content__input`이 담당하는 요소에는 하위 요소가 몇 가지 포함되어 있어 스타일 블록 중첩 기법을 사용해 스타일을 정의한 것을 볼 수 있습니다.

여기까지 스타일을 정의하고 난 뒤에는 다음과 같은 화면을 볼 수 있습니다. 스타일 빌드를 위한 명령어를 실행해야 한다는 점을 잊지 말아주세요.

```
> sass scss:css
```

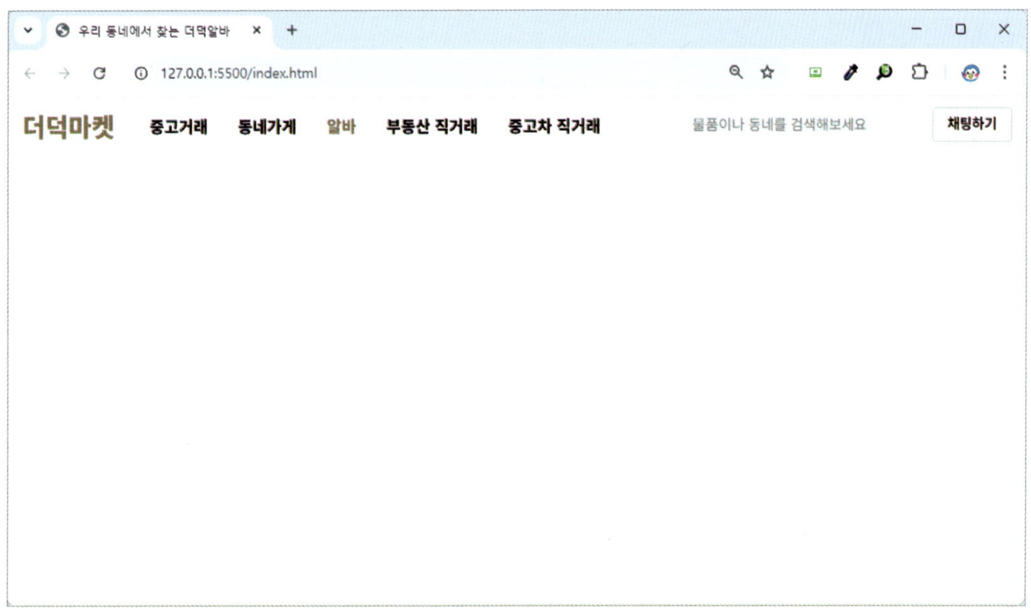

그림 6.7 헤더 바 스타일 적용 결과

헤더가 제법 모양을 갖춘 듯 보입니다. 그러나 현재 헤더에는 다소 아쉬운 점이 한 가지 있습니다. 바로 화면 크기에 대응하는 '반응형' 컴포넌트가 아니라는 점입니다. 따라서 여기에는 4장에서 학습한 '미디어 쿼리'를 적용하여 반응형 컴포넌트로 발전시키는 과정을 좀 더 진행해보겠습니다.

미디어 쿼리 적용에 앞서, 미디어 쿼리의 조건문을 만들기 위해 필요한 화면 너비값을 변수로 정의해두겠습니다. 변수 정의는 [abstract] 폴더의 `_variables.scss`에 합니다.

scss/abstract/_variables.scss

```
$breakpoint-tablet: 768px;
$breakpoint-laptop: 948px;
$breakpoint-desktop: 1192px;
```

각 변수는 순서대로 태블릿 화면, 노트북 화면, 데스크톱 컴퓨터의 화면 크기를 임의의 값으로 정의하고 있습니다. 이 변수들을 토대로 `_header.scss` 파일에 미디어 쿼리 블록을 추가하겠습니다.

scss/components/_header.scss

```
... (생략) ...

@media (max-width: $breakpoint-desktop){
  .header-content__input .search{
```

```
    display: none;
  }
  .header-content__input .glass{
    display: block;
  }
}
@media (max-width: $breakpoint-laptop){
  .header-content__input .chat, .header-content__nav{
    display: none;
  }
  .header-content__input .menu{
    display: block;
  }
}
```

앞서 4장(4.3절)에서는 스타일 블록 내부에 미디어 쿼리 블록을 포함하는 '중첩 블록'을 만들 수 있다고 설명했습니다. 그러나 여기에서는 중첩 블록이 많아져 가독성이 떨어지는 상황을 방지하기 위해 미디어 쿼리 블록을 독립적인 블록으로 선언했습니다.

이로써 헤더의 스타일은 완성되었습니다. 화면 크기에 대응하는 스타일을 몇 가지 추가했으므로 웹브라우저 화면을 움직이다 보면 헤더의 크기나 배치가 조금씩 달라지는 것을 확인할 수 있습니다. 그림 6.8과 그림 6.9를 통해 화면(웹브라우저) 크기에 따른 결과를 비교할 수 있습니다.

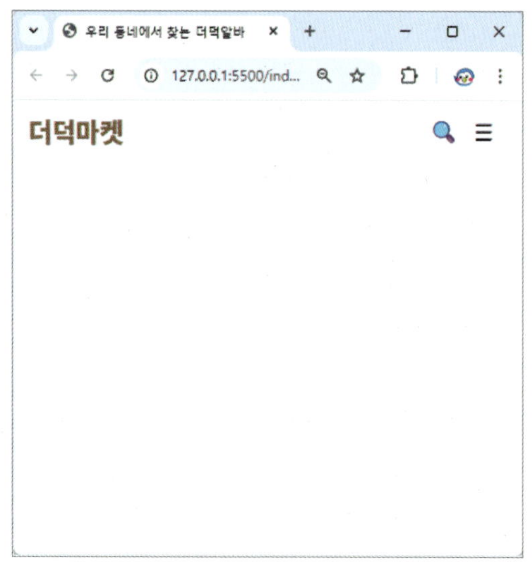

그림 6.8 미디어 쿼리 적용 및 화면 축소 시 작동 확인

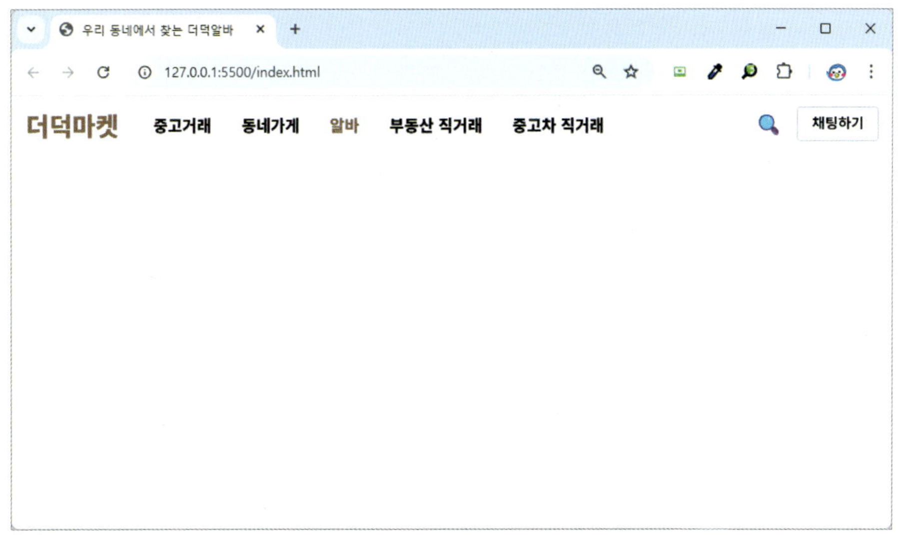

그림 6.9 미디어 쿼리 적용 및 화면 확대 시 작동 확인

6.3.2 정보 섹션 만들기

정보 섹션은 단순하게 페이지의 정체성을 나타내기 위해 존재하는 소위 '대문' 역할을 하는 컴포넌트입니다. 태그 및 스타일이 무척 단순하고 양도 적은데, 정보 섹션은 헤더 이후에 전개되는 페이지의 주요 항목에 포함되므로 시맨틱 태그 `<main>`을 만들어 그 안에 포함시키도록 하겠습니다.

index.html

```
... (생략) ...

</header>

    <main class="main">
      <section class="info">
        <div class="info__text">
          <h1>우리 동네에서 찾는<br> 더덕알바</h1>
          <p>걸어서 10분 거리의<br> 동네 알바들 여기 다 있어요.</p>
        </div>
      </section>
    </main>

  </div>
</body>
</html>
```

무척 단순한 컴포넌트이긴 하지만, 헤더에 미디어 쿼리를 이용한 반응형 스타일이 적용된 만큼 정보 섹션에도 미디어 쿼리를 반영하는 스타일을 추가해 작성하도록 하겠습니다. [components] 폴더의 `_info.scss`를 수정합니다.

scss/components/_info.scss

```
.info{
  width: 100%;
  height: 19.6875rem;
  background-color: #C59B79;
}
.info__text{
  max-width: 48rem;
  margin: auto;
  padding: 3rem 1rem 0;
}
.info__text h1{
  margin: 0;
  font-size: 2rem;
  line-height: 3.2rem;
}
.info__text p{
  margin: 0.5rem 0 0;
  font-size: 1.125rem;
  line-height: 1.5rem;
}

@media (max-width: $breakpoint-tablet) {
  .info{
    height: 18.375rem;
  }
  .info__text{
    padding: 1.5rem 1rem 0;
  }
  .info__text h1{
    line-height: 2rem;
    font-size: 1.5rem;
  }
  .info__text p{
    display: none;
  }
}
```

`.info` 블록에서는 배경색을 `#C59B79`로 지정했습니다. 이는 공부를 위한 실습이므로 여러분은 각자가 좋아하는 색상으로 마음껏 꾸며보아도 좋습니다. `.info`와 그 안에 포함된 하위 요소들에 대

한 스타일은 대체로 크기 또는 여백을 정하는 스타일들이므로 쉽게 이해할 수 있을 것입니다. 앞의 코드에서는 의도적으로 중첩 스타일 선언문을 만들지 않았는데, 이 코드를 다음 코드와 같이 수정해도 빌드 결과는 같으니 참고해주세요.

scss/components/_info.scss

```
.info{
  width: 100%;
  height: 19.6875rem;
  background-color: #C59B79;

  @media (max-width: $breakpoint-tablet) {
    height: 18.375rem;
  }

  .info__text{
    max-width: 48rem;
    margin: auto;
    padding: 3rem 1rem 0;
    @media (max-width: $breakpoint-tablet) {
      padding: 1.5rem 1rem 0;
    }

    h1{
      margin: 0;
      font-size: 2rem;
      line-height: 3.2rem;
      @media (max-width: $breakpoint-tablet) {
        line-height: 2rem;
        font-size: 1.5rem;
      }
    }
    p{
      margin: 0.5rem 0 0;
      font-size: 1.125rem;
      line-height: 1.5rem;
      @media (max-width: $breakpoint-tablet) {
        display: none;
      }
    }
  }
}
```

이로써 정보 섹션에 필요한 작업은 모두 마쳤습니다. 결과가 잘 나타나는지 확인해보고 다음 작업을 진행하면 되겠습니다.

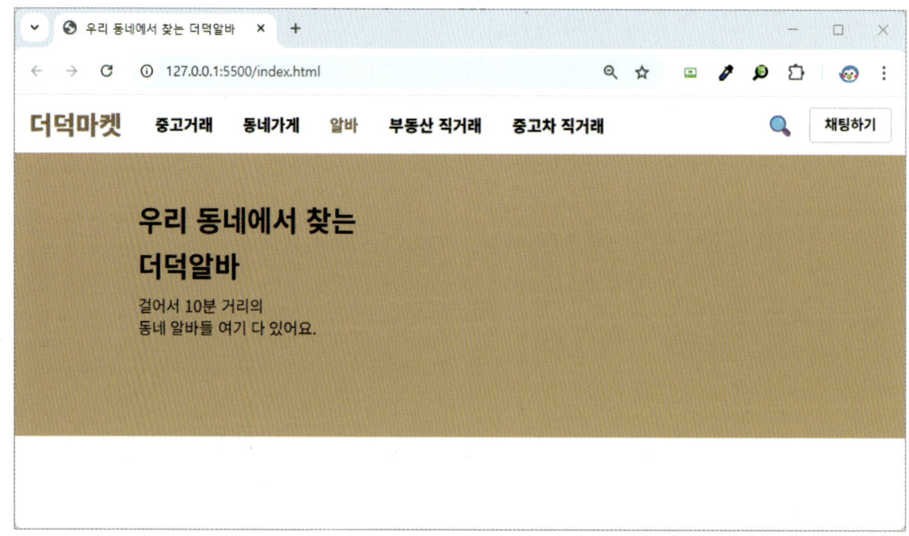

그림 6.10 정보 섹션이 추가된 더덕마켓 페이지

6.3.3 구인공고 섹션 만들기

아르바이트 구인 서비스 페이지에서 가장 많은 수가 배치되는 컴포넌트인 구인공고 섹션을 만들어 보겠습니다. 가장 많이 배치된다고는 하지만, 결국 하나의 컴포넌트를 잘 만들어서 동일하거나 비슷한 코드를 재사용하는 것입니다. 일단 구인공고 하나에 해당하는 태그를 작성하고, 여기에 스타일을 입혀봅시다. `index.html`의 `<main>` 태그 안에 요소를 추가해주세요.

index.html

```
... (생략) ...

</header>

    <main class="main">
      <section class="info">
        <div class="info__text">
          <h1>우리 동네에서 찾는<br> 더덕알바</h1>
          <p>걸어서 10분 거리의<br> 동네 알바들 여기 다 있어요.</p>
        </div>
      </section>
<section class="notice">
        <h2 class="notice__title">인기 더덕알바</h2>
        <div class="notice__container flex">
          <article class="notice__item flex">
            <div class="notice__thumb"></div>
            <div class="notice__content">
```

```
                <div class="notice__content__title">더덕마켓 고객센터 단기계약직 모집(1달 계약직)</div>
                <div class="notice__content__address">주식회사 더덕서비스 - 대전광역시 대덕구 석봉동</div>
                <div class="notice__content__pay">월급 3,000,000</div>
              </div>
            </article>
          </div>
        </section>
      </main>
    </div>
</body>
</html>
```

코드에서 `<article>` 태그가 담당하고 있는 부분이 바로 구인공고 하나에 해당하는 컴포넌트입니다. 클래스가 `notice__container`로 지정되어 있는 태그에는 이러한 `<article>` 태그가 여러 개 들어갈 수 있습니다. `<article>` 태그의 내용은 여러분이 만들고 싶은 구인공고 내용으로 자유롭게 작성해도 좋습니다.

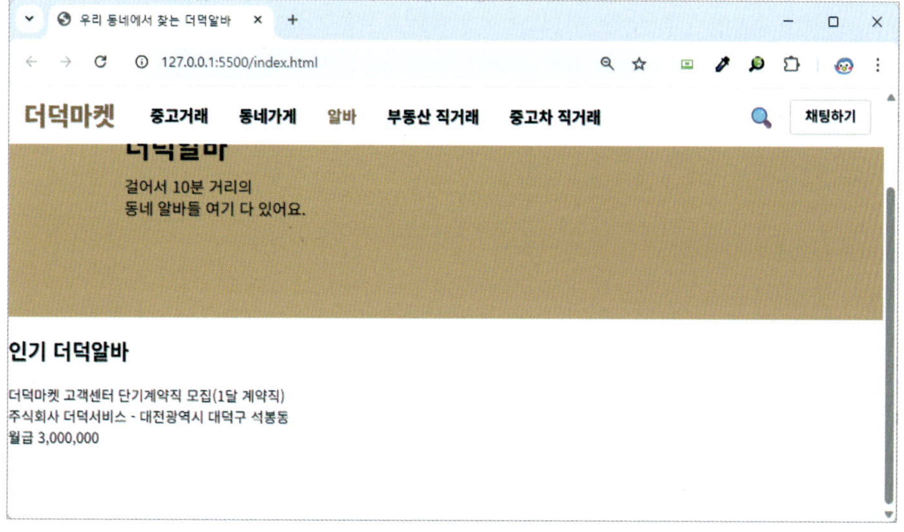

그림 6.11 구인공고 컴포넌트 요소 추가

이제 [components] 폴더의 `_notice.scss` 파일을 열고 필요한 스타일을 하나씩 채워보겠습니다. 먼저 구인공고 섹션 전체에 대한 스타일부터 정의합니다. 섹션 자체에는 크기나 여백을 정의하는 스타일이 주로 적용됩니다.

scss/components/_notice.scss

```
.notice{
  max-width: 48rem;
  margin: auto;

  @media (max-width: $breakpoint-tablet) {
    padding: 0 1rem 1.25rem;
  }

  .notice__title{
    font-size: 1.625rem;
    margin: 3.75rem 0 2.5rem;
    line-height: 1.5;

    @media (max-width: $breakpoint-tablet) {
      font-weight: 700;
      line-height: 1.3;
      font-size: 1.25rem;
      margin: 2.5rem 0 1.5rem;
    }
  }
}
```

이어서 섹션 내부에서 구인공고들만 따로 감싸고 있는 `notice_container` 클래스에 대한 스타일을 정의합니다. 구인공고가 여러 개 있을 수 있다는 가정 하에 작성하는 스타일이므로 레이아웃 관련 속성이 포함됩니다.

scss/components/_notice.scss

```
... (생략) ...

.notice__container{
  justify-content: space-between;
  flex-wrap: wrap;

  @media (max-width: $breakpoint-tablet) {
    display: block;
  }

  .notice__thumb{
    min-width: 6.75rem;
    min-height: 6.75rem;
    background-color: #8E694B;
  }
}
```

이번에도 `justify-content: space-between;` 속성이 사용되어 요소의 가로 방향 양끝 정렬을 유도했습니다. 이때 구인공고 개수가 많아지면 가로 방향 한 축으로는 화면에 담기가 어려울 수 있으므로 `flex-wrap: wrap;` 속성을 추가하여 플렉스 아이템이 여러 행으로 정렬될 수 있게 만들었습니다.

끝으로 각각의 구인공고에 쓰여 있는 제목, 주소, 인건비 정보 등 세부 콘텐츠에 대한 스타일을 추가 정의하겠습니다.

scss/components/_notice.scss

```
... (생략) ...

.notice__item{
  padding: 1.25rem 0;
  flex-basis: 48%;

  .notice__content{
    margin-left: 1rem;

    .notice__content__title{
      line-height: 1.32;
      font-size: 1.125rem;
    }
    .notice__content__address{
      line-height: 1.4;
      font-size: .875rem;
      color: #aeaeae;
    }
    .notice__content__pay{
      font-weight: 700;
    }
  }
}
```

스타일 정의를 마쳤다면, 구인공고가 어떤 형태를 띠는지 확인해봅니다. 결과 확인 시에 '왜 이런 형태가 나오지?' 하고 의구심이 드는 스타일이 있다면 개발자 도구를 통해 스타일이 어떻게 적용되었는지 꼼꼼하게 살펴볼 필요가 있습니다.

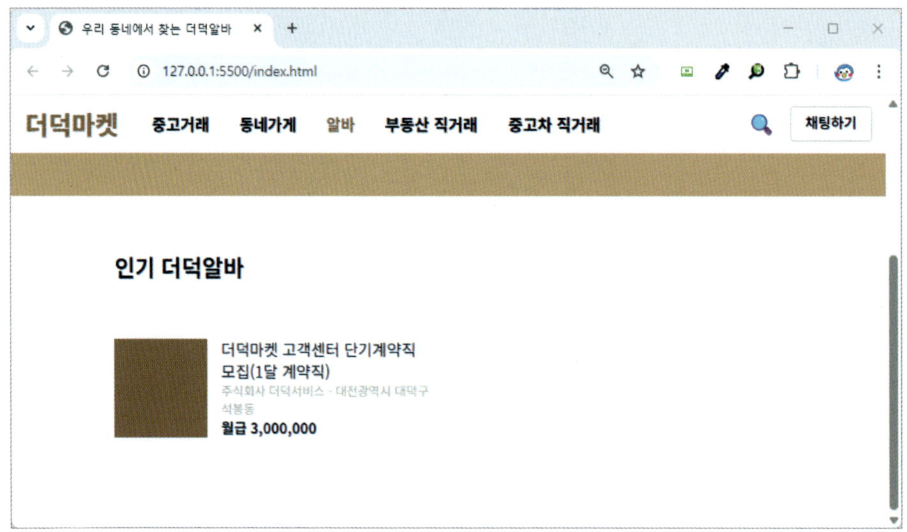

그림 6.12 구인공고 컴포넌트 스타일 적용

형태가 잘 나왔다면, 이제는 원하는 만큼 구인공고를 늘려도 좋습니다. 여러분이 원하는 가상의 아르바이트 구인공고로 내용을 채워 넣으면 가장 좋습니다만, 책에서는 편의상 같은 내용의 태그를 반복해서 작성하도록 하겠습니다. `<article>` 태그만 복사해서 붙여넣는 식으로 작성합니다.

index.html

```
... (생략) ...
<section class="notice">
        <h2 class="notice__title">인기 더덕알바</h2>
        <div class="notice__container flex">
          <article class="notice__item flex">
            <div class="notice__thumb"></div>
            <div class="notice__content">
              <div class="notice__content__title">더덕마켓 고객센터 단기계약직 모집(1달 계약직)</div>
              <div class="notice__content__address">주식회사 더덕서비스 - 대전광역시 대덕구 석봉동</div>
              <div class="notice__content__pay">월급 3,000,000</div>
            </div>
          </article>
          <article class="notice__item flex">
            <div class="notice__thumb"></div>
            <div class="notice__content">
              <div class="notice__content__title">더덕마켓 고객센터 단기계약직 모집(1달 계약직)</div>
              <div class="notice__content__address">주식회사 더덕서비스 - 대전광역시 대덕구 석봉동</div>
              <div class="notice__content__pay">월급 3,000,000</div>
```

```
          </div>
        </article>
        <article class="notice__item flex">
          <div class="notice__thumb"></div>
          <div class="notice__content">
            <div class="notice__content__title">더덕마켓 고객센터 단기계약직 모집(1달 계약
직)</div>
            <div class="notice__content__address">주식회사 더덕서비스 - 대전광역시 대덕구
석봉동</div>
            <div class="notice__content__pay">월급 3,000,000</div>
          </div>
        </article>
        <article class="notice__item flex">
          <div class="notice__thumb"></div>
          <div class="notice__content">
            <div class="notice__content__title">더덕마켓 고객센터 단기계약직 모집(1달 계약
직)</div>
            <div class="notice__content__address">주식회사 더덕서비스 - 대전광역시 대덕구
석봉동</div>
            <div class="notice__content__pay">월급 3,000,000</div>
          </div>
        </article>
        <article class="notice__item flex">
          <div class="notice__thumb"></div>
          <div class="notice__content">
            <div class="notice__content__title">더덕마켓 고객센터 단기계약직 모집(1달 계약
직)</div>
            <div class="notice__content__address">주식회사 더덕서비스 - 대전광역시 대덕구
석봉동</div>
            <div class="notice__content__pay">월급 3,000,000</div>
          </div>
        </article>
        <article class="notice__item flex">
          <div class="notice__thumb"></div>
          <div class="notice__content">
            <div class="notice__content__title">더덕마켓 고객센터 단기계약직 모집(1달 계약
직)</div>
            <div class="notice__content__address">주식회사 더덕서비스 - 대전광역시 대덕구
석봉동</div>
            <div class="notice__content__pay">월급 3,000,000</div>
          </div>
        </article>
      </div>
    </section>
  </main>
</div>
</body>
</html>
```

다섯 번을 추가해 총 여섯 개의 구인공고를 만들었고, 결과는 그림 6.13과 같습니다.

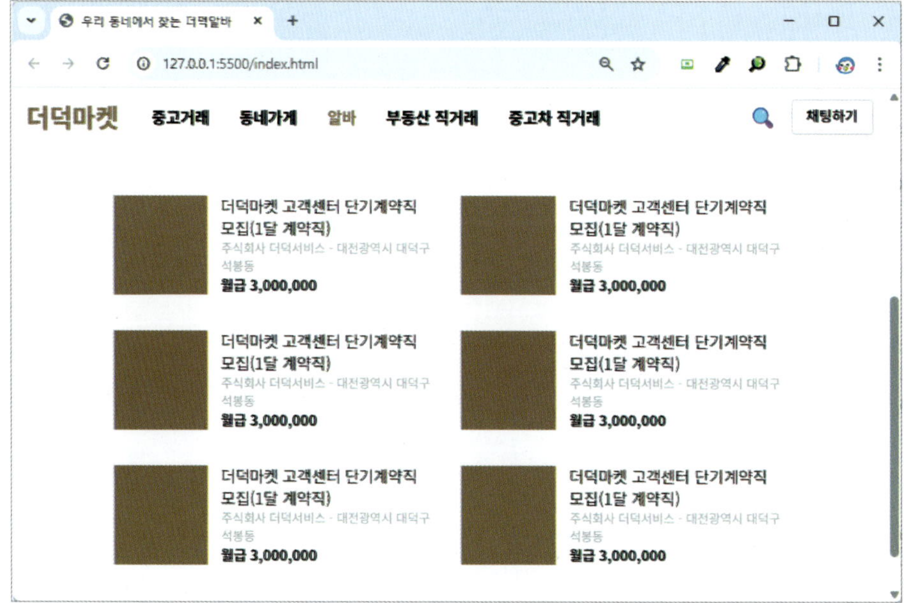

그림 6.13 구인공고 컴포넌트 복사 및 붙여넣기 결과

6.3.4 배너 만들고 메인 콘텐츠 마무리하기

구인공고 컴포넌트에는 플렉스 레이아웃 스타일이 적절하게 들어가서 컴포넌트의 개수가 아무리 많아져도 세로 스크롤이 발생하는 것 외에는 웹페이지의 전체적인 디자인에 별다른 영향을 끼치지 않습니다. 그러나 아르바이트 구인공고가 너무 많을 경우, 자칫 웹페이지가 단조롭게 보여 매력이 떨어질 수 있습니다. 따라서 이번에는 구인공고 중간중간 임의의 광고가 표시되는 배너를 만들어 삽입하는 작업을 진행해보겠습니다.

배너는 정보 섹션 못지않게 단순하게 만들 것이므로, 추가할 코드의 양이 적습니다. 가장 먼저 `index.html`을 열고 태그를 입력해주세요. `<article>` 태그 중 마지막 `<article>` 태그 아래에 코드를 추가합니다.

index.html

```
... (생략) ...
<article class="notice__item flex">
          <div class="notice__thumb"></div>
          <div class="notice__content">
```

```
              <div class="notice__content__title">더덕마켓 고객센터 단기계약직 모집(1달 계약직)</div>
              <div class="notice__content__address">주식회사 더덕서비스 - 대전광역시 대덕구 석봉동</div>
              <div class="notice__content__pay">월급 3,000,000</div>
            </div>
          </article>
        </div>
        <div class="banner flex">
          <div class="banner__text">더덕알바 이용방법이 궁금하다면<br> 지금 바로 알아보세요!</div>
          <button class="banner__button">이용방법 알아보기</button>
        </div>
      </section>
    </main>
  </div>
</body>
</html>
```

배너 관련 태그는 클래스가 `notice`인 `<section>` 태그에 추가되었으므로 `<section>` 태그의 여백이 적용되어 있는 것을 확인할 수 있습니다.

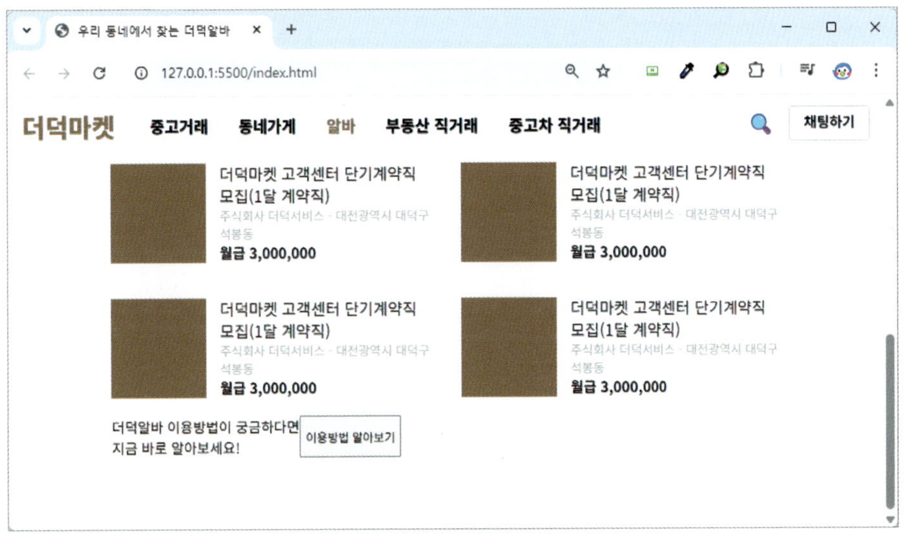

그림 6.14 가상의 광고 배너 요소 추가

곧장 스타일을 추가하겠습니다. [components] 폴더의 `_banner.scss` 파일을 수정하는데, 배너는 태그 수가 적고 스타일도 복잡하지 않은 만큼 선택자를 다양하게 활용하는 연습을 겸하도록 하겠습니다.

scss/components/_banner.scss

```
.banner{
    justify-content: space-between;
    align-items: center;
    background-color: #E5F5FD;
    margin: 2.75rem 0 4rem;
    padding: 1.75rem 1.5rem 1.75rem 2.0625rem;

    @media (max-width: $breakpoint-desktop) {
        display: block;
    }

    & > .banner__text{
        line-height: 1.3;
        font-size: 1.25rem;
        font-weight: 900;

        @media (max-width: $breakpoint-tablet) {
            line-height: 1.3;
            font-size: 1rem;
            font-weight: 700;
        }
    }

    & > .banner__button{
        margin: 0;
        padding: 0.5rem 0.625rem;
        line-height: 1.4;
        font-size: 0.875rem;
        background-color: #8E694B;
        color: #FFFFFF;
        font-weight: 700;
        border: none;
        border-radius: 0.25rem;

        @media (max-width: $breakpoint-desktop) {
            margin: 0.75rem 0 0;
        }
    }
}
```

배너를 담당하는 `<div class="banner flex">` 태그는 클래스를 보면 알 수 있듯이 플렉스 레이아웃이 적용됩니다. 실제로 `justify-content: space-between;`와 `align-items: center;`를 적용함으로써 주축인 가로축으로는 양끝 정렬을, 교차축인 세로축으로는 가운데 정렬을 적용하여 배너 내 요소의 위치를 조절하도록 했습니다.

배너 스타일을 정의할 때는 중첩 스타일 블록을 사용하면서 선택자에 `&`(앰퍼샌드) 기호를 포함시켰습니다. 3장(3.2절)에서 `&` 기호가 '상위 선택자 참조'를 담당하는 기호임을 학습한 바 있는데, `.banner__text`와 `.banner__button`은 각각 `<div class="banner flex">` 태그의 자식 요소들이므로 이러한 선택자 사용이 가능합니다. 자식 요소들은 배너 안에서 정보를 표시하는 역할을 하는데, 여기에는 크기나 여백을 적절히 지정하여 보기 좋은 형태를 만들어주었습니다.

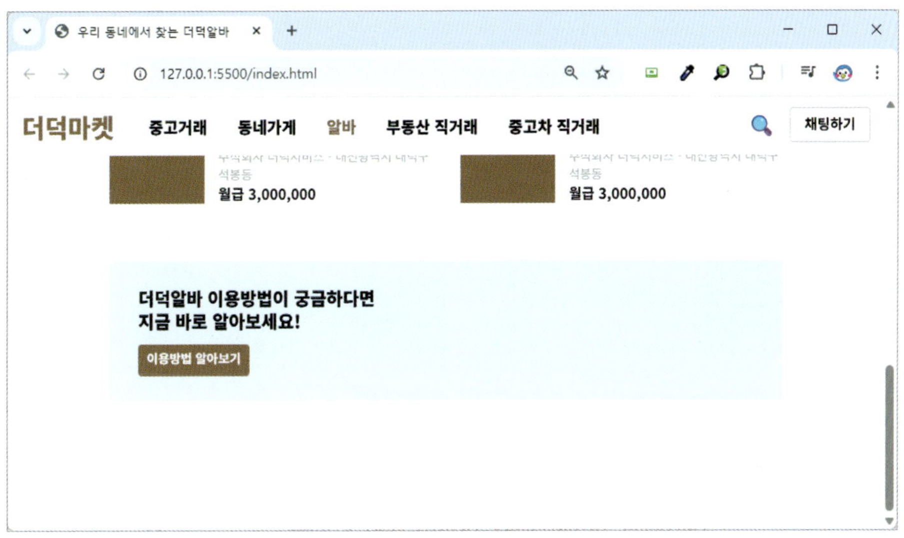

그림 6.15 광고 배너 스타일 적용

그림 6.15와 같이 배너가 만들어졌다면 필요한 작업은 끝난 것입니다. 구인공고와 배너가 안정적으로 잘 표시되는지 좀 더 확실히 확인해두고 싶다면, `<div class="notice__container flex"></div>`와 `<div class="banner flex"></div>` 태그를 한두 번 정도 `<section class="notice"></section>` 태그 내부에 더 추가해보세요. 컴포넌트 단위로 스타일을 개발하는 것의 장점을 몸소 느낄 수 있을 것입니다.

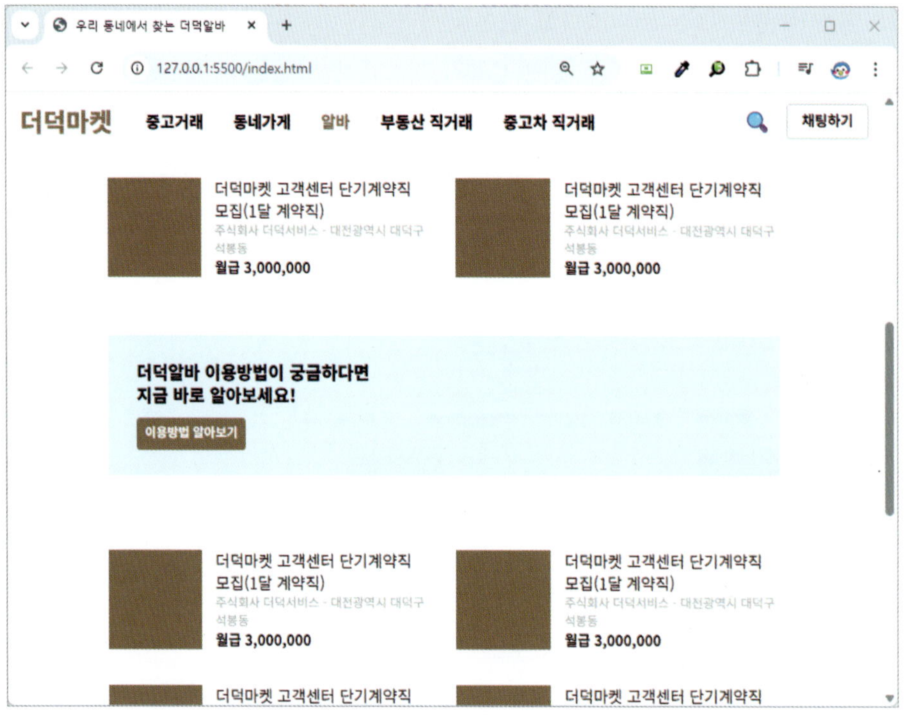

그림 6.16 컴포넌트 재사용으로 섹션 구성 완료

6.3.5 페이지 푸터 만들기

마지막 컴포넌트입니다. 모든 웹페이지가 그런 것은 아니지만, 웹 서핑을 하다 보면 페이지 하단에 서비스에 대한 각종 정보를 표시하는 섹션이 있는 경우를 자주 볼 수 있습니다. 이러한 영역을 가리켜 푸터footer라고 하는데, 푸터에는 다양한 정보가 포함되기 때문에 태그와 스타일의 양이 다소 많은 편입니다. 그러나 마지막 컴포넌트인 만큼 힘을 내서 끝까지 함께 해주길 바랍니다. 가장 먼저 `index.html`에 태그를 추가하는 작업부터 진행하겠습니다. 다른 컴포넌트를 만들 때와 마찬가지로 푸터에 들어가는 세부 내용은 여러분이 원하는 내용으로 자유롭게 채워도 좋습니다.

index.html

```
... (생략) ...
    </main>

    <footer class="footer">
      <div class="footer__container">
        <section class="footer__menu">
          <div class="footer__apps">
            <div class="footer__appdown">더덕마켓 앱 다운로드</div>
```

```html
        <div class="footer__appbtn flex">
          <button>App Store</button>
          <button>Google Play</button>
        </div>
      </div>
      <nav class="footer__nav flex">
        <ul>
          <li>중고거래</li>
          <li>동네가게</li>
          <li>더덕알바</li>
          <li>부동산 직거래</li>
          <li>중고차 직거래</li>
        </ul>
        <ul>
          <li>더덕비즈니스</li>
          <li>채팅하기</li>
        </ul>
        <ul>
          <li>자주 묻는 질문</li>
          <li>회사 소개</li>
          <li>인재 채용</li>
        </ul>
      </nav>
    </section>
    <section class="footer__info">
      <div>
        <strong>대표</strong> 강윤호 | <strong>사업자번호</strong> 123-45-00678
      </div>
      <div>
        <strong>직업정보제공사업 신고번호</strong> 2023-대전대덕-0011
      </div>
      <div>
        <strong>주소</strong> 대전광역시 대덕구 석봉동 1길 1, 101호 (더덕서비스)
      </div>
      <div>
        <strong>전화</strong> 1588-8851 | <strong>고객문의</strong> cs@ddservice.com
      </div>
      <p>
        <strong>이용약관</strong>    
        <strong style="color: #000000;">개인정보처리방침</strong>    
        <strong>위치기반서비스 이용약관</strong>    
        <strong>이용자보호 비전과 계획</strong>    
      </p>
    </section>
  </div>
</footer>
</div>
</body>
</html>
```

푸터는 <div class="container"></div>의 자식 요소 중 가장 아래에 작성되었습니다. 또한 푸터 요소의 모든 태그는 <footer class="footer"><div class="footer__container"></div></footer> 안에 작성되었습니다. <footer>는 푸터 요소를 만들 때 주로 사용되는 시맨틱 태그입니다.

푸터는 크게 두 영역으로 구분해서 태그를 구성했습니다. 먼저 푸터의 상단에는 <section class="footer__menu"></section>으로 아르바이트 구인 서비스 페이지에서 제공하는 가상의 메뉴들과 실제로는 존재하지 않는 모바일 서비스를 소개하는 섹션을 만들었습니다. 하단에는 <section class="footer__info"></section>으로 사업자 정보를 표시하는 섹션을 만들었습니다.

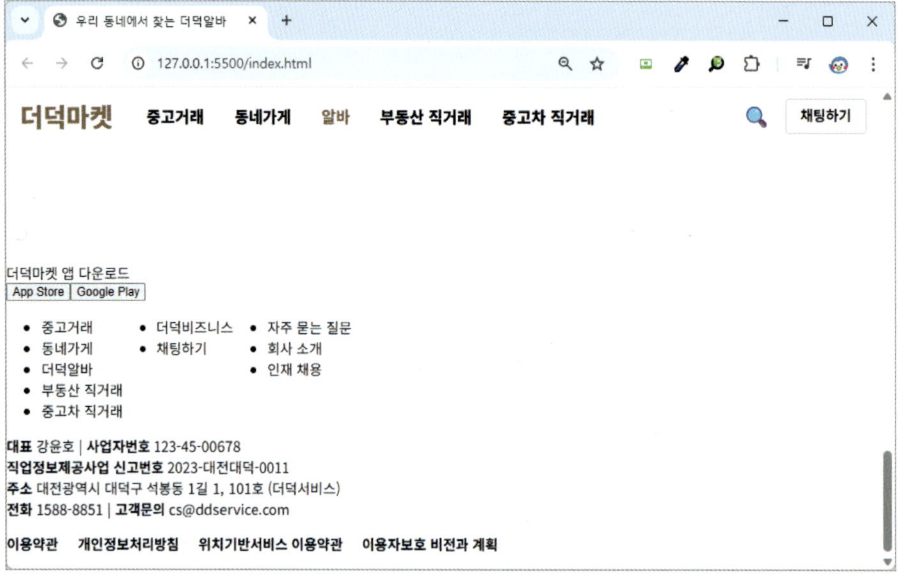

그림 6.17 푸터 컴포넌트 요소 추가

이제 [components] 폴더의 _footer.scss 파일을 열고, 푸터를 여느 웹페이지의 푸터와 비슷한 형태로 꾸며보겠습니다. 태그가 많은 만큼 스타일 블록의 양도 많으니 코드를 한 번에 보기보다는 조금씩 추가해가며 보겠습니다.

scss/components/_footer.scss

```
.footer{
  color: #515255;
  border-top: 1px solid #C3C4C7;
  padding: 0 1rem;
}
```

```
.footer__container{
  max-width: 48rem;
  margin: auto;
}
```

요소들을 묶고 있는 컨테이너 성격의 태그들에 스타일을 주었는데, 먼저 푸터 상단에 `border-top` 속성으로 구분선을 만들고 여백을 적절하게 추가했습니다. 다음은 가상의 모바일 앱을 소개하는 버튼들이 포함된 영역에 대한 스타일을 추가하겠습니다.

scss/components/_footer.scss

```
.footer{
  color: #515255;
  border-top: 1px solid #C3C4C7;
  padding: 0 1rem;
}

.footer__container{
  max-width: 48rem;
  margin: auto;

  .footer__menu{
    padding: 3rem 0;
  }
  .footer__apps{
    float: right;

    @media (max-width: $breakpoint-tablet) {
      float: none;
      display: flex;
      margin-bottom: 1.25rem;
    }
  }
  .footer__appdown{
    font-size: 0.875rem;
    font-weight: 700;
    line-height: 1.4;
  }
  .footer__appbtn{
    width: 18.75rem;
    justify-content: space-between;

    @media (max-width: $breakpoint-tablet){
      display: none;
    }
```

```
  }
  .footer__appbtn button{
    width: 48%;
    height: 2.75rem;
    padding: 0;
    border: none;
    border-radius: 8px;
    font-size: 1rem;
    font-weight: 700;
  }
}
```

여기까지 스타일을 추가한 직후의 결과는 그림 6.18과 같습니다.

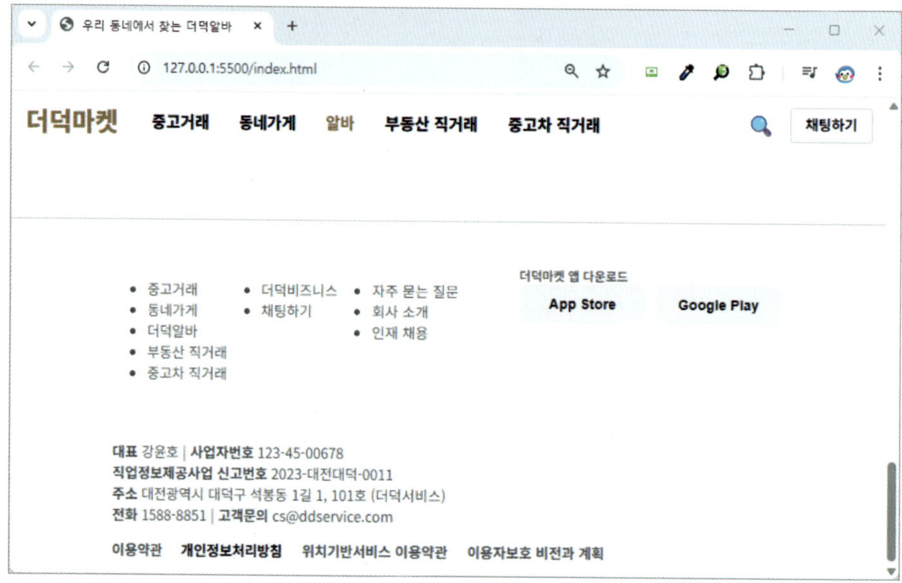

그림 6.18 푸터 컴포넌트 스타일 적용

'더덕마켓 앱 다운로드'라는 글로 대표되는 영역이 화면의 오른쪽으로 이동한 것을 볼 수 있습니다. 이는 해당 영역에 `float: right;` 속성을 적용했기 때문에 나타나는 현상입니다. `float`를 이용한 요소 배치는 화면 크기가 변했을 때 예기치 못한 위치 변경으로 이어질 위험이 있기 때문에, 여기에는 미디어 쿼리를 추가하여 이를 방지했습니다. 웹브라우저가 데스크톱 수준의 화면일 때는 버튼이 정상적으로 보이다가 화면이 태블릿 수준으로 작아졌을 때에는 버튼이 사라지도록 조치했습니다.

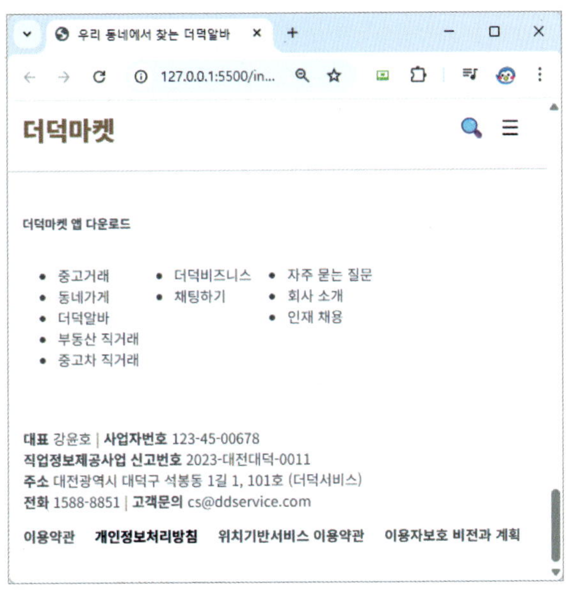

그림 6.19 푸터 섹션 미디어 쿼리 작동 확인

버튼에 대한 스타일은 정리되었으니, 이제 그 옆에 리스트 형태로 표시되는 더덕마켓의 서비스 항목에 대한 스타일을 추가할 차례입니다.

scss/components/_footer.scss

```
... (생략) ...
.footer__appbtn button{
    width: 48%;
    height: 2.75rem;
    padding: 0;
    border: none;
    border-radius: 8px;
    font-size: 1rem;
    font-weight: 700;
  }

  .footer__nav ul{
    display: flex;
    flex-direction: column;
    list-style-type: none;
    width: 33%;
    margin: 0;
    padding: 0;
    line-height: 1.4;
    font-size: 0.875rem;
```

```
    &:nth-child(3){
      margin-right: 15%;
    }

    li{
      margin-bottom: 1rem;
    }
  }
}
```

`list-style-type: none;` 속성을 이용해 `<ul><li></li></ul>` 태그가 제공하는 기본 스타일을 좀 더 담백하게 만들었습니다. `flex-direction: column;` 속성은 내부 요소들이 세로로 배치되도록 하기 위해 플렉스 레이아웃의 주축을 열 방향으로 변경하는 속성입니다. 또한 메뉴 스타일에는 `&:nth-child(3)` 선택자가 포함된 것을 볼 수 있는데, 이는 '자주 묻는 질문', '회사 소개', '인재 채용'이 표시되는 세 번째 `<ul></ul>` 요소를 선택하기 위해 사용한 선택자입니다. 세 번째 리스트의 오른쪽에 따로 바깥쪽 여백을 추가한 것은 버튼과의 거리를 적당히 유지하기 위한 조치입니다.

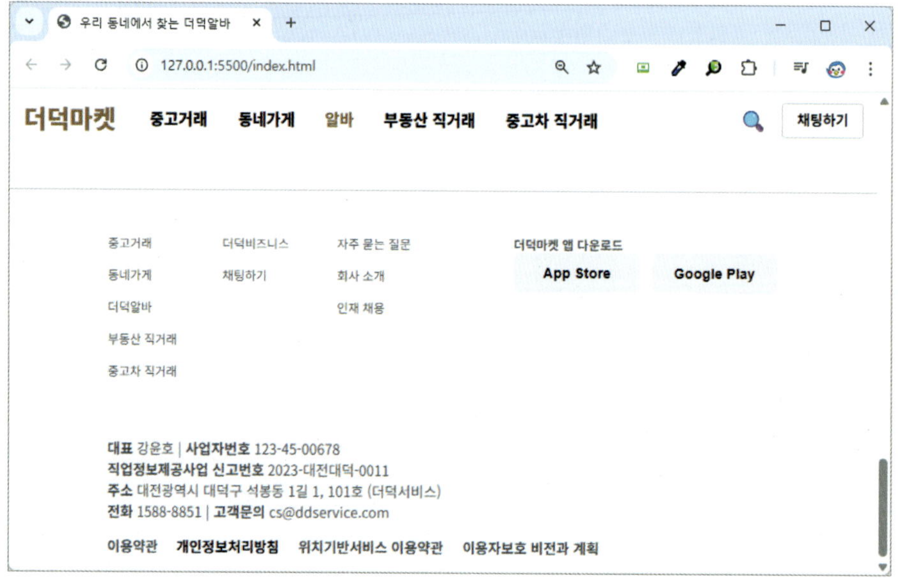

그림 6.20 디자인 개선을 위한 세부 스타일 조정

거의 다 왔습니다. 이제 남은 것은 푸터 하단에 있는 사업자 정보들을 조금 더 보기 좋게 만들어 주는 스타일을 추가하는 작업뿐입니다.

scss/components/_footer.scss

```
... (생략) ...
    li{
      margin-bottom: 1rem;
    }
  }

  .footer__info{
    padding: 1.5rem 0 6.25rem;
    border-top: 1px solid #c3c4c7;
    color: #868B94;
    line-height: 1.5;
    font-size: .813rem;
  }

}
```

이번에도 구분선을 만들기 위해 `border-top` 속성을 사용했고, 그 외에는 모두 색상 및 크기와 관련된 속성만 몇 가지 추가되었을 뿐입니다.

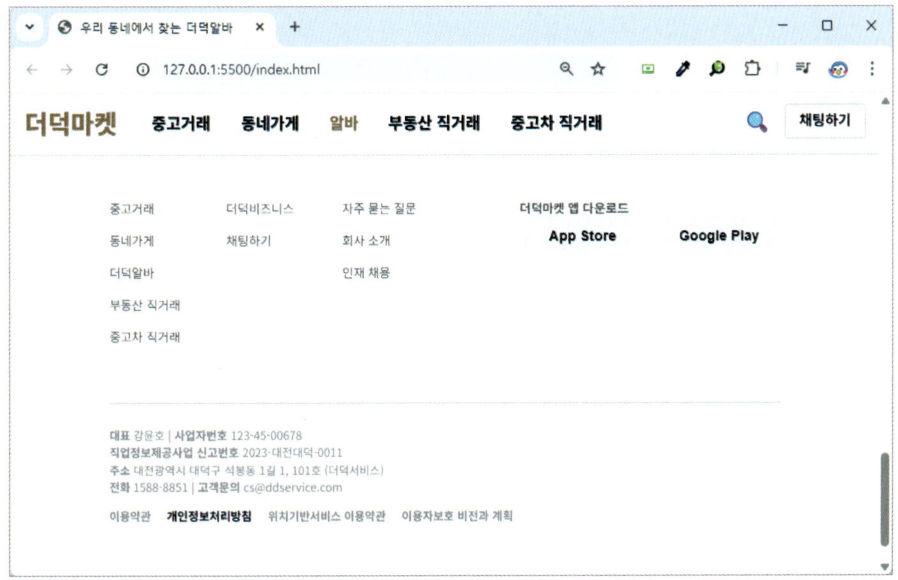

그림 6.21 디자인 개선을 위한 세부 스타일 조정 완료

축하합니다! 이로써 처음 아르바이트 구인 서비스 페이지를 만들기 전에 미리 보았던 완성 페이지와 완벽히 같은 페이지를 완성했습니다. 이러한 과정을 통해 여러분이 Sass를 충분히 친숙하게 느끼고, Sass에 대한 자신감을 가지게 되었기를 바랍니다.

APPENDIX A

Sass 문법과 유사한 모던 CSS 기능

부록은 다음과 같은 내용을 다룹니다.

- 이 책에서 소개한 Sass 문법과 유사한 CSS의 기능을 소개합니다.

Sass는 분명 강력하고 편리한 도구이지만, 그 근본에는 언제나 CSS가 있습니다. 따라서 Sass를 잘 활용하기 위해서는 무엇보다 CSS 자체를 충분히 이해하는 것이 중요합니다. 또한 CSS의 지속적인 발전으로, 과거에는 지원하지 않던 유용한 기능들이 CSS에도 많이 추가되었습니다. 부록에서는 Sass의 여러 기능 중 CSS만으로도 구현할 수 있는 부분들[1]을 함께 소개하니 참고해주세요.

A.1 중첩 규칙

Sass의 중첩 규칙은 스타일 코드를 더 간결하고 직관적으로 작성할 수 있게 해주는 기능입니다. 그런데 2021년 하반기에 W3C에서 Sass 중첩 규칙과 유사한 'CSS Nesting'이 처음 발표되었고, 2023년 상반기부터는 크롬, 사파리 등 주요 브라우저에서도 이를 지원하기 시작하면서 Sass 없이도 비슷한 방식으로 중첩된 선택자를 표현할 수 있게 되었습니다.

1 CSS의 주석, 변수 등에 대해서는 이미 앞에서 설명했고, 부록에서는 아직 설명하지 않은 내용만 다룹니다.

가령 다음과 같은 Sass 코드가 있다고 가정해봅시다. Sass에서 흔히 사용하는 중첩 규칙의 형태를 보이는 코드입니다.

```
/* Sass */
.card {
  padding: 1rem;

  .title {
    font-weight: bold;
  }

  .content {
    line-height: 1.5;
  }
}
```

이와 동일한 구조를 CSS Nesting으로 표현하면 다음과 같습니다.

```
/* CSS Nesting */
.card {
  padding: 1rem;

  & .title {
    font-weight: bold;
  }

  & .content {
    line-height: 1.5;
  }
}
```

Sass 예제에서는 선택자 안에 또 다른 선택자를 바로 중첩하여 작성했지만, CSS에서는 & 기호를 활용해 부모 선택자와의 관계를 명시해주어야 합니다. & 기호는 앞에서 '상위 선택자 참조'에 대해 설명하면서 소개한 기호로, Sass 중첩 규칙과 CSS Nesting은 거의 같은 표현을 사용한다고 봐도 과언이 아닙니다.

실행 결과는 동일하게 `.card .title`, `.card .content` 규칙이 생성되며, 중첩을 통해 코드의 가독성이 좋아지고 구조가 한눈에 보이는 효과를 얻을 수 있습니다. Sass는 컴파일 단계에서 모든 중첩을 해석해 최종 CSS를 만들어내는 방식이고, CSS Nesting은 브라우저가 직접 이를 처리합니니다. 또한 Sass에서는 부모 선택자를 생략할 수 있는 경우가 많지만, CSS에서는 & 기호를 적극적으로 사용해야 하는 경우가 많습니다. 즉 Sass의 문법이 다소 더 유연하지만, CSS Nesting은 추가 도구 없이 브라우저에서 바로 작동한다는 장점이 있습니다.

A.2 함수

Sass 함수와 CSS 함수의 가장 큰 차이는 사용자 정의 가능 여부입니다. Sass에서는 사용자가 직접 새로운 함수를 만들어 프로젝트 전반에 활용할 수 있는 반면, CSS에서는 브라우저가 제공하는 내장 함수만 쓸 수 있습니다. 그러나 CSS에는 점점 다양한 기능을 처리하는 표준 함수가 지속적으로 추가되고 있습니다.

CSS에는 주로 수학적 계산이나 색상을 처리하는 함수들이 존재합니다. 대표적인 예로 `calc()`, `min()`, `max()`, `color-mix()` 등이 있습니다. 각 함수에 대한 예제를 차례대로 소개할 텐데, 각 예제에서는 CSS의 함수와 더불어 변수 또한 적절하게 활용해보겠습니다. 첫 번째 예제는 `calc()` 함수의 예제입니다.

calc() 예제

```
<!doctype html>
<html>
<head>
  <meta charset="utf-8" />
  <title>calc() 함수 예제</title>
  <style>
    :root { --space: 2rem; }
    .wrap {
      margin: 2rem auto;
      padding: 1rem;
      max-width: 900px;
      border: 1px solid #ccc;
    }
    .box {
      /* 전체 폭에서 좌우 여백(gutter)만큼 뺀 실제 콘텐츠 폭 */
      width: calc(100% - var(--space));
      padding: 1rem;
      background: #eef6ff;
      border: 2px dashed #5aa0ff;
      /* 글자 크기를 뷰포트 기반 + 고정값으로 합성 */
      font-size: calc(1rem + 0.5vw);
    }
```

```
  </style>
</head>
<body>
  <div class="wrap">
    <h1>calc() 예제</h1>
    <div class="box">
      width: calc(100% - var(--space)) / font-size: calc(1rem + 0.5vw)<br>
      창 크기를 바꿔 보세요.
    </div>
  </div>
</body>
</html>
```

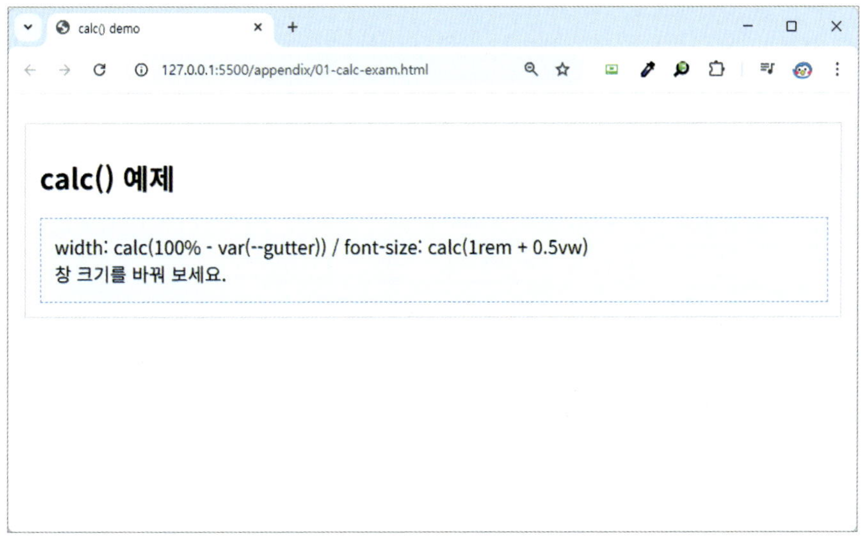

그림 A.1 calc() 예제 결과 화면

`calc()` 함수는 서로 다른 단위의 값으로 산술연산을 수행할 수 있습니다. 예제에서는 전체 폭에서 좌우 여백을 빼고 실제 콘텐츠 폭을 구했으며, 글자 크기도 뷰포트 크기와 고정값을 조합했습니다.

다음 예제는 `min()`, `max()`를 함께 사용한 예제입니다.

min(), max() 예제

```
<!doctype html>
<html>
<head>
  <meta charset="utf-8" />
```

```
  <title>min() + max() 함수 예제</title>
  <style>
    .card {
      /* 화면 폭이 넓을 땐 600px까지만, 좁을 땐 90vw까지 줄어듦 */
      width: min(90vw, 600px);

      /* 폭은 최소 320px 이상 보장 */
      width: max(320px, min(90vw, 600px));

      margin: 2rem auto;
      padding: 1.5rem;
      border-radius: 12px;
      background: #f0f9ff;
      border: 2px solid #58aef7;
    }

    .card p {
      /* 글자 크기는 최소 1rem, 최대 2rem, 화면 크기에 따라 점진적으로 증가 */
      font-size: min(2rem, max(1rem, 3vw));
      line-height: 1.6;
    }
  </style>
</head>
<div class="card">
  <h1>min() + max() 예제</h1>
  <p>
    이 박스는 <code>min()</code>과 <code>max()</code>를 함께 사용해,
    폭은 320px 이상 600px 이하로 유지되고
    글자 크기는 뷰포트에 따라 1rem에서 2rem 사이로 변합니다.
  </p>
</div>
</html>
```

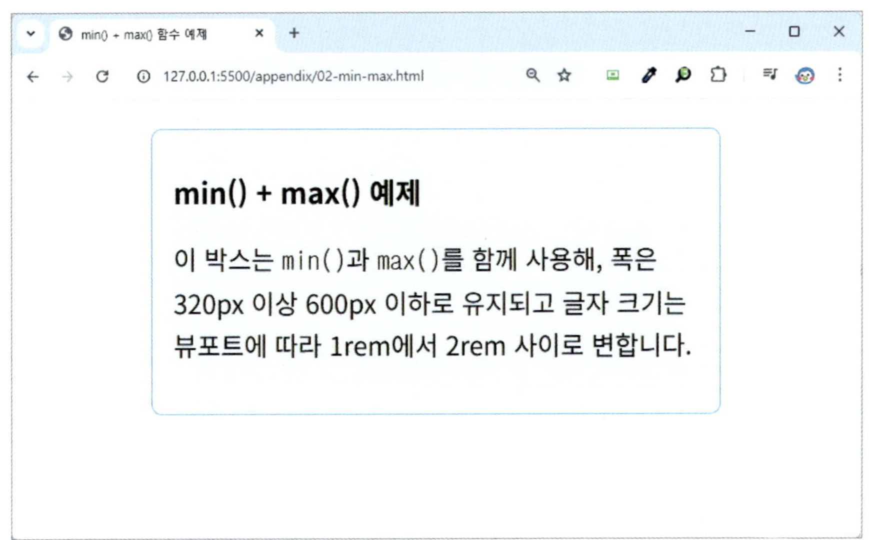

그림 A.2 `min()` 함수와 `max()` 함수 예제 결과 화면

앞의 예제에서는 `min()`, `max()` 함수를 조합하여 요소의 폭과 글자 크기를 유연하게 제어했습니다. 폭은 화면 크기에 따라 변하되, 최소 320px 이상, 최대 600px 이하로 제한됩니다. 글자 크기는 뷰포트 폭에 비례해 커지지만, 1rem 이하로 줄거나 2rem 이상 커지지 않도록 제어했습니다.

끝으로 `color-mix()` 함수의 예제를 살펴보겠습니다. 이 함수는 특정 색 공간에서 두 가지 이상의 색상을 정해진 비율로 혼합하는 CSS 함수로, 두 색상과 혼합 비율을 지정하여 새로운 색상을 계산합니다.

color-mix() 예제

```
<!doctype html>
<html>
<head>
  <meta charset="utf-8" />
  <title>color-mix() simple demo</title>
  <style>
    .mix {
      width: 200px;
      height: 200px;
      margin: 2rem auto;
      border: 2px solid #333;
      background: color-mix(in srgb, red 50%, blue 50%);
      display: flex;
      align-items: center;
      justify-content: center;
      color: #fff;
```

```
      font: bold 16px/1.2 sans-serif;
    }
  </style>
</head>
<body>
  <div class="mix">purple</div>
</body>
</html>
```

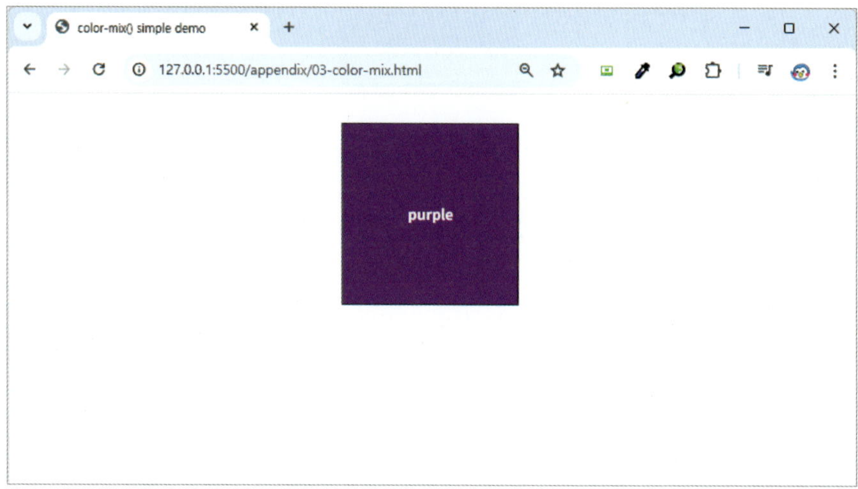

그림 A.3 `color-mix()` 함수 예제 결과 화면

`color-mix()` 함수의 첫 번째 인수는 색상 혼합을 수행할 색 공간을 지정합니다. 보통 `in srgb`를 쓰며, 이는 웹에서 가장 널리 쓰이는 표준 RGB 색 공간을 의미합니다. 앞의 예제에서는 빨강과 파랑을 50:50으로 섞어 보라색을 만들었습니다.

A.3 조건문

스타일을 작성하다 보면 특정 조건이 충족될 때만 다른 규칙을 적용하고 싶을 때가 있습니다. Sass는 `@if` 지시어를 통해 이런 조건문(선택 제어문)을 직접 작성할 수 있지만, CSS 자체에는 관련 문법이 존재하지 않습니다. 대신 CSS는 환경에 따라 조건부 스타일을 적용할 수 있는 몇 가지 기능을 제공합니다. 그중 대표적인 것이 `@media` 쿼리와 `@supports` 쿼리입니다.

예를 들어 화면 너비가 600픽셀 이하일 때 글자 크기를 다르게 하고 싶다면 `@media`를 사용할 수 있습니다.

```
p {
  font-size: 1rem;
}

@media (max-width: 600px) {
  p {
    font-size: 0.875rem;
  }
}
```

또한 브라우저가 특정 기능을 지원하는지 여부에 따라 스타일을 분기하고 싶다면 `@supports`를 활용할 수 있습니다.

```
.box {
  display: block;
}

@supports (display: grid) {
  .box {
    display: grid;
  }
}
```

첫 번째 예제에서는 뷰포트 크기에 따라 단락의 글자 크기를 달리 적용했고, 두 번째 예제에서는 브라우저가 grid 레이아웃을 지원하는 경우에만 grid 속성을 적용했습니다(grid를 지원하지 않는 경우가 드물지만 있습니다). Sass의 `@if` 조건문처럼 직접적인 분기 구문은 아니지만, 실제 작업 환경에서는 이러한 쿼리들이 조건문 역할을 대신해주는 셈입니다.

마치며

부록에서는 Sass의 여러 기능 가운데 CSS만으로도 구현할 수 있는 사례를 세 가지 정도 살펴보았습니다. 이 책에서 다룬 Sass의 기능은 훨씬 많지만, 그중 상당수는 CSS만으로는 대체가 어렵거나 극히 일부만 대체할 수 있기 때문에 사실상 Sass 고유의 영역으로 남아 있습니다. 따라서 Sass를 사용하는 가장 바람직한 학습 태도는 CSS를 기본기로서 충분히 익히고, 그 위에 Sass를 하나의 강력한 도구로 활용하는 경험을 차근차근 쌓아가는 것이라고 결론 내릴 수 있습니다. 이 책을 읽은 모든 사람이 CSS와 Sass를 자유롭게 다루는 멋진 스타일시트 엔지니어로 성장하길 바라며 책을 마칩니다. 감사합니다.

진솔한 서평을 올려주세요!

이 책 또는 이미 읽은 제이펍의 책이 있다면, 장단점을 잘 보여주는 솔직한 서평을 올려주세요.
매월 최대 5건의 우수 서평을 선별하여 원하는 제이펍 도서를 1권씩 드립니다!

- **서평 이벤트 참여 방법**

  ❶ 제이펍 책을 읽고 자신의 블로그나 SNS, 각 인터넷 서점 리뷰란에 서평을 올린다.

  ❷ 서평이 작성된 URL과 함께 review@jpub.kr로 메일을 보내 응모한다.

- **서평 당선자 발표**

  매월 첫째 주 제이펍 홈페이지(www.jpub.kr)에 공지하고, 해당 당선자에게는 메일로 연락을 드립니다.
  단, 서평단에 선정되어 작성한 서평은 응모 대상에서 제외합니다.

독자 여러분의 응원과 채찍질을 받아 더 나은 책을 만들 수 있도록 도와주시기 바랍니다.

찾아보기

기호

영문

한글